여러분의 합격을 응원하는
해커스공무원의 특별 혜택

FREE 공무원 국어 특강

해커스공무원(gosi.Hackers.com) 접속 후 로그인 ▶ 상단의 [무료강좌] 클릭하여 이용

해커스 매일국어 어플 이용권

D5956R9GQN8V89FK

구글 플레이스토어/애플 앱스토어에서 [해커스 매일국어] 검색 ▶
어플 다운로드 ▶ 어플 이용 시 노출되는 쿠폰 입력란 클릭 ▶
쿠폰번호 입력 후 이용

▲ 어플 다운로드

* 등록 후 30일간 사용 가능(ID당 1회에 한해 등록 가능)
* 해당 자료는 [해커스공무원 국어 기본서] 교재 내용으로 제공되는 자료로, 공무원 시험 대비에 도움이 되는 유용한 자료입니다.

해커스공무원 온라인 단과강의 **20% 할인쿠폰**

E5E8C69BCADC2DP5

해커스공무원(gosi.Hackers.com) 접속 후 로그인 ▶ 상단의 [나의 강의실] 클릭 ▶
좌측의 [쿠폰등록] 클릭 ▶ 위 쿠폰번호 입력 후 이용

* 등록 후 7일간 사용 가능(ID당 1회에 한해 등록 가능)

합격예측 온라인 모의고사 응시권 + 해설강의 수강권

DB93C2D499E57342

해커스공무원(gosi.Hackers.com) 접속 후 로그인 ▶ 상단의 [나의 강의실] 클릭 ▶
좌측의 [쿠폰등록] 클릭 ▶ 위 쿠폰번호 입력 후 이용

* ID당 1회에 한해 등록 가능

쿠폰 이용 관련 문의 **1588-4055**

단기 합격을 위한 해커스공무원 커리큘럼

입문
탄탄한 기본기와 핵심 개념 완성!
누구나 이해하기 쉬운 개념 설명과 풍부한 예시로 부담없이 쌩기초 다지기
TIP 베이스가 있다면 **기본 단계**부터!

기본+심화
필수 개념 학습으로 이론 완성!
반드시 알아야 할 기본 개념과 문제풀이 전략을 학습하고
심화 개념 학습으로 고득점을 위한 응용력 다지기

기출+예상 문제풀이
문제풀이로 집중 학습하고 실력 업그레이드!
기출문제의 유형과 출제 의도를 이해하고 최신 출제 경향을 반영한
예상문제를 풀어보며 본인의 취약영역을 파악 및 보완하기

동형모의고사
동형모의고사로 실전력 강화!
실제 시험과 같은 형태의 실전모의고사를 풀어보며 실전감각 극대화

마무리
시험 직전 실전 시뮬레이션!
각 과목별 시험에 출제되는 내용들을 최종 점검하며 실전 완성

PASS

* 커리큘럼 및 세부 일정은 상이할 수 있으며, 자세한 사항은 해커스공무원 사이트에서 확인하세요.

단계별 교재 확인 및 **수강신청은 여기서!**
gosi.Hackers.com

2026 대비 최신개정판

해커스공무원

신민숙
쉬운국어

문법 강화
200제

해커스

공무원 시험 전문 해커스공무원
gosi.Hackers.com

해커스공무원 신민숙 쉬운국어 **문법 강화 200제**

책의 특징과 구성	4
01 품사	8
02 문장 성분	38
03 단일어, 파생어, 합성어	54
04 홑문장과 겹문장	72
05 높임법	88
06 한글 맞춤법	102
07 음운 변동	126
08 형태소와 그 외	146

[책 속의 책] 정답 및 해설

책의 특징과 구성

01 '8가지 핵심 포인트'로 문법 배경지식을 쌓아 신유형 완벽 대비!

최신 출제경향에 맞춰 단기간에 효율적으로 학습할 수 있도록 문법 이론을 '8가지 핵심 포인트'로 정리하였습니다. 문제풀이에 필요한 배경지식을 쌓아 지문을 빠르게 파악하는 힘을 기를 수 있습니다.

● 필수 개념 학습
반드시 알아야 하는 필수 문법 포인트를 8가지로 정리하여 효율적 학습이 가능합니다.

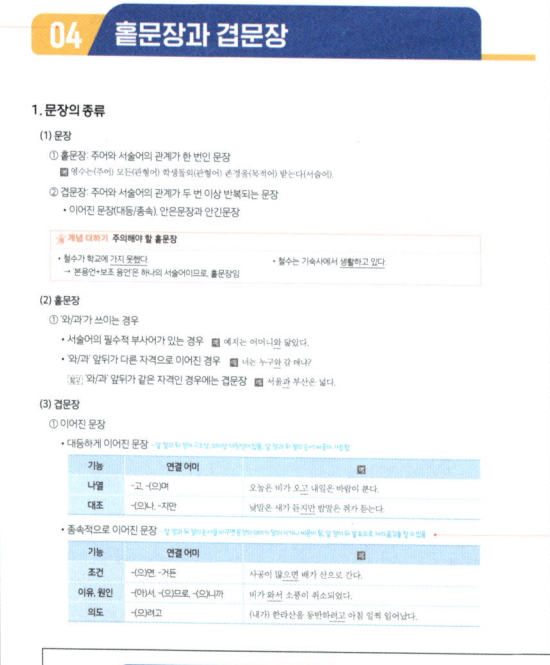

● 파란색 글자
참고로 알아두면 좋을 내용을 파란색 글자로 표시하였습니다.

● 개념 바로 체크
'개념 바로 체크' 문제를 풀며 학습한 개념을 제대로 이해했는지 빠르게 체크할 수 있습니다.

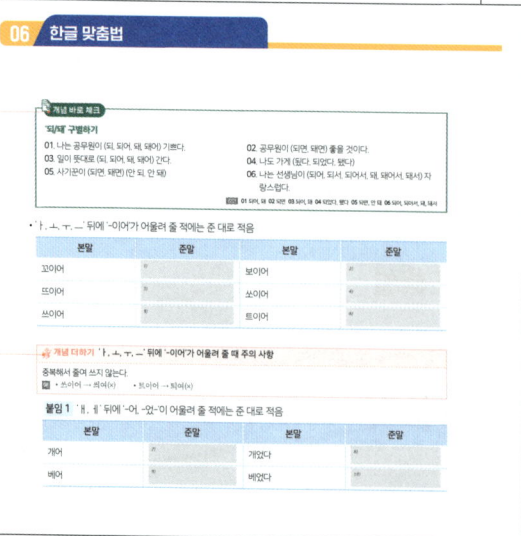

● 개념 더하기
핵심 개념과 함께 추가로 더 알아두면 좋을 보충 개념까지 학습할 수 있습니다.

해커스공무원 신민숙 쉬운국어 문법 강화 200제

02 '지문형 문법 문제'로 문제 풀이 감각 극대화!

공무원 9급 최신 기출문제를 철저히 분석하여 제작한 지문형 문제를 담은 '실전 학습 문제'를 통해 지문을 근거로 답을 찾는 훈련으로 실전 감각을 익히고, 이론을 문제에 적용해보는 연습이 가능합니다.

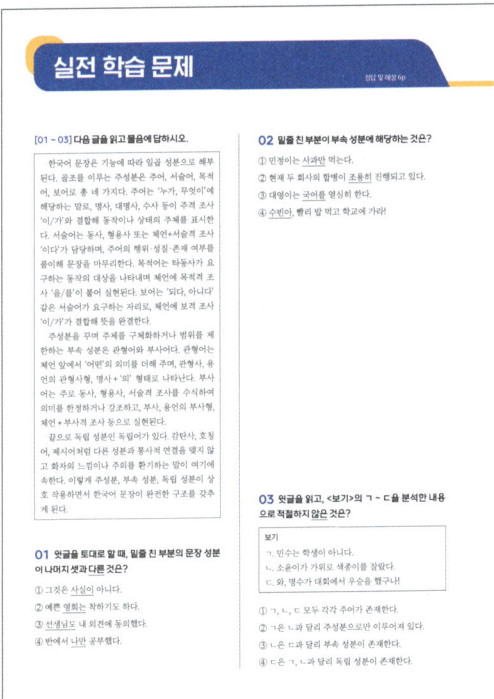

실전 학습 문제

개념 학습한 내용을 문제로 적용해 보기 위해 각 단원별로 지문형 문제(기출변형문제, 출제예상문제)를 풀어 봄으로써, 반복 학습의 효과는 물론 실전 감각을 극대화할 수 있습니다.

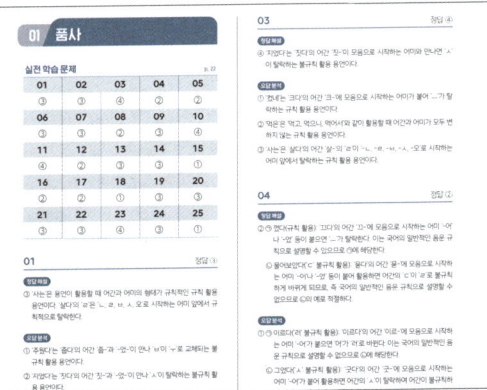

정답 및 해설

- 한눈에 확인이 가능한 정답표를 제공하여, 자신이 맞힌 문제와 틀린 문제가 무엇인지 빠르게 파악할 수 있습니다.
- 정답 해설뿐만 아니라 오답의 이유까지 명확하게 설명해 주는 상세한 해설을 통해 앞서 학습한 이론을 완벽하게 정리할 수 있습니다.

공무원 시험 전문 해커스공무원

gosi.Hackers.com

해커스공무원 신민숙 쉬운국어 문법 강화 200제

01 품사
02 문장 성분
03 단일어, 파생어, 합성어
04 홑문장과 겹문장
05 높임법
06 한글 맞춤법
07 음운 변동
08 형태소와 그 외

01 품사

1. 품사

(1) 품사의 개념
단어 성질이 공통된 것끼리 모아 갈래를 지은 것

(2) 9품사
명사, 대명사, 수사 / 동사, 형용사 / 조사 / 관형사, 부사 / 감탄사
　　　└─체언─┘　└─용언─┘　└관계언┘　└─수식언─┘　└독립언┘

2. 체언

(1) 명사

구분 기준	종류	개념	예
사용 범위	고유 명사	특정한 사람이나 사물에 붙인 이름(사람 이름, 문화재명, 지명)	서울, 한강, 광화문
	보통 명사	일반적인 사물의 이름	알약, 학교, 상자
자립성의 유무	자립 명사	관형어의 꾸밈 없이도 단독으로 쓰일 수 있는 명사	하늘, 바다
	의존 명사	주로 관형어의 꾸밈을 받아 쓰이는 명사	바, 것, 수
감정 표현 능력의 유무	유정 명사	감정을 나타내는 사람이나 동물을 가리키는 명사	친구, 사슴
	무정 명사	감정을 나타내지 못하는 식물이나 무생물을 가리키는 명사	꽃, 바위, 돌

(2) 의존 명사: 주로 관형어의 수식을 받아 쓰이는 명사(자립성은 없으나, 하나의 단어이므로 띄어 씀)

① 것, 이, 분, 즈음 등
　예 • 마실 <u>것</u> 좀 다오.
　　　• 사랑하는 <u>이</u>를 만났어요.

② 수, 리 등
　예 • 먹을 <u>수</u>가 없다.

③ 따름, 때문 등
　예 • 그가 좋을 <u>따름</u>이다.
　　　• 그는 빚 <u>때문</u>에 고생을 했다.

④ 양, 체, 척, 법, 만, 듯, 뻔 등
　예 • 못 이기는 <u>척</u> 시키는 대로 하렴.
　　　• 도둑으로 몰려서 잡혀갈 <u>뻔</u>도 했다.

⑤ 자루, 마리, 개 등
　예 연필 한 <u>자루</u> / 말 한 <u>마리</u> / 사과 열 <u>개</u> / 조기 한 <u>손</u> / 북어 한 <u>쾌</u> / 오징어 한 <u>축</u>

> **개념 더하기** '대로, 만큼, 뿐'의 품사 통용
>
> - 의존 명사: 어간 + 관형사형 전성 어미 + 대로, 만큼, 뿐
>   예 • 느낀 대로 말해라.
>   • 노력한 만큼 대가를 얻는 법이다.
>   • 나는 웃고만 있을 뿐이었다.
>
> - 조사: 체언(명사, 대명사, 수사) + 대로, 만큼, 뿐
>   예 • 단추는 단추대로 모아 두어야 한다.
>   • 집을 궁궐만큼 크게 지었다.
>   • 집뿐만 아니라 회사에서도 그런다.

(3) 대명사: 사람이나 사물의 이름을 대신 가리켜 이르는 말

① '이, 그, 저'의 품사 통용
- 대명사: 이, 그, 저 + 조사   예 이는 책이다. / 이는 내가 알 바가 아니다.
- 관형사: 이, 그, 저 + 명사   예 이 책은 흥미롭다. / 이 사람이 범인이다.

② 지시 대명사

사물	이것, 그것, 저것, 무엇 등
장소	여기, 거기, 저기, 어디 등

③ 인칭 대명사

구분		높임말	예사말	낮춤말
1인칭		-	나, 우리(들)	저, 저희
2인칭		당신, 그대	자네, 당신	너, 너희, 당신
3인칭	근칭(이)	이분	이이	이자
		그분	그이	그자
	중칭(그)	그, 그녀, 그들 (*높임말, 예사말, 낮춤말의 구별 없음)		
	원칭(저)	저분	저이	저자
	미지칭	-	누구	-
	부정칭	-	아무, 누구	-
	재귀칭	당신	자기, 자신	저, 저희

01 품사

> **개념 더하기** 대명사
>
> **대명사 '당신'의 쓰임**
> - 2인칭 높임말　예 당신(you)의 희생을 잊지 않겠습니다.
> - 2인칭 예사말　예 당신(you)은 누구요?
> - 2인칭 낮춤말　예 당신(you), 위험하게 운전을 하면 어떻게 해!
> - 3인칭 재귀칭　예 저 소나무도 아버지께서 당신('자기'의 높임) 손으로 직접 심으셨지.
>
> **대명사 '저희'의 쓰임**
> - 1인칭 낮춤말　예 저희가 가져오겠습니다.
> - 3인칭 재귀칭('자기'로 대체 ○)　예 학생들은 저희들끼리 책을 고르겠다고 한다.
>   └ 자기네들끼리
>
> **대명사 '우리'의 쓰임**
> - 듣는 이 포함　예 형, 우리 오늘 북한산에 갈까?
> - 듣는 이 제외　예 우리가 너한테 무슨 잘못을 했다고 그래?
> - 친밀한 관계　예 우리 엄마, 우리 동네
>
> **미지칭과 부정칭의 차이**
> - 미지칭: 모르는 사람을 가리키는 말(대상 분명)　예 저 사람이 누구인가요?
> - 부정칭: 정해지지 않은 막연한 사람을 가리키는 말(대상 불분명)　예 누구든지 할 수 있다.

(4) 수사: 수량이나 순서를 가리키는 품사

① 양수사: 사물의 수량을 나타내는 수사　예 하나, 둘, 셋, 넷 / 일, 이, 삼, 사
② 서수사: 사물의 순서를 나타내는 수사　예 첫째, 둘째, 셋째, 넷째

> **개념 더하기** 수와 관련된 단어의 품사 통용
>
> - 수사 + 조사 ○
>   예 • 여덟은 농구를 한다.
>   　　• 다섯에서 열까지 세라.
> - 수 관형사 + 조사 ×, 체언 ○
>   예 • 여덟 명이 농구를 한다.
>   　　• 다섯 사람이 보였다.

3. 관계언

(1) 조사: 주로 체언 뒤에 붙어서 다른 말과의 문법적인 관계를 나타내는 품사

① **격 조사**: 체언이 일정한 자격을 갖도록 하여 주는 조사

종류	형태
주격 조사	이/가, 께서, 에서 _{└ 단체를 나타내는 명사 뒤}
목적격 조사	을/를
보격 조사	이/가('되다', '아니다'의 앞에 오는 것) 예 철수는 학생이 되다. / 물이 얼음이 되다. / 그 사람은 학생이 아니다.
서술격 조사	이다
관형격 조사	의
부사격 조사	에, 에게, 에서, 라고/고, (으)로, (으)로서/(으)로써, 와/과, 랑/이랑, 하고, 한테, 만큼, 보다, 께, 더러 _{└ '에게'의 높임말}
호격 조사	아, 야, 이여 예 예쁜아. / 수수야. / 청춘이여.

> **개념 더하기** '로서'와 '로써'의 구별
>
> **로서**
> - 지위나 신분 또는 자격을 나타내는 격 조사
>   예 교육자로서 책임을 다하다.
> - 어떤 동작이 일어나거나 시작되는 곳을 나타내는 격 조사
>   예 모든 일은 너로서 시작되었다.
>
> **로써**
> - 어떤 일의 수단이나 도구를 나타내는 격 조사
>   예 말로써 천 냥 빚을 갚는다.
> - 시간을 셈할 때 셈에 넣는 한계를 나타내거나 어떤 일의 기준이 되는 시간임을 나타내는 격 조사
>   예 이로써 세 번째다.

② **접속 조사**: 두 단어를 같은 자격으로 이어 주는 조사

종류	예
와/과	고등학교 때 수학과 영어를 무척 좋아했다.
하고	철수는 꽃하고 나비를 좋아한다.
(이)랑	영희는 너랑 나를 파티에 초대했다.

01 품사

> 🌟 **개념 더하기** 접속 조사와 부사격 조사 '와/과'의 비교
>
> - '같다, 다르다, 닮다' 앞에 있는 '와/과'는 부사격 조사이다.
>   예 수민이는 어머니와 닮았다.
> - '와/과' 앞뒤가 같은 자격이면 접속 조사, 같은 자격이 아니면 부사격 조사이다.
>   - 접속 조사: 종구는 피자와 통닭을 먹었다. → '와/과' 앞뒤 같은 자격
>   - 부사격 조사: 너는 누구와 갈 것이냐?

③ 보조사: 앞말에 붙어 특별한 의미를 더해 주는 조사

의미	형태	예
대조	은/는 — 주격조사✗	인생은 짧고, 예술은 길다.
한정	만	한 가지만 먹지 말고 골고루 먹어라.
포함, 더함	도	소설만 읽지 말고, 시도 읽어.
극단	까지	믿었던 너까지!
더함	조차, 마저	• 비가 오는데 바람조차 부는구나. • 너마저 나를 떠나는구나.
출발점	부터	처음부터 끝까지 말썽이다.
반전, 의문	마는	약속을 했지마는 안 되겠다.
감탄	그려, 그래	• 경치가 좋네그려. • 그것 참 신통하군그래.
높임	요	오늘은 일기를 썼어요.
부정	커녕	• 나무커녕 물도 없는 상황 • 나무는커녕 잡초도 없다.

└ 는(보조사) + 커녕(보조사): 보조사는 붙여 써야함

4. 용언

(1) 동사, 형용사

① 동사와 형용사의 구분

구분		동사	형용사
의미		주어의 동작이나 작용을 나타내는 단어 예 • (책을) 보다 • (빵을) 먹다	주어의 성질이나 상태를 나타내는 단어 예 (맛이) 달다/(날씨가) 춥다 (책이) 많다/(거짓이) 아니다
어미의 종류	감탄형 종결 어미	동사 어간 + -는구나 예 늙다: 너도 점점 늙는구나.	형용사 어간 + -구나 예 젊다: 늦게까지 공부하는 것을 보니 너도 아직 젊구나.
	현재 시제 선어말 어미	동사 어간 + -ㄴ/는- + 어미(O) 예 영희는 밥을 먹는다.(O)	형용사 어간 + -ㄴ/는- + 어미(×) 예 지혜는 지혜롭는다.(×)
	명령형/ 청유형 종결 어미	동사 어간 + 명령형/청유형 어미(O) 예 먹어라(O), 보아라(O), 일어나자(O), 읽자(O)	형용사 어간 + 명령형/청유형 어미(×) 예 행복해라(×), 건강해라(×), 곱자(×)

개념 더하기 헷갈리기 쉬운 동사와 형용사

동사			형용사		
• 낡다	• 모자라다	• 늙다	• 없다	• 알맞다	• 흐드러지다
• 못나다	• 못생기다	• 닮다	• 젊다	• 예쁘다	• 걸맞다
• 잘나다	• 잘생기다		• 아름답다		

② 동사와 형용사로 모두 쓰이는 단어: 늦다, 크다, 있다, 밝다, 굳다, 감사하다

구분	동사	형용사
늦다	정한 때보다 지나다. 예 그는 약속 시간에 매번 늦는다.	• 기준이 되는 때보다 뒤져 있다. 예 작년에는 눈이 늦게 내렸다. • 시간이 알맞은 때를 지나 있다. 또는 시기가 한창인 때를 지나 있다. 예 늦은 점심을 먹었다. • 곡조, 동작 따위의 속도가 느리다. 예 박자가 늦은 곡을 들으면 졸리다.

01 품사

구분	동사	형용사
크다	• 동식물의 몸의 길이가 자라다. 예 날씨가 건조하면 나무가 크지 못한다. • 사람이 자라서 어른이 되다. 예 아이가 크면서 점점 총명해졌다. • 수준이나 능력 따위가 높은 상태가 되다. 예 한창 크는 분야라서 지원자가 많다.	• 사람이나 사물의 외형적 길이, 넓이, 높이, 부피 따위가 보통 정도를 넘다. 예 • 새로 산 집이 무척 크다. 　 • 큰 집을 장만하는 것이 내 꿈이다. • 사람의 됨됨이가 뛰어나고 훌륭하다. 예 큰 인물을 배출하다.
있다	• 사람이나 동물이 어느 곳에서 떠나거나 벗어나지 아니하고 머물다. 예 그녀는 오늘 집에 있다고 했다. • 사람이 어떤 직장에 계속 다니다. 예 다니던 직장에 그냥 있어라. • 사람이나 동물이 어떤 상태를 계속 유지하다. 예 떠들지 말고 얌전하게 있어라. • 얼마의 시간이 경과하다. 예 배가 아팠는데 조금 있으니 괜찮아졌다.	• 사람, 동물, 물체 따위가 실제로 존재하는 상태이다. 예 나는 신이 있다고 믿는다. • 어떤 일이 이루어지거나 벌어질 계획이다. 예 오늘 회식이 있습니다. • 어떤 물체를 소유하거나 자격이나 능력 따위를 가진 상태이다. 예 영희는 돈이 있다.
밝다	• 밤이 지나고 환해지며 새날이 오다. 예 • 벌써 새벽이 밝아 온다. 　 • 곧 날이 밝으면 출발할 수 있다.	• 불빛 따위가 환하다. 예 밝은 조명 • 생각이나 태도가 분명하고 바르다. 예 예의가 밝다. • 예측되는 상황이 긍정적이고 좋다. 예 전망이 밝다. • 어떤 일에 대하여 잘 알아 막히는 데가 없다. 예 세상 물정에 밝다.
굳다	• 무른 물질이 단단하게 되다. 예 시간이 지날수록 진흙이 굳는다. • 근육이나 뼈마디가 뻣뻣하게 되다. 예 손발이 굳다. / 혀가 굳다. • 표정이나 태도 따위가 부드럽지 못하고 딱딱하여지다. 예 꾸지람을 듣자 그의 얼굴은 곧 굳었다. • 몸에 배어 버릇이 되다. 예 한번 말버릇이 굳어 버리면 여간해서 고치기 어렵다. • 돈이나 쌀 따위가 헤프게 없어지지 않고 자기의 것으로 계속 남게 되다. 예 네가 밥 안 먹으면 쌀 굳고 좋지, 뭐.	• 누르는 자국이 나지 아니할 만큼 단단하다. 예 굳은 시멘트 • 흔들리거나 바뀌지 아니할 만큼 힘이나 뜻이 강하다. 예 굳은 결심, 굳게 맹세하다. • 재물을 아끼고 지키는 성질이 있다. 예 그는 사람됨이 굳고 인색해서 돈을 빌려 주는 법이 없다.

(2) 용언의 어간과 어미

① 용언의 어간: 용언이 활용할 때 변하지 않는 부분
② 용언의 어미: 용언의 어간을 제외한 나머지 부분으로, 용언이 활용할 때 변하는 부분

- 선어말 어미

종류		기능	형태	예
시제 선어말 어미		과거	-았-/-었-	솟았다, 예뻤다
		현재	-는-/-ㄴ-	먹는다, 달린다
		미래	-겠-	가겠다, 먹겠다
높임 선어말 어미		주체 높임	-(으)시-	드시고, 앉으시고

- 어말 어미

종류		형태	예
종결 어미	평서형	-ㅂ니다, -습니다, -다, -아/-어	먹는다.
	의문형	-ㅂ니까, -습니까, -(으)ㄹ까	먹었을까?
	명령형	-아라/-어라	먹어라.
	청유형	-자, -(으)세	먹자.
	감탄형	-는구나, -구나	먹는구나!
연결 어미	대등적	-고, -(으)며	비가 오고 바람이 분다.
	종속적	-아서/-어서	비가 와서 소풍이 취소됐다.
	보조적	-아/-어	범인을 잡아 버렸다.
전성 어미	명사형	-ㅁ, -음 / -기	밥을 먹기 싫다.
	관형사형	-던 / -ㄴ, -은, -는 / -ㄹ, -을	내가 먹던 약이다.
	부사형	-게 / -도록	밥을 먹게 두어라.

01 품사

5. 수식언

(1) 관형사: 체언을 꾸며 주는 단어

성상 관형사	새 책, 헌 책, 어느 사람, 온갖 사물, 옛 모습, 모든 사람, 몇 명, 무슨 말, 갖은 고생
지시 관형사	이 사람, 그 책, 저 교장 선생님
수 관형사	배 세 척, 사과 네 개

🌟 개념 더하기 품사 통용

형태	쓰임		예
갖은	갖가지의 또는 온갖		어머니께서 갖은 음식을 준비하셨다.
별	관형사	보통과 다르게 두드러진	별 희한한 일을 다 보겠네.
	접미사	그것에 따른	능력별, 계층별
아무	관형사		나는 그 일에 대해 아무 불만도 없다. 아무 일도 없다.
	대명사		집에 아무도 없다.
여느 (여늬 ×)	보통의		영수는 여느 아이들과는 다르게 참 똑똑하고 눈치가 빨라.
온갖	이런저런 여러가지의		놀부는 온갖 나쁜 짓을 도맡아 한다.
온	전체의, 또는 전부의		봄이 오니 온 천지에 꽃이 피었다.
외딴	떨어져 있는		그 산 속에는 아무도 모르는 외딴 마을이 있다.
어느	여럿 가운데의 어떤		네가 좋아한다는 사람이 저 중 어느 사람이니?
여러	수효가 많은		그녀는 여러 나라를 돌아다니며 여행했다.
모든	빠짐이나 남김이 없이 전부의		선생님은 반의 모든 아이들에게 사탕을 나눠 주었다.
오랜	동안이 오래된		그녀는 나의 오랜 친구이자 연인이었다.
옛	지나간 때의		경주에 가면 우리 옛 조상들의 흔적을 볼 수 있다.
허튼	쓸데없이 헤프거나 막된		그 사람이 농담은 하지만 허튼 말은 하지 않는다.
한다하는	수준이나 실력 따위가 상당하다고 자처하거나 그렇게 인정받는		그 사람은 서울에서도 한다하는 집안에서 자랐다.

(2) 부사: 주로 용언을 수식(활용하지 않음)

① 성분 부사

성상 부사	• 아주, 매우, 너무, 가장 • 상징 부사(의성어, 의태어): 철썩철썩, 깡충깡충, 흔들흔들, 헐떡헐떡, 촐랑촐랑, 방글방글
지시 부사	이리, 그리, 저리
부정 부사	• 안 일어났다. • 못 일어났다.

② 문장 부사

양태 부사	과연, 설마, 제발, 결코, 아마 등	예 과연 솜씨가 훌륭해!
접속 부사	그리고, 그러나, 즉, 곧, 또는, 및 등	예 그리고 배를 탔다.

> **개념 더하기** 부사의 수식
>
> • 용언 수식 예 • 그는 매우 착하다.
>   　　　　　　• 우리 반에서 키가 가장 큰 아이는 준수다.
> • 관형사 수식 예 아주 새 것
> • 부사 수식 예 매우 자주 다닌다.
> • 문장 수식 예 제발 비가 왔으면 좋겠다.
> • 체언 수식 예 바로 옆집에 삼촌이 사신다.

6. 독립언

(1) 감탄사

감정	아, 아차, 아하, 아이코 등	예 아, 세월이 빠르구나.
의지	자, 에라, 글쎄, 천만에 등	예 자, 이제 그만 가자.
호응	여보, 여보세요, 예, 그래 등	예 예, 저요?
입버릇	뭐, 아, 저, 응 등	예 뭐, 난 여기 못 올 덴가.
답변	네, 아니요	예 네, 부르셨습니까?

01 품사

7. 품사의 통용

(1) 대로, 만큼, 뿐

① 어간 + 관형사형 전성 어미(-(으)ㄴ, -(으)ㄹ, -는, -던) + 대로, 만큼, 뿐(의존 명사)

> 예
> - 집에 도착하는 대로 편지를 쓰다.
> - 들어오는 대로 전화 좀 해 달라고 전해 주세요.
> - 나도 참을 만큼 참았다.
> - 할 만큼 했다.
> - 그는 미소만 지을 뿐이었다.

② 체언 + 대로, 만큼, 뿐(조사)

> 예
> - 큰 것은 큰 것대로 따로 모아 두다.
> - 네 생각대로 일을 처리하면 안 된다.
> - 나도 그 사람만큼 할 수 있다.
> - 집뿐만 아니라 회사에서도 그런다.

(2) 양, 체, 척, 법, 만, 듯

① 관형어(관형사, 어간 + 관형사형 전성 어미 등) + 양, 체, 척, 법, 만, 듯(의존 명사)

> 예 애써 태연한 체 길을 걸었다. / 태연한 척을 하다.

② 용언 + 양하다(보조 동사, 보조 형용사)

> 예
> - 그 사람은 아무것도 모르는 양하며(보조 동사) 시치미를 뗐다.
> - 그는 이미 집에 간 양하다(보조 형용사).

③ 용언 + 체하다, 척하다(보조 동사)

> 예 모르는 사람이 나와 친한 척한다. / 태연한 척하다.

④ 용언 + 법하다, 만하다, 듯하다(보조 형용사)

> 예 그 일은 할 법하다. / 비가 올 듯하다.

(3) 이, 그, 저

구분	형식	예
대명사	조사와 결합	그는 착한 사람이다.
관형사	체언을 수식	그 사람은 착하다.

(4) 수

구분	형식	예
수사	조사와 결합	여기 모인 사람은 모두 여덟이다.
관형사	체언을 수식	여덟 사람이 모여 농구를 했다.

(5) 보다

구분	형식	예
조사	체언과 결합	나는 누구보다(than) 동생에 대해 잘 안다.(비교)
부사	용언을 수식	보다(한층 더) 나은 내일을 위해 노력해라.

(6) -적

구분	형식	예
명사	-적 + 조사	• 그는 이지적이다. • 한국적인 분위기 • 김홍도의 그림은 한국적이다.
관형사	-적 + 명사	• 그는 이지적 인간이다. • 이 그림은 한국적 정서가 물씬 풍긴다.
부사	-적 + 용언	• 가급적 쉽게 문제를 출제하라. • 우리나라의 출산율은 비교적 낮은 편이다. 참고 비교적 교통이 편리한 곳에 사무실이 있다.

(7) 지

구분	의미	예
의존 명사	시간의 흐름, 경과 ○	내가 너를 만난 지 일 년이 되었구나.
어미	시간의 흐름, 경과 ×	• 그 일을 할지 말지 고민이다. • 그가 뭐라 말할지 기대된다. 어미 '-ㄹ지'

(8) 다른

구분	의미	예
관형사(他)	나머지(서술성 ×)	이것 말고 다른 물건을 보여 주세요.
형용사(異)	같지 않다(서술성 ○)	나는 동생과 성격이 다른 사람이다.

01 품사

8. 규칙 활용

어간 + 어미의 규칙적 활용	씻다
'으' 탈락: 어간의 끝 '으' + 모음 어미 '-아/-어'	쓰다
'ㄹ' 탈락: 어간의 끝 'ㄹ' + 'ㄴ, ㄹ, ㅂ, ㅅ, 오' (학교 문법: 규칙 / 어문 규정: 불규칙)	알다, 갈다

9. 불규칙 활용

(1) 어간이 바뀌는 경우

'ㅅ' 불규칙	짓다, 잇다
'ㅂ' 불규칙	돕다, 눕다, 곤혹스럽다, 여쭙다, 서럽다
'ㄷ' 불규칙	듣다, 걷다, 붇다
'르' 불규칙	오르다, 구르다, 빠르다
'우' 불규칙	푸다

(2) 어미가 바뀌는 경우

'여' 불규칙	하- + -아/-어 → 하여	
'러' 불규칙	• 푸르- + -어 → 푸르러 • 이르[至]- + -어 → 이르러	• 노르- + -어 → 노르러 ── 달걀 노른자의 빛깔과 같이 밝고 선명하다. • 누르- + -어 → 누르러 ── 황금이나 놋쇠의 빛깔과 같이 밝고 탁하다.
'오' 불규칙	달- + -아라 → 달오 → 다오	

(3) 어간과 어미가 모두 바뀌는 경우

'ㅎ' 불규칙	• 파랗- + -아 = 파래 • 하얗- + -아 = 하얘	• 퍼렇- + -어 = 퍼레 • 허옇- + -어 = 허예

> **개념 바로 체크**
>
> **용언의 활용 연습하기**
>
> 01. 다음 중 밑줄 친 활용 양상이 가장 이질적인 것은?
>   ① 김치를 <u>담가서</u> 맛있게 먹었다.
>   ② 여기에서 소금을 <u>팝니까</u>?
>   ③ 인생은 <u>아름다워</u>.
>   ④ 옷을 <u>입고</u> 나가다.
>
>   정답 01 ③

실전 학습 문제

정답 및 해설 2p

[01 ~ 02] 다음 글을 읽고 물음에 답하시오.

　한국어 용언은 활용할 때 어간과 어미가 바뀌는 양상에 따라 '규칙 활용'과 '불규칙 활용'으로 나뉜다. 규칙 활용이란 활용형에 나타나는 변화가 일반적 음운 규칙으로 설명되거나, 아예 변화가 일어나지 않는 경우를 가리킨다. 예컨대 '먹다'가 '먹고, 먹어서, 먹은'과 같이 활용할 때 어간과 어미가 본래 형태를 그대로 유지하므로 규칙 활용이다. 또 '갈다 → 가는, 간'처럼 어간 끝의 'ㄹ'이 'ㄴ, ㄹ, ㅂ, ㅅ, 오'로 시작하는 어미 앞에서 탈락하거나, '크다 → 커'처럼 어간 끝 모음 'ㅡ'가 '아/어' 앞에서 사라지는 현상도 음운 규칙으로 설명되므로 규칙 활용에 포함된다.

　반대로 불규칙 활용은 어간이나 어미가 통상적 음운 규칙으로는 예측되지 않는 방식으로 달라지는 경우다. 이때 변화 양상에 따라 '어간만 변형', '어미만 변형', '어간, 어미 동시 변형'으로 구분한다. 어간 변화형에는 '묻다 → 물어'처럼 'ㄷ'이 모음 앞에서 'ㄹ'로 바뀌는 유형, '돕다 → 도와'처럼 'ㅂ'이 'ㅗ/ㅜ'로 교체되는 유형, '긋다 → 그어'처럼 'ㅅ'이 탈락하는 유형, '모르다 → 몰라'처럼 '르'가 'ㄹㄹ'로 변주되는 유형, 그리고 '푸다 → 퍼'처럼 '우'가 탈락하는 유형이 있다.

　어미 변형으로는 '이르다 → 이르러'처럼 '-어/-아'가 '-러'로, '하다 → 하여 → 해'처럼 '-아/-어'가 '-여'로 바뀌는 경우가 대표적이다. 명령형 어미 '-아라/어라'가 '-오'로 변하는 '오' 불규칙도 여기에 속한다.

　어간과 어미가 동시에 달라지는 사례로는 '㉠ 파랗다 → 파래'처럼 받침 'ㅎ'이 탈락하며 뒤따르는 '-아/-어'가 '-애'로 변하는 'ㅎ' 불규칙이 있다.

01 윗글을 바탕으로 추론할 때, 밑줄 친 말이 불규칙 활용 용언이 아닌 것은?

① 길에서 돈을 <u>주웠다</u>.
② 집을 드디어 다 <u>지었다</u>.
③ 함께 <u>사는</u> 세상이다.
④ 철수와 함께 산에 <u>올랐다</u>.

02 밑줄 친 용언이 모음을 만나 활용될 때 ㉠과 같은 경우에 해당되는 것은?

① 음료수를 <u>마시고</u> 있다.
② 그는 목표를 위해 열심히 <u>공부하고</u> 있다.
③ 저 강아지는 엄청 <u>조그맣다</u>.
④ 병이 다 <u>낫고</u> 의사에게 감사 인사를 전했다.

[03 ~ 04] 다음 글을 읽고 물음에 답하시오

한국어 용언은 활용형을 만들 때 어간에 어미를 붙여 시제·상·상태 등을 표현한다. 대다수 동사는 소리 변화가 있더라도 음운 법칙으로 설명 가능한 테두리 안에서 굴절하므로 '규칙 활용' 범주에 들어간다. 어간 끝 자음 'ㄹ'이 '-ㄴ, -ㄹ, -ㅂ, -ㅅ, -오' 앞에서 떨어지거나, 모음 'ㅡ'가 '-아/어' 앞에서 사라지는 현상도 일반 규칙으로 본다.

이에 비해 '불규칙 활용'이라 부르는 동사들은 어간·어미가 예측 불가능한 방식으로 변한다. 연구자들은 변형 위치에 따라 어간만 달라지는 유형, 어미만 달라지는 유형, 어간과 어미가 동시에 변하는 유형으로 분류한다.

어간 변형형에는 다섯 갈래가 널리 인정된다. 첫째, 받침 'ㄷ'이 모음 어미 앞에서 'ㄹ'로 바뀌는 경우로 '듣다 → 들어'가 그 예다. 둘째, 받침 'ㅂ'이 '오/우'로 바뀌어 '덥다 → 더워', '돕다 → 도와'처럼 나타난다. 셋째, '짓다, 낫다'처럼 받침 'ㅅ'이 모음 앞에서 탈락하여 '지어, 나아'로 변하는 경우다. 넷째, 동사 '푸다'처럼 어간 끝 모음 '우'가 '-어' 결합 자리에서 줄어 '퍼'가 되는 '우' 불규칙이 있다. 다섯째, '모르다 → 몰라', '흐르다 → 흘러'처럼 '르'가 'ㄹㄹ'로 바뀌는 '르' 불규칙이 있다.

어미 변형형에는 세 가지가 대표적이다. '푸르다 → 푸르러'처럼 '-아/어'가 '-러'로 변하는 '러' 불규칙, '하다 → 하여 → 해'와 같이 '-아/어'가 '-여'로 바뀌는 '여' 불규칙, 그리고 동사 '달다'가 명령형에서 '다오'로 나오는 '오' 불규칙이 그것이다.

어간과 어미가 동시에 달라지는 예도 있다. '노랗다'가 '노래', '하얗다'가 '하얘'처럼 받침 'ㅎ'이 탈락하고 뒤 어미 '-아/어'가 '-애'로 변하는 'ㅎ' 불규칙이 여기에 속한다.

03 윗글에 따라 밑줄 친 부분을 분석했을 때 용언의 규칙 활용이 나타나지 않은 것은?

① 벌써 이렇게 <u>컸네</u>.
② 어제 <u>먹은</u> 음식이다.
③ <u>사는</u> 것이 힘들다.
④ 건물을 새로 <u>지었다</u>.

04 윗글을 읽고 밑줄 친 부분 중 <보기>의 ㉠과 ㉡의 예를 알맞게 짝 지은 것은?

보기
한국어에서 동사나 형용사가 어말 어미를 받아 형태를 바꿀 때, 어간·어미가 그대로 유지되거나 일어나는 소리 변화가 음운 법칙으로 쉽게 예측되면 이를 ㉠ 규칙 활용이라 부른다. 그와 달리 활용 과정에서 드러나는 형태 변화가 일반 음운 규칙으로는 설명되지 않고 특정 낱말에만 예외적으로 나타나면 ㉡ 불규칙 활용에 해당한다.

① ㉠: 저녁이 되어서야 목적지에 <u>이르렀다</u>.
   ㉡: 연필로 선을 <u>그었다</u>.
② ㉠: 불이 번지기 전에 얼른 <u>껐다</u>.
   ㉡: 그에게 이유를 <u>물어보았다</u>.
③ ㉠: <u>사느냐</u> 죽느냐, 그것이 문제로다.
   ㉡: <u>먹는</u> 것이 인생의 낙이다.
④ ㉠: 반대하기 전에 일단 다 <u>들어봐</u>.
   ㉡: 그 말을 듣자 머리가 <u>하얘졌다</u>.

실전 학습 문제

05 <보기>는 '용언의 활용'에 대한 설명이다. ㉠의 예로 적절하지 <u>않은</u> 것은?

> **보기**
>
> 용언이 활용할 때 어간이나 어미의 기본 형태가 바뀌지 않거나 바뀌어도 일반적인 음운 규칙으로 설명할 수 있는 경우를 '규칙 활용'이라고 한다. 반면, 어간이나 어미의 기본 형태가 바뀌는 것을 일반적인 음운 규칙으로 설명할 수 없는 경우를 ㉠'<u>불규칙 활용</u>'이라고 한다. 불규칙 활용의 종류에는 '어간이 바뀌는 경우', '어미가 바뀌는 경우', '어간과 어미가 모두 바뀌는 경우' 3가지가 있다. 어간이 바뀌는 활용에는 'ㄷ'이 'ㄹ'로 바뀌는 불규칙 활용, 'ㅂ'이 'ㅗ/ㅜ'로 바뀌는 불규칙 활용, 'ㅅ'이 모음으로 시작하는 어미 앞에서 사라지는 불규칙 활용, 어간의 끝이 '르'로 끝날 때 '르'가 모음으로 시작하는 어미 앞에서 'ㄹㄹ'로 바뀌는 활용, 마지막으로 어간이 'ㅜ'로 끝날 때 모음으로 시작하는 어미와 결합하는 경우 'ㅜ'는 생략되는 활용이 있다.
>
> 다음으로는 어미가 바뀌는 활용이 있다. 단어들이 '아/어'와 결합할 때 '아/어'가 '러'가 되는 '러' 불규칙 활용이 있으며 '하다'의 경우에는 '아/어'로 결합할 때 '아/어'가 '여'로 바뀌는 '여' 불규칙 활용의 단어이다. 또한 말하는 이가 듣는 이에게 어떤 것을 주도록 요구할 때 쓰이는 '주다'의 보충 동사인 '달다'가 '다오'가 되는 '오' 불규칙 활용도 존재한다.
>
> 어간과 어미가 모두 바뀌는 활용도 있다. 어간의 끝이 'ㅎ'일 때, 뒤에 '아/어'로 시작하는 어미가 오는 경우 'ㅎ'은 탈락하고 뒤에 있는 '아/어'가 '이'로 바뀌는 형태이다.
>
> (가) • 그녀가 모자를 <u>벗는</u>다.
> • 그녀가 모자를 <u>벗으며</u> 방으로 들어간다.
> (나) • 그는 시골에 집을 <u>짓고</u> 있다.
> • 그는 시골에 집을 <u>지으며</u> 행복해했다.

> (가)는 어간 '벗-' 뒤에 어미 '-으며'가 붙었을 때 어간의 형태가 바뀌지 않는 규칙 활용을 하는 반면, (나)는 어간 '짓-' 뒤에 어미 '-으며'가 붙었을 때 어간의 형태가 '지-'로 바뀌는 불규칙 활용을 한다.

① 그가 자신의 마음을 <u>몰라</u> 주어 섭섭했다.
② 자신의 마음을 가슴 깊이 <u>묻어</u> 두었다.
③ 그녀는 길을 <u>걸으면서</u> 책을 읽는다.
④ 그녀는 어머니를 따라 고기를 <u>구웠다</u>.

06 <보기>는 '용언의 활용'에 대한 설명이다. ㉠의 예로 적절하지 않은 것은?

> **보기**
>
> 용언이 굴절할 때 어간과 어미의 형태가 그대로 유지되거나, 설령 변형이 있어도 'ㄹ 탈락'·'ㅡ 탈락'처럼 음운 변화 원칙으로 쉽게 예측되는 경우를 규칙 활용이라고 한다. 반대로 특정 동사·형용사에서만 드러나 일반 음운 법칙으로는 설명되지 않는 변형이 일어나면 ㉠ 불규칙 활용에 속한다.
>
> 불규칙 활용은 변화가 어디에서 일어나느냐에 따라 세 부류로 나뉜다. 첫째, 어간만 달라지는 유형이다. '듣다 → 들어'처럼 받침 'ㄷ'이 모음 어미 앞에서 'ㄹ'로 바뀌는 'ㄷ' 불규칙, '돕다 → 도와'처럼 'ㅂ'이 'ㅗ/ㅜ'로 교체되는 'ㅂ' 불규칙, '짓다 → 지어'처럼 'ㅅ'이 탈락하는 'ㅅ' 불규칙, '오르다 → 올라'처럼 '르'가 'ㄹㄹ'로 변주되는 '르' 불규칙, 그리고 '푸다 → 퍼'와 같이 어간의 'ㅜ'가 사라지는 '우' 불규칙이 여기에 포함된다.
>
> 둘째, 어미만 변형되는 경우가 있다. '푸르다'가 '푸르러'로 활용될 때처럼 '-아/어'가 '-러'로 변하는 '러' 불규칙, '하다 → 하여 → 해'로 보이듯 '-아/어'가 '-여'로 바뀌는 '여' 불규칙, 그리고 '달다'가 명령형에서 '다오'로 나타나는 '오' 불규칙이 그 예다.
>
> 셋째, 어간과 어미가 함께 변하는 형태도 있다. 색채 형용사 '파랗다'가 활용되면 받침 ㅎ이 없어지면서 '파래'처럼 어미 '-아/어'까지 '-애'로 달라지는 'ㅎ' 불규칙이 대표적이다.
>
> '철수가 콜라를 마신다.'와 '철수가 콜라를 마시며 영화를 본다.'에서 '마시다'는 어간 '마시-' 뒤에 어미 '-(으)며'가 붙었을 때 어간의 형태가 바뀌지 않는 규칙 활용을 하지만, '내가 그를 돕는다.'와 '내가 그를 도와 그 일을 해냈다.'에서 '돕다'는 어간 '돕-' 뒤에 어미 '-아'가 붙었을 때 어간의 'ㅂ'이 'ㅗ'로 교체되는 불규칙 활용을 한다.

① 물이 강을 지나 바다로 <u>흘러간다</u>.

② 점을 하나로 <u>이었다</u>.

③ <u>노는</u> 것이 제일 좋다.

④ 옆 사람에게 길을 <u>물었다</u>.

07 다음 글에 따라 밑줄 친 부분을 분석했을 때 ㉠과 같은 경우에 해당되는 것은?

> 동사와 형용사는 문장에서 시제, 높임, 의문, 명령 등 다양한 문법적 의미를 표현하기 위해 어미가 바뀌며, 이를 '활용'이라고 한다. 예를 들어, 동사 '입다'는 '입는다', '입었다', '입으니' 등으로 어미가 변하며, 형용사 '예쁘다'도 '예쁘니', '예뻐서'처럼 다양한 형태로 활용된다.
>
> 활용 과정에서 어간이나 어미의 형태가 바뀌지 않고 규칙적으로 변하는 경우도 있지만, 일부 용언은 어간이나 어미, 혹은 둘 다 불규칙적으로 변한다. 예를 들어, '짓다'는 '지어', '붓다'는 '부어'처럼 어간이 달라지기도 하고, '이르다'가 '이르러'로 활용되는 것처럼 어미의 형태만 변화한다. 또, ㉠ '하얗다'가 '하얘서', '하얘'로 변하는 것처럼 어간과 어미 모두 변하는 경우도 있다.
>
> 결국 활용어는 어간과 어미의 결합을 통해 다양한 문법적 의미와 형태를 만들어내며, 이 과정에서 규칙적 또는 불규칙적으로 형태가 바뀌는 것이 특징이다.

① 수지가 운동장을 <u>달리고</u> 있다.

② 그는 시험을 위해 부단히 <u>노력하고</u> 있다.

③ 저 집은 매우 <u>까맣다</u>.

④ 새집을 빨리 <u>짓고</u> 이사 날짜를 정했다.

실전 학습 문제

[08 ~ 09] 다음 글을 읽고 물음에 답하시오.

한 단어가 둘 이상의 품사로 쓰이는 현상을 품사 통용이라 한다. 가령 '크다'는 '수준이나 능력 따위가 높은 상태가 되다.'의 의미이거나 '동식물의 몸의 길이가 자라다.'의 의미일 경우에는 동사가 된다. 반면 '사람이나 사물의 외형적 길이, 넓이, 높이 따위가 보통 정도를 넘다.' 혹은 '사람의 됨됨이가 뛰어나고 훌륭하다.'의 의미일 경우에는 형용사가 된다.

'있다' 역시 동사와 형용사가 모두 존재하는데 '철수는 학교에 있다.'와 같이 '사람이나 동물이 어느 곳에서 떠나거나 벗어나지 아니하고 머물다.'의 의미일 경우, '이직하지 말고 지금 회사에 계속 있어라.'와 같이 '사람이 어떤 직장에 계속 다니다.'의 의미일 경우, '수업시간에는 조용히 있어라.'와 같이 '사람이나 동물이 어떤 상태를 계속 유지하다.'의 의미일 경우, '조금 있으면 영희가 올 것이다.'와 같이 '얼마의 시간이 경과하다.'의 의미일 경우에는 동사가 된다. 이에 반해 '신은 있다.'와 같이 '사람, 동물, 물체 따위가 실제로 존재하는 상태'의 의미일 경우, '가정 방문이 있을 예정이다.'와 같이 '어떤 일이 이루어지거나 벌어질 계획이다.'의 의미일 경우, '나에게 과자가 있다.'와 같이 '어떤 물체를 소유하거나 자격이나 능력 따위를 가진 상태'의 의미를 지닌 경우에는 모두 형용사가 된다. 이와 달리 '있다'의 반의어인 '없다'는 형용사만 존재한다.

또한 '밝다'는 '아침이 오다, 새벽이 오다'와 같이 '밤이 지나고 환해지며 새날이 오다.'의 의미일 경우 동사가 되고, 이와는 달리 '불빛 따위가 환하다.', '생각이나 태도가 분명하고 바르다.', '예측되는 상황이 긍정적이고 좋다.', '어떤 일에 대하여 잘 알아 막히는 데가 없다.'와 같은 나머지 다른 뜻은 모두 형용사가 된다.

08 윗글을 참고할 때 밑줄 친 단어의 품사가 다른 것은?

① 몇 년 사이 키가 엄청 <u>컸다</u>.
② 뚜렷한 변화가 <u>없다</u>.
③ 아침이 <u>밝는</u> 대로 출발할 것이다.
④ 며칠만 <u>있으면</u> 방학이다.

09 윗글을 참고할 때 밑줄 친 단어 중 품사가 다른 하나는?

① 양자역학 산업은 미래 전망이 매우 <u>밝다</u>.
② 이 아이는 장차 나라를 이끌어갈 <u>큰</u> 인물이 될 것 같다.
③ 이직할 생각하지 말고 그 직장에 계속 <u>있어라</u>.
④ 공부할 마음이 <u>없느냐</u>?

10 다음 글에 따라 분석했을 때 밑줄 친 말의 품사가 다른 하나는?

> 수사는 명사, 대명사와 함께 체언으로 분류된다. '수 관형사'와 헷갈릴 수 있지만 수사는 체언이고 수 관형사는 수식언에 속하는 관형사이다. 예를 들어 '열을 세겠다.'의 열은 목적어로 쓰인 수사이고, '열 명이나 왔다.'의 열은 의존 명사 '명'을 수식하는 수 관형사이다.
> 이 둘의 구분은 뒤의 환경을 잘 보면 되는데, 명사처럼 조사가 곧바로 붙으면 수사, 뒤에 의존 명사 등과 같이 다른 명사가 있고 그것을 꾸미고 있으면 수 관형사이다.
> 예를 들어 '포도 다섯 개를 주세요.'에서 '다섯'은 수 관형사로 수사가 아니다. '다섯이 개를', '다섯을 개를' 등과 같이 조사가 붙은 형태가 자연스럽지 않다는 점을 보면 알 수 있다. 이에 반해 '포도 다섯을 주세요.'에서 '다섯'은 앞의 예시와는 다르게 수사이다. 뒤에 조사 '을'이 붙어 있으니 이는 체언이다.

① 영희와 나는 둘째 줄에 서 있었다.
② 목적지까지 세 시간 정도 걸린다.
③ 친구와 한두 마디 대화를 하고 헤어졌다.
④ 친구 다섯이 모두 모였다.

11 다음 글에 따라 분석한 내용으로 적절하지 않은 것은?

> 조사는 문장에서 체언에 붙어 기능하는 품사로 기능과 의미에 따라 격 조사, 보조사, 접속 조사로 나눌 수 있다.
> 격 조사는 체언이 문장 안에서 일정한 자격을 가지게 해 주는 조사로서, 주격, 관형격, 목적격, 부사격, 서술격, 보격, 호격 조사로 나눌 수 있다. 주격 조사는 '이/가, 에서' 등으로, 체언이 주어의 자격을 가지게 하며, 관형격 조사는 '의'로, 체언이 관형어의 자격을 가지게 한다. 목적격 조사는 '을/를'로, 체언이 목적어의 자격을 가지게 하며, 부사격 조사는 '에, 에게, 에서, (으)로, 와/과' 등으로, 체언이 부사어의 자격을 가지게 한다. 보격 조사는 '이/가'로, 서술어 '되다, 아니다' 앞에 오는 체언이 보어의 자격을 가지게 한다. 서술격 조사는 '이다'로 체언이 서술어의 자격을 가지게 하고, 호격 조사는 '아/야, (이)시여' 등으로 체언이 호칭어가 되게 하는 조사이다.
> 보조사는 특별한 의미를 덧붙여 주는 조사로 '도, 만, 까지, 요' 등이 속한다. 보조사는 체언 뒤는 물론이고, 여러 문장 성분 뒤에도 나타날 수 있다. 접속 조사는 두 단어를 같은 자격으로 이어 주는 조사로 '와/과'가 대표적이며 '하고, (이)며' 등이 여기에 속한다.

① '대군들이여, 진격하라.'의 '이여'는 어떤 대상을 부를 때 쓰는 호격 조사이다.
② '설상가상으로 비도 온다.'의 '도'는 다시 그 위에 더한다는 의미를 가진 보조사이다.
③ '열 명은커녕 다섯 명도 오지 않았다.'의 '커녕'는 '어떤 사실을 부정하는 것은 물론 그보다 덜하거나 못한 것까지 부정함'의 뜻을 나타내는 보조사이다.
④ '학교에서 미술 대회를 개최하였다.'의 '에서'는 단체 명사 뒤에 쓰이는 부사격 조사이다.

실전 학습 문제

12 다음 글을 읽고 추론한 것으로 적절하지 <u>않은</u> 것은?

> 의미의 차이와 어미의 종류를 통해 동사와 형용사를 구분할 수 있다. 의미에 따른 구분은 동사와 형용사가 주어를 어떻게 나타내고 있는지를 살펴보면 된다. 동사는 주어의 동작이나 작용을, 형용사는 주어의 성질이나 상태를 나타낸다.
> 어미의 종류에 따른 구분은 감탄형 종결 어미와 현재 시제 선어말 어미 그리고 명령, 청유형 종결 어미로 파악하는 것이다. 감탄형 종결어 '-는구나'가 결합할 수 있는 경우는 동사, 결합이 불가능한 경우는 형용사로 구분이 된다. 현재 시제 선어말 어미로 구분할 때는 용언의 어간에 '-는다' 또는 '-ㄴ다'를 붙여 말이 되는 경우 동사, 그렇지 않은 경우는 형용사로 구분한다.
> 하지만, 동사와 형용사로 모두 쓰이는 '크다, 밝다'와 같은 단어(통용어)들도 있다. 이 단어들은 문장에서 쓰이는 의미에 따라 그 품사가 다르다.

① '사랑하다'는 '사랑하는구나'로 '-는구나'와 결합하여 활용 가능하므로 동사이다.
② '막히다'는 '막힌다'로 '-ㄴ다, -는구나'와 결합하여 활용 가능하므로 형용사이다.
③ '늙다'는 '늙는다'로 '-는다'와 결합하여 활용 가능하므로 동사이다.
④ '밝다'는 '-는다'와 결합하여 '밝는다'로 동사로도 쓸 수 있지만, '밝은 빛'과 같이 '밝은'으로도 사용이 가능하여 형용사의 품사도 지닌 통용어이다.

13 다음 글을 참고할 때 밑줄 친 부분의 품사가 <u>다른</u> 하나는?

> 문장에서 서술의 기능을 하는 용언은 동사와 형용사로 이루어져 있다. 동사는 사물의 동작이나 작용을 나타내는 품사이고, 형용사는 사물의 성질이나 상태를 나타내는 품사로 서로 엄연히 다르지만 형태가 비슷해 구분이 쉽지 않은 경우가 많다.
> 동사와 형용사를 구분하는 방법은 크게 세 가지이다. 먼저 동사는 현재 시제 선어말 어미를 붙일 수 있지만 형용사는 불가능하다. 예컨대, '누나가 밥을 먹는다.'에서 '-는'이 붙은 '먹는다'는 동사이고, '언니는 똑똑하다.'에서 '똑똑하다'는 '-는'이 붙었을 때 부자연스러우므로 형용사이다. 그리고 동사는 청유형, 명령형 종결 어미를 붙일 수 있지만 형용사는 불가능하다. 마지막으로 동사는 감탄형 종결 어미 '-는구나'를 붙이고 형용사는 '-구나'를 붙인다. 예를 들어, '키가 빨리 크는구나'에서 '크다'에 '-는구나'를 붙여 만든 '크는구나'는 동사이다. '나무가 엄청 크구나.'에서 '크다'에 '-구나'를 붙여 만든 '크구나'는 형용사이다.

① 너무 빨리 <u>늙는다</u>.
② 회원이 하나둘 <u>줄었다</u>.
③ 이 정도 노력으로는 <u>부족하다</u>.
④ 학생들이 선생님의 말씀을 <u>경청한다</u>.

14 다음 글을 읽고 '품사 통용'의 예를 제시한 것으로 적절하지 않은 것은?

> 동사는 사물의 동작이나 작용을 나타내고 형용사는 사물의 성질이나 상태를 나타낸다. 이 둘의 구분은 어간과 어미 사이에 현재 시제 선어말 어미가 붙느냐에 따라 달라질 수 있다. 즉 '동생은 과자를 먹는다.'의 '먹다'와 같이 현재 시제 선어말 어미가 붙는 경우에는 동사이고, '꽃이 예쁘다.'의 '예쁘다'와 같이 현재 시제 선어말 어미와 결합할 수 없는 경우에는 형용사이다.
>
> 그런데, 단어 중에는 동사와 형용사의 품사를 모두 지닌 경우도 존재한다. 예를 들어 '대로', '만큼', '뿐'이라는 단어는 용언의 관형사형 다음에 오면 의존 명사, 체언 다음에 쓰이면 조사로 품사가 다르다. '본 대로 다 말해라.'에서 '대로'는 관형사형 뒤에 오므로 의존 명사, '규칙대로 처리할 것이다'에서 '대로'는 체언 뒤에 쓰였으므로 조사이다.
>
> '같이'라는 단어는 모양이나 정도를 나타내는 의미로 쓰이면 조사, '함께'라는 의미로 쓰이면 부사이다. 예를 들어, '강아지같이 귀여운 동물은 없다.'에서 '같이'는 조사, '너와 같이 있고 싶어.'에서 '같이'는 부사이다.
>
> '늦다'라는 단어도 '정해진 때보다 지나다.'라는 의미로 사용되면 동사, '기준이 되는 때보다 뒤져 있다.', '시간이 알맞을 때를 지나 있다.'의 의미로 사용되면 형용사이다.

① 형과 같이 수영장에 갔다. (부사)
  그는 바보같이 당하고만 산다. (조사)
② 어제는 해가 늦게 졌다. (형용사)
  오늘 늦잠을 자서 수업에 늦었다. (동사)
③ 우리도 이제 많이 늙었네. (형용사)
  이 세상의 모든 것은 시간이 지나면 늙는다. (동사)
④ 학교에서뿐만 아니라 학원에서도 1등을 했다. (조사)
  그는 빙그레 웃기만 할 뿐 아무 말이 없었다. (의존 명사)

15 다음 글을 참고할 때 밑줄 친 말의 품사가 다른 하나는?

> 관형사는 활용하지 않으며 뒤에 있는 체언을 수식한다. 관형사에는 체언의 모양 상태, 성질을 나타내는 성상 관형사와 '이, 그, 저'와 같은 지시 관형사, 체언의 숫자를 셀 때 쓰이는 수 관형사가 있다.
>
> 부사는 관형사와 마찬가지로 활용하지 않는데, 부사는 크게 성분 부사와 문장 부사로 나뉜다. 성분 부사 중 성상 부사는 용언을 수식하거나 다른 부사 등을 수식하는 단어를 말하며, '야옹야옹', '깡충깡충'과 같은 의성부사나 의태부사도 존재한다. '이리, 그리, 저리'의 지시 부사도 지니고 있으며 부정문을 만드는 '안, 못' 등의 부정 부사도 성분 부사에 속한다.
>
> 피수식어 바로 앞에 위치하는 성분 부사와는 다르게 문장 부사는 수식의 범위가 한 단어나 어구에 한정되지 않고 문장 전체에 걸리며 '과연, 제발' 등이 문장 부사에 속한다.

① <u>설마</u> 그게 사실일 줄이야.
② <u>모든</u> 인력을 동원해서라도 그 일을 끝내라.
③ <u>아무</u> 옷이라도 걸쳐라.
④ 오랜만에 만난 그는 <u>그</u> 모습 그대로였다.

실전 학습 문제

16 다음 글에 따라 <보기>의 단어를 분류한 것 중 같은 품사끼리 묶지 <u>않은</u> 것은?

우리 국어는 9개의 품사로 이루어져 있다. 명사란 대상의 이름 또는 추상적인 개념을 나타내는 단어이다. 그리고 이러한 명사의 이름을 대신하는 단어를 대명사라고 한다. 또 사물의 수량이나 순서를 나타내는 단어는 수사라고 한다. 명사, 대명사, 수사를 체언으로 분류한다.

다음으로 문장에서 체언 앞에 놓여 그 말을 수식해 주는 단어를 관형사라 하고, 용언, 부사, 관형사, 문장 전체를 수식하는 단어를 부사라 한다. 관형사와 부사를 묶어 수식언으로 분류한다. 또한 체언의 뒤에 붙어 문법적 관계를 나타내는 단어는 조사로 관계언으로 분류한다. 그리고 놀람, 부름, 대답, 감탄 등을 나타내는 단어는 감탄사로 독립언으로 분류한다.

마지막으로 용언에는 대상의 움직임을 나타내는 단어인 동사와 대상의 성질이나 상태를 나타내는 단어인 형용사가 있다. 이들은 활용을 하는 용언으로 분류한다.

보기

혼례가 끝이 났다. 긴장이 풀린 듯 넋 빠진 사람처럼 송씨는 마루에 누워 있었다. 봉제 영감은 사랑에서 손님들과 술을 나누고 있었고, 봉희는 기진맥진한 신부에게 국수를 먹이면서 옷매무새를 고쳐준다. 성수는 아침부터 보이지 않았다. 지석원은 거하게 술을 마시고 나섰다. 문둥이들도 술이 취해서 즐겁게 문둥이 타령을 하며 노래를 부르고 갔다.
"억울합니다 아씨, 오래오래 사이소."
지석원은 대문 밖에서 고함을 친다.

① 명사: 긴장, 듯, 아침, 노래
② 부사: 즐겁게, 오래오래
③ 동사: 누워, 기진맥진한, 부르고
④ 조사: 가, 처럼, 부터

17 다음 글에서 추론한 내용으로 적절하지 <u>않은</u> 것은?

국어에서 동사는 사람이나 사물의 움직임을 나타내는 말로, 움직임이나 작용을 과정적으로 드러낸다. 형용사는 사람이나 사물의 성질이나 상태를 나타내는 말이다. 그런데 '있다'는 의미에 따라 품사가 동사 또는 형용사로 구분된다. '있다'가 '어떤 곳에 있음. 또는 있는 곳'을 뜻하는 '소재(所在)'의 의미로 쓰이는 경우에는 '(방에) 있는다, 있는구나, 있는, 있자, 있어라'와 같이 동사의 활용형과 일치하므로 동사로 분류한다. 이와 달리 '가지고 있음'을 뜻하는 '소유(所有)'의 의미로 쓰이는 경우에는 '(돈이) *있는다, *있는구나, *있자, *있어라'와 같이 쓸 수 없으므로 형용사로 분류한다. 한편 '있다'가 동사인지, 형용사인지에 따라 높임 표현도 달라진다. '있다'가 소재를 나타내는 동사일 경우에는 '계시다'를, 소유를 나타내는 형용사일 경우에는 '있으시다'를 사용해야 한다.

* 비문법적인 문장

① '그 사람은 아파트가 3채가 있다.'에서 '있다'는 형용사이다.
② '거기 가면 조용히 있어라.'에서 '있어라'는 형용사이다.
③ '선생님께서는 교무실에 계신다.'에서 '계시다'는 동사 '있다'의 높임 표현이다.
④ '선생님께서는 나이 어린 아드님이 있으시다.'에서 '있다'는 형용사 '있다'의 높임 표현이다.

18 다음 글을 바탕으로 <보기>의 ㉠ ~ ㉣을 이해한 내용으로 적절하지 <u>않은</u> 것은?

> 주어를 서술하는 기능을 하는 용언은 동사와 형용사로 이루어져 있다. 동사는 동작이나 작용을 나타내는 단어이고, 형용사는 성질이나 상태를 나타내는 단어이다. 동사와 형용사는 활용하는 양상이 다른데, 일반적으로 동사 어간에는 현재 시제 선어말 어미 '-ㄴ-/ -는', 현재 시제의 관형사형 어미 '-는', 명령형 어미 '-아라/-어라', 청유형 어미 '-자' 등이 붙지만, 형용사 어간에는 붙지 않는다.

> 보기
> ㉠ 밤이 지나고 날이 <u>밝는다</u>.
> ㉡ 일교차가 크니 옷을 여러 겹 <u>챙겨라</u>.
> ㉢ 민수가 쓰레기를 바닥에 <u>버렸다</u>.
> ㉣ *우리 항상 <u>부지런하자</u>.
>
> * 비문법적인 문장

① ㉠의 '밝는다'는 대상의 상태를 나타내므로 형용사이다.
② ㉡의 '챙겨라'는 명령형 어미 '-어라'가 결합하였으므로 동사이다.
③ ㉢의 '버렸다'는 대상의 동작을 나타내므로 동사이다.
④ ㉣의 '부지런하자'의 기본형 '부지런하다'는 청유형 어미 '-자'가 결합할 수 없으므로 형용사이다.

19 밑줄 친 부분 중 다음 글의 ㉠의 사례에 해당하는 것은?

> 국어에서 ㉠ <u>의존 명사</u>는 자립 명사와 달리 반드시 관형어의 수식을 받아야만 문장에 쓰일 수 있다. 가령 '마당에서 뛰어놀았다.'에서 '마당'은 자립 명사이므로 관형어의 수식을 받지 않아도 되지만, '실패한 마당에 조심할 것이 없다.'에서 '마당'은 관형어 없이 홀로 쓰일 수 없다. 의존 명사인 '마당'은 앞에 '실패한'과 같은 관형어가 있어야만 문장 안에서 쓰일 수 있다.
> 한편 의존 명사 중 조사, 어미 등과 형태가 동일하여 구분하기 어려운 것이 있다. 이때 대체적으로 의존 명사는 용언의 관형사형 뒤에서 사용되고, 체언 뒤에 쓰이면 조사로 쓰인다. 이때 의존명사로 쓰이는 단어는 앞말과 띄어쓰기를 해야 하고, 조사로 쓰이는 경우에는 앞말과 붙여쓰기를 해야 한다. 예컨대 '아는 만큼 보이는 법이다.', '너만큼 할 수 있다.'와 같은 경우가 그러하다.

① 계획<u>대로</u> 일이 진행됐다.
② 그는 너<u>만큼</u> 키가 크다.
③ 그녀는 운동을 잘할 <u>뿐</u> 체력이 좋은 것은 아니다
④ 미안한 생각은 쥐꼬리<u>만큼</u>도 없다.

실전 학습 문제

20 다음 글에서 추론한 내용으로 적절하지 <u>않은</u> 것은?

한국어에서 상대방을 지칭하는 2인칭 대명사는 매우 다양한 형태와 높임의 단계를 갖고 있다. 일상 대화에서 자주 쓰이는 '너'는 또래나 손아랫사람, 혹은 친밀한 관계에서 자연스럽게 등장한다. 여러 명을 지칭할 때는 '너희'가 사용되며, 이는 듣는 이를 포함한 집단을 가리킨다. 연령이나 친분에 따라 '자네'라는 표현도 쓰이는데, 이는 또래나 손아랫사람에게 어느 정도 예의를 갖추면서 부를 때 적합하다.

좀 더 높임의 의미를 담고 싶을 때는 '당신', '임자', '그대'와 같은 표현이 사용된다. '당신'은 부부 사이 혹은 공식적이지 않은 자리에서 동년배를 부를 때 쓰이며, 문맥에 따라 3인칭 재귀 대명사로도 기능한다. '임자'는 나이가 든 부부 사이에서 흔히 볼 수 있고, '그대'는 주로 시나 문학 작품에서 존중의 의미를 담아 등장한다. 여러 사람을 높여 부를 때는 '여러분'이 자연스럽게 쓰인다.

공식 문서나 격식을 차리는 자리에서는 '귀하', '노형', '제군' 같은 한자어 대명사도 등장한다. 최근에는 젊은 세대를 중심으로 '자기'가 2인칭 대명사로 널리 퍼지고 있는데, 이는 친밀한 관계에서 서로를 부를 때 주로 사용된다.

한편, 한국어에는 상대방을 극존대하는 2인칭 대명사가 뚜렷하게 발달하지 않았다. 그래서 윗사람이나 공적인 자리에서는 대명사 대신 '선생님', '할아버님' 등 직함이나 친족 호칭을 활용해 상대방을 높이는 것이 일반적이다. 이처럼 한국어의 2인칭 대명사 체계는 사회적 관계와 상황에 따라 다양한 선택지를 제공하며, 변화하는 언어 문화를 반영해 계속 진화하고 있다.

① 같은 등급의 2인칭 대명사라도 듣는 이가 몇 명인지에 따라 사용하는 대명사가 달라질 수 있다.
② 청자를 높이기에 마땅한 대명사가 없을 때는 청자의 직함을 부름으로써 높임의 의미를 실현할 수 있다.
③ '당신'은 배우자 혹은 동년배에게 사용하는 예사 높임 표현이므로 '할아버지는 당신의 추억을 자주 이야기하신다.'는 잘못된 표현이다.
④ '자네'는 친분이 있는 사람을 대접하기 위해 '너' 대신 사용할 수 있다.

21 다음 글에서 추론한 내용으로 적절한 것은?

　한국어에서 관형사와 부사는 모두 문장 안에서 다른 단어를 꾸며 주는 역할을 하지만, 그 기능과 쓰임에는 뚜렷한 차이가 있다.
　관형사는 명사와 같은 체언 앞에 위치해 그 뜻을 한정하거나 성질, 수량, 지시 등을 명확히 해 주는 품사이다. 예를 들어 '새 신발', '그 사람', '한 번'처럼 관형사는 반드시 체언 앞에만 쓰이며, 다른 품사를 꾸미지 않는다. 또한 관형사는 형태 변화가 없고, 조사나 어미와 결합하지 않는 불변어라는 특징이 있다. 관형사의 종류에는 사물의 성질이나 상태를 나타내는 성상 관형사, 수량을 나타내는 수 관형사, 대상을 가리키는 지시 관형사 등이 있다. 관형사는 다른 품사와 구별이 애매한 경우도 있지만, 체언만을 수식한다는 점에서 명확한 구분이 가능하다.
　반면, 부사는 동사나 형용사 같은 용언뿐 아니라, 다른 부사, 관형사, 심지어 문장 전체를 꾸며 줄 수 있는 품사다. 예를 들어 '몹시 춥다' '아주 새 옷', '설마 그 사람이 그렇게 했겠니?'처럼 부사는 다양한 품사를 수식하며, 문장 내에서 위치 이동도 비교적 자유롭다. 때로는 '오직 너'처럼 명사를 수식하는 예외도 있지만, 주된 역할은 용언이나 문장 전체의 의미를 보강하는 데 있다. 부사는 관형사와 마찬가지로 형태 변화가 없으나, 보조사와 결합할 수 있다는 점이 다르다. 예를 들어 '몹시도 덥다'에서처럼 부사 뒤에 보조사가 올 수 있다. 또한 부사는 문장 앞, 중간, 끝 등 다양한 위치에 놓일 수 있어 문장 구조에 유연하게 쓰인다.

① '최대한 빠른 열차를 타고 고향에 내려갔다.'의 '빠른'은 용언의 활용형이 굳어진 관형사이다.
② '세월이 너무도 빠르게 가는구나.'에서 '너무도'의 '너무'는 조사와 결합하므로 체언이다.
③ '그의 부모님은 아주 부자이다.'의 '아주'는 명사를 수식하지만 관형사가 아니라 부사이다.
④ '새 옷이 그에게 멋지게 어울린다.'에는 관형사와 부사가 모두 있다.

실전 학습 문제

22 다음 글의 (가) ~ (다)에 들어갈 말을 바르게 연결한 것은?

한국어의 인칭 대명사는 화자, 청자, 그리고 제3자를 가리키는 역할에 따라 세 가지로 나뉜다. 1인칭 대명사는 말하는 사람 자신이나 자신이 속한 집단을 가리키며, 대표적으로 '나', '저', '우리', '저희' 등이 있다. 2인칭 대명사는 듣는 사람이나 그 집단을 대상으로 하며, '너', '너희', '당신', '그대' 등이 이에 해당한다. 3인칭 대명사는 화자와 청자가 아닌 다른 사람이나 집단을 지칭하는데, '그', '그녀', '이이', '저분', '그들' 등 다양한 표현이 쓰인다.
이때 '우리'라는 표현은 한국어에서 독특한 의미 확장을 보인다. 일반적으로는 1인칭 복수 대명사로 인식되어 화자를 포함한 여러 사람을 가리키지만, 실제 대화에서는 문맥에 따라 그 범위가 달라진다. 예를 들어, (가) 의 '우리'처럼 화자 자신과 청자를 가리키는 의미로 사용된다. 반면, (나) 의 '우리'는 (가)와 달리 청자를 포함하지 않으면서 자기를 포함한 여러 사람을 가리킨다. 또한 (다) 에서처럼, 화자와 특별한 친밀감을 가진 대상을 나타내는 데에도 사용된다. 이런 맥락에서는 엄밀히 말해 1인칭 대명사라기보다, 소속감이나 친근함을 드러내는 표현이 된다.

ㄱ. 우리 형은 학교에서 가장 공부를 잘한다.
ㄴ. 다은아, 우리 이번에는 꼭 합격하자.
ㄷ. 우리는 너와 하고 싶은 일이 정말 많아.

	(가)	(나)	(다)
①	ㄱ	ㄴ	ㄷ
②	ㄴ	ㄱ	ㄷ
③	ㄴ	ㄷ	ㄱ
④	ㄷ	ㄴ	ㄱ

23 다음 글을 토대로 <보기>의 밑줄 친 단어의 품사에 대해 설명한 것으로 옳지 <u>않은</u> 것은?

관형사와 관형어는 모두 체언을 수식한다는 공통점이 있다. 명칭과 기능이 비슷하여 두 개념을 혼동하기 쉽지만 관형사는 '품사' 중 하나에 해당하고, 관형어는 '문장 성분' 중 하나에 해당한다. 그래서 관형사는 관형어에 포함되는 개념으로 문장 내에서 서술성이 없다.
반면 용언의 관형사형은 관형절 속의 서술어로서 서술성을 유지한 채 전체 문장의 관형어로 기능할 수 있다. 가령 '새 집으로 이사했다'에서 '새'는 '이미 있던 것이 아니라 처음 마련한'을 의미하는 관형사로, 이는 서술성이 없다. 하지만, '새로운 집으로 이사했다'의 '새로운'은 '집이 새롭다'라는 관형절 속의 서술어로서, 서술성이 있는 형용사의 관형사형에 해당한다.

보기
ㄱ. <u>모든</u> 사람이 힘을 합쳐 <u>그</u> 일을 해냈다.
ㄴ. 키가 <u>큰</u> 학생은 나와 입장이 <u>다른</u> 사람이었다.
ㄷ. <u>이</u> 건물은 정말 <u>멋진</u> 건축물이다.
ㄹ. <u>무슨</u> 이유에선지 <u>온갖</u> 잡동사니들이 거리에 나뒹굴었다.

① ㄱ의 '모든'과 '그'는 모두 관형사이자 관형어이다.
② ㄴ의 '큰'과 '다른'은 모두 형용사의 관형사형이다.
③ ㄷ의 '이'는 관형사이고, '멋진'은 형용사의 관형사형이다.
④ ㄹ의 '무슨'은 관형사이고 '온갖'은 형용사이다.

24 ㉠에 해당하는 사례로 적절하지 <u>않은</u> 것은?

> ㉠ <u>품사의 통용</u>이란 다음에 제시된 '밝다'의 경우처럼 하나의 단어가 두 가지 품사에 소속되어, 사전에서 두 가지 이상의 품사로 처리되는 경우를 말한다.
>
> 밝다 [Ⅰ]「동사」
>   밤이 지나고 환해지며 새날이 오다.
> [Ⅱ]「형용사」
>   「1」불빛 따위가 환하다.
>   「2」빛깔의 느낌이 환하고 산뜻하다.
>   「3」감각이나 지각의 능력이 뛰어나다.
>
> 즉, '밝다'의 단어는 '밤이 지나고 환해지면 새날이 오다.'의 의미를 지니고 있을 경우에는 동사이고, 나머지 다른 의미인 '불빛 따위가 환하다.' '빛깔의 느낌이 환하고 산뜻하다.' '감각이나 지각의 능력이 뛰어나다.' 등의 의미를 지닐 때에는 형용사가 되는 것이다.
> '다섯'이라는 숫자형 어휘를 살펴보면, '사람 다섯이 모였다'에서는 뒤에 조사 '이'가 붙어 수사로 기능하고, '다섯 사람이 모였다'에서는 그 앞에 오는 명사 '사람'을 한정하는 관형사 역할을 한다. 즉 동일한 형태라도 문장 구조 안에서 수사와 관형사 두 가지 품사로 쓰이는 셈이다.
> 이와 비슷하게 '그곳은 비교적인 관점에서 크다'의 '비교적'은 뒤에 조사가 결합하였으므로 '명사'이고, '비교적 연구를 시행하였다'의 '비교적'은 체언을 수식하는 관형사이다. 또, '문제가 비교적 간단하다.'의 '비교적'은 용언을 수식하는 부사이다. 즉 '비교적'은 명사, 관형사, 부사 세 가지 품사를 지닌 품사통용의 단어이다.
> 또 '원래' 역시 본래 부사와 명사 두 가지 품사로 활용된다. '원래 알고 있던 사실이다'에서처럼 동사를 수식하면 부사로, '원래의 목적을 잊지 마라'처럼 뒤에 조사가 결합하면 명사로 기능한다.
> 이처럼 한국어에서는 형태는 같아도 문장 속 쓰임새에 따라 수사, 관형사, 조사, 의존명사, 부사, 명사 등 다양한 품사로 탈바꿈하는 단어가 적지 않다.

① <u>원래</u> 계획에 맞게 진행하기로 했다.
   성민이는 <u>원래</u> 그런 사람이다.
② 아침이 <u>밝아</u> 온다.
   그는 잠귀가 <u>밝다</u>.
③ 이곳은 교통이 <u>비교적</u> 편리하다.
   이 제품은 <u>비교적</u> 상품 가치가 떨어진다.
④ 우리 <u>여섯</u>이 함께 힘을 합치면 두려울 것이 없다.
   여희는 <u>여섯</u> 번째 생일을 맞이했다.

실전 학습 문제

25 다음 글을 읽고 <보기>를 분석한 것으로 적절하지 <u>않은</u> 것은?

> 수식어에는 명사를 한정하는 관형사와 주로 용언이나 문장 전체를 수식하는 부사가 있다. 관형사는 오직 명사 앞에 놓여 그 범위나 성질을 제한하는 반면, 부사는 동사·형용사뿐 아니라 다른 부사나 관형사, 심지어 문장 전체까지도 꾸며 준다. 예를 들어 '엄청 낡은 집'에서는 형용사 '낡은'을, '엄청 빨리 뛰다'에서는 부사 '빨리'를 '엄청'이 한 단계 더 강조하듯 수식하며, '바로 지금'의 '바로'처럼 부사가 명사를 직접 수식하는 경우도 있다.
>
> 부사는 문장에서 맡는 역할에 따라 두 갈래로 구분된다. 먼저 특정 성분 하나만 골라 수식하는 '성분 부사'가 있는데, 이들은 의미에 따라 다시 나뉜다. 공간이나 대상을 가리키는 '이리, 그리, 저리' 같은 지시 부사, 동작의 양상을 보여 주는 '어떻게' 같은 성상 부사, '못, 안(아니)'처럼 부정의 뜻을 더하는 부정 부사, 그리고 '아삭아삭, 반짝반짝'처럼 소리·모양을 흉내 내는 의성·의태 부사가 여기에 속한다. 한편, 문장 전체를 수식하는 '문장 부사'는 화자의 태도를 드러내는 양태 부사(만일, 설마 등)와 절이나 문단을 이어 주는 접속 부사(그러나, 또한, 따라서 등)로 나뉜다. 다만 '혹은'처럼 단어 수준에서만 연결을 돕고 문장 전체를 잇지 못하는 경우에는 문장 부사로 보지 않는다. 이러한 분류는 수식어가 어떤 대상을 꾸미는지, 문장 안에서 어떤 역할을 수행하는지를 분명히 가려 주어, 말과 글의 의미를 더 풍부하고 정확하게 만든다.

보기
ㄱ. 그의 공연이 바로 지금 시작한다.
ㄴ. 그는 결코 그 일이 안 일어난다고 주장했다. 하지만 그의 주장은 완전히 틀리고 말았다.

① ㄱ의 '바로'는 명사 '지금'을 수식하는 부사이다.
② ㄴ의 '하지만'은 접속 부사이면서 문장 부사이다.
③ ㄴ의 '안'과 '완전히'는 모두 성분 부사이다.
④ ㄴ의 '결코'는 말하는 이의 태도를 나타내고 있으므로 양태 부사이다.

공무원 시험 전문 해커스공무원
gosi.Hackers.com

02 문장 성분

1. 주성분

(1) 주어, 목적어, 보어, 서술어

구분	개념	형식	예
주어	서술어가 나타내는 동작 또는 상태나 성질의 주체가 되는 문장 성분	체언 + 주격 조사	꽃이 피기 시작했다.
		체언 + 보조사	꽃은 피기 시작했다.
목적어	타동사로 된 서술어의 동작이나 행동의 대상이 되는 문장 성분	체언 + 목적격 조사	나무가 꽃을 피우기 시작했다.
		체언 + 보조사	나무가 꽃은 피우기 시작했다.
보어	서술어 '되다', '아니다'의 필수 성분이며, 서술어의 의미를 보충해주는 구실을 하는 문장 성분	체언 + 보격 조사	저것은 꽃이 아니다.
		체언 + 보조사	저것은 꽃은 아니다.
서술어	주어의 동작 또는 상태나 성질을 서술하는 문장 성분	체언 + 서술격 조사 '이다' → 종결 어미, 연결 어미	그녀는 학생이다.
		용언(동사, 형용사) → 종결 어미, 연결 어미	빵을 먹다.
		본용언 + 보조 용언	• 사탕을 먹어 버렸다. • 사탕을 먹고 싶다.

2. 부속 성분

(1) 관형어, 부사어

구분	개념	형식	예
관형어	주어, 목적어, 보어를 수식하는 문장 성분	체언 + 관형격 조사 '의'	지금도 나는 어머니의 말씀이 기억난다.
		관형사	새 책, 옛 모습, 갖은 음식
		용언 어간 + 관형사형 전성 어미	5월에 예쁜 꽃을 보러 가자.
부사어	용언, 관형어, 부사어, 문장 전체를 수식하는 문장 성분	체언 + 부사격 조사	• 그는 기어코 미국으로 떠났다. • 우리들은 강에서 실컷 놀았다.
		부사	• 그 학생이 아주 새 사람이 되었더라. • 설마 그럴 리가 있겠어?
		용언 어간 + 부사형 전성 어미	꽃이 곱게 피었다.

(2) **필수적 부사어**: 서술어로 쓰인 용언의 특성에 따라 필수적으로 요구되는 부사어로, 요구되는 부사어는 용언의 특성에 따라 다름

① 부사어(체언 + 와/과) + 같다, 다르다, 닮다 예 예지는 어머니와 닮았다.

② 부사어(체언 +(으)로) + 삼다, 변하다 예 부인은 청아를 양녀로 삼았다.

③ 부사어(체언 + 에/에게) + 넣다, 두다, 다가서다 예 영희는 편지를 우체통에 넣었다.

④ 부사어(체언 + 에게) + 수여 동사(주다, 보내다 등)
   예 • 그가 그녀에게 책을 주었다.
      • 할아버지는 손자들에게 용돈을 주셨다.

⑤ 부사어(어간 + -게) + 생기다 예 그녀는 예쁘게 생겼다.

⑥ 부사어(어간 + -게) + 굴다 예 철수가 비겁하게 굴더라.

> **개념 더하기** 서술어의 자릿수
>
> 서술어의 성격에 따라 필수적으로 요구되는 문장 성분의 수
>   └ 주어, 목적어, 보어, (필수적) 부사어
> • 한 자리 서술어: 주어 + 서술어   예 새가 운다.
> • 두 자리 서술어: 주어 + 목적어/보어/부사어 + 서술어
>   예 • 예쁜 그녀는 많은 책을 빠르게 읽었다. • 영수가 도서관에서 책을 읽었다.
>   • 멋진 그는 의사가 되었다.   • 이것은 저것과 매우 다르다.
> • 세 자리 서술어: 주어 + 목적어 + 부사어 + 서술어
>   예 할머니께서 과자를 우리들에게 주셨다.

3. 독립 성분

구분	개념	형식	예
독립어	다른 성분들과 관련 없는 문장 성분	체언 + 호격 조사(아/야/이여)	철수야.
		감탄사	아야!
		제시하는 말(표제어) └ 조사와 결합하지않은 명사가 문장 맨앞에 제시될 때	청춘, 이것은 듣기만 하여도 가슴 설레는 말이다.
		명령, 의지의 단어가 하나의 문장을 이룰 때	조용! / 어서! / 싫어! / 차렷!

실전 학습 문제

[01 ~ 03] 다음 글을 읽고 물음에 답하시오.

한국어 문장은 기능에 따라 일곱 성분으로 해부된다. 골조를 이루는 주성분은 주어, 서술어, 목적어, 보어로 총 네 가지다. 주어는 '누가, 무엇이'에 해당하는 말로, 명사, 대명사, 수사 등이 주격 조사 '이/가'와 결합해 동작이나 상태의 주체를 표시한다. 서술어는 동사, 형용사 또는 체언+서술격 조사 '이다'가 담당하며, 주어의 행위·성질·존재 여부를 풀이해 문장을 마무리한다. 목적어는 타동사가 요구하는 동작의 대상을 나타내며 체언에 목적격 조사 '을/를'이 붙어 실현된다. 보어는 '되다, 아니다' 같은 서술어가 요구하는 자리로, 체언에 보격 조사 '이/가'가 결합해 뜻을 완결한다.

주성분을 꾸며 주제를 구체화하거나 범위를 제한하는 부속 성분은 관형어와 부사어다. 관형어는 체언 앞에서 '어떤'의 의미를 더해 주며, 관형사, 용언의 관형사형, 명사+'의' 형태로 나타난다. 부사어는 주로 동사, 형용사, 서술격 조사를 수식하여 의미를 한정하거나 강조하고, 부사, 용언의 부사형, 체언+부사격 조사 등으로 실현된다.

끝으로 독립 성분인 독립어가 있다. 감탄사, 호칭어, 제시어처럼 다른 성분과 통사적 연결을 맺지 않고 화자의 느낌이나 주의를 환기하는 말이 여기에 속한다. 이렇게 주성분, 부속 성분, 독립 성분이 상호 작용하면서 한국어 문장이 완전한 구조를 갖추게 된다.

01 윗글을 토대로 할 때, 밑줄 친 부분의 문장 성분이 나머지 셋과 다른 것은?

① 그것은 사실이 아니다.
② 예쁜 영희는 착하기도 하다.
③ 선생님도 내 의견에 동의했다.
④ 반에서 나만 공부했다.

02 밑줄 친 부분이 부속 성분에 해당하는 것은?

① 민정이는 사과만 먹는다.
② 현재 두 회사의 합병이 조용히 진행되고 있다.
③ 대영이는 국어를 열심히 한다.
④ 수빈아, 빨리 밥 먹고 학교에 가라!

03 윗글을 읽고, <보기>의 ㄱ ~ ㄷ을 분석한 내용으로 적절하지 않은 것은?

> 보기
> ㄱ. 민수는 학생이 아니다.
> ㄴ. 소윤이가 가위로 색종이를 잘랐다.
> ㄷ. 와, 명수가 대회에서 우승을 했구나!

① ㄱ, ㄴ, ㄷ 모두 각각 주어가 존재한다.
② ㄱ은 ㄴ과 달리 주성분으로만 이루어져 있다.
③ ㄴ은 ㄷ과 달리 부속 성분이 존재한다.
④ ㄷ은 ㄱ, ㄴ과 달리 독립 성분이 존재한다.

04 다음 글을 읽고 밑줄 친 말 중 생략할 수 있는 부속 성분을 고르면?

> 한국어 문장은 기능에 따라 세 가지 층위로 나뉜다. 먼저 주성분은 문장의 뼈대를 이루는 요소로 주어, 서술어, 목적어, 보어가 포함된다. 주어는 행위 또는 상태의 주체를, 서술어는 그 주체의 동작·상태·성질을 구체화하며, 목적어는 서술어가 지향하는 대상을, 보어는 서술어의 의미를 보완해 문장을 완결한다. 이에 비해 관형어와 부사어로 구성된 부속 성분은 주성분을 꾸며 주어의 의미를 자세히 하거나 서술어의 범위를 한정하는 역할을 맡는다. 끝으로 호칭어, 감탄사 같은 독립 성분은 다른 성분과 통사적으로 연결되지 않은 채 화자의 부름이나 감탄을 표출해 문장에 독립적으로 개입한다.

① 공연장에 사람이 <u>많다</u>.
② 철수는 학교로 <u>빠르게</u> 뛰어갔다.
③ 물이 <u>얼음이</u> 되었다.
④ <u>아버지가</u> 나에게 선물을 주셨다.

05 다음 글에 따라 <보기>를 이해한 것으로 적절하지 <u>않은</u> 것은?

> 우리말에서 명사나 대명사 앞에 자리 잡아 그 뜻을 구체화하는 성분을 관형어라 부른다. 관형어는 형태에 따라 크게 세 갈래로 만들어진다.
> 먼저 명사에 관형격 조사 '-의'가 붙어 소유·관계를 드러내는 경우다. '철수의 연필'에서 '철수의'가 '연필'을 수식한다. 이때 조사를 생략해 '철수 연필'이라 해도 관형어 구실은 유지된다.
> 둘째, 동사·형용사의 어간에 관형사형 어미 '-(으)ㄴ', '-는', '-(으)ㄹ' 따위를 붙여 만든 어형이다. '볼 책'의 '볼'(보- + -ㄹ)이나 '맑은 물'의 '맑은'(맑- + -은)이 여기에 해당하며, 이렇게 만들어진 관형어는 뒤에 오는 체언의 성질·상태·기능을 설명한다.
> 마지막으로 관형사 자체가 관형어로 쓰이는 경우가 있다. '새 옷'의 '새'처럼 관형사는 형태 변화나 조사 결합을 허용하지 않은 채 명사를 꾸미는데, '새로운'과 같은 의미를 덧붙여 준다.

> **보기**
> a. 본
> b. 영희   + 책을 빌렸다.
> c. 헌

① a는 용언의 어간 '보-'에 관형사형 어미 '-ㄴ'이 결합되어 관형어의 기능을 한다.
② b는 조사가 없이 명사만으로 관형어의 기능을 한다.
③ c는 어간 '헐-'에 관형사형 어미 '-ㄴ'이 결합된 형용사로 관형어의 기능을 한다.
④ a~c는 모두 체언 '책'을 꾸며주는 역할을 하는 관형어이다.

실전 학습 문제

[06 ~ 07] 다음 글을 읽고 물음에 답하시오.

한국어 단문의 짜임은 일곱 가지 문장 성분 – 주어, 서술어, 목적어, 보어, 관형어, 부사어, 독립어 – 으로 설명할 수 있다.

이 가운데 주어·서술어·목적어·보어는 문장의 뼈대를 형성하므로 주성분이라 하고, 관형어·부사어는 주성분을 꾸며 주제를 상세화하거나 범위를 제한하는 부속 성분으로 묶인다. 독립어는 다른 성분과 통사적으로 연결되지 않아 문장 밖에서 감탄, 호칭, 전환 등을 표시하는 독립 성분으로 따로 선다.

주어는 '무엇이'에 해당하는 말로 행위, 상태의 주체가 되며 주격 조사가 붙어 실현된다.

서술어는 주어에 대해 '어찌하다, 어떠하다, 무엇이다' 등을 풀이하는 자리로, 동사·형용사 또는 체언 + 서술격 조사 '이다'가 담당한다.

목적어는 타동사가 요구하는 동작의 대상을 나타내며 대개 목적격 조사 '을/를'이 붙어 나타난다.

보어는 '되다, 아니다' 따위 서술어가 요구하는 보충어로, 체언류에 보격 조사 '이/가'가 결합해 주어와 서술어 관계를 완결한다.

관형어는 체언 앞에서 '어떤'의 의미로 주어·목적어 등을 수식해 구체성을 높이고, 부사어는 서술어·관형어·다른 부사어 또는 문장 전체를 수식해 의미 범위를 제한하거나 강조한다.

부사어는 선택 사항인 경우가 많지만 '주다, 삼다, 넣다' 같은 일부 동사나 '같다, 다르다' 같은 형용사는 특정 부사어 없이는 문장이 완결되지 않는 등의 예외도 있다.

끝으로 독립어는 감탄사, 호칭, 접속부사처럼 다른 성분과 문법적 연결을 맺지 않고 화자의 태도나 대화를 중재하는 기능만 수행한다.

06 윗글을 토대로 할 때, 밑줄 친 말의 문장 성분이 잘못 표시된 것은?

① 아침으로 빵 먹었어. – 목적어
② 철수와 학교에서 만났다. – 부사어
③ 예쁜 꽃이 피었다. – 관형어
④ 영희는 반장이 되었다. – 주어

07 윗글을 토대로 할 때, 국어의 문장 성분에 관한 설명이 옳은 것끼리 묶인 것은?

㉠ 문장의 객체 역할을 하는 것은 주어이다.
㉡ '다툼이 싸움으로 되었다.'의 문장 성분은 주어, 부사어, 서술어이다.
㉢ 주어는 성격에 따라 필요로 하는 문장 성분의 숫자가 다르다.
㉣ 체언에 호격 조사가 결합된 형태는 독립어에 해당된다.
㉤ 주어, 서술어, 목적어, 부사어는 주성분에 속한다.
㉥ 부사어는 관형어나 다른 부사어를 수식하기도 한다.

① ㉠, ㉡, ㉢
② ㉡, ㉣, ㉥
③ ㉢, ㉣, ㉤
④ ㉣, ㉤, ㉥

[08 ~ 10] 다음 글을 읽고 물음에 답하시오.

서술어가 문장을 완결하려면 몇 개의 필수 성분을 요구하는지를 나타내는 것이 바로 '서술어의 자릿수'이다. 주어만으로 뜻이 완전해지는 한 자리 서술어는 '하늘이 푸르다.'의 '푸르다'나 '건물이 높다.'의 '높다'처럼 상태·성질을 드러내는 형용사가 대표적이다. 이때 '매우', '아주' 같은 부사어를 덧붙일 수 있지만 문장이 성립되는 데에는 없어도 무방하다. 두 자리 서술어는 주어 외에 목적어나 보어 같은 또 하나의 필수 성분을 요구한다. '철수가 영화를 본다.'에서 '본다'는 목적어 '영화를'을, '물이 얼음이 되었다'에서 '되다'는 보어 '얼음'을 필요로 하므로 주어만 남기면 문장이 불완전하다. 세 자리 서술어는 주어·목적어·부사어라는 세 가지 논항을 모두 갖추어야 한다. '그가 나에게 선물을 주었다.'에서 '주다'는 행위 대상뿐 아니라 방향·수혜자를 나타내는 부사어까지 필수로 요구하므로, 셋 중 하나라도 빠지면 문장이 성립하지 않는다. 요컨대 부사어라도 서술어가 반드시 요구하는 경우에는 선택적 수식어가 아니라 자릿수에 포함되는 필수 성분으로 간주해야 한다.

08 윗글을 참고할 때, 다음 ㉠ ~ ㉣의 서술어에 대한 설명으로 가장 적절한 것은?

- 나는 어제 빌린 책을 ㉠ 읽었다.
- 그는 나를 자신의 오른팔로 ㉡ 여긴다.
- 그는 학급 회장이 ㉢ 되었다.
- 철수가 버스를 ㉣ 탔다.

① ㉠은 부사어를 필수로 요구하는 두 자리 서술어이다.
② ㉡은 부사어를 필수로 요구하는 세 자리 서술어이다.
③ ㉢은 보어를 필수로 요구하는 세 자리 서술어이다.
④ ㉣은 부사어를 필수로 요구하지 않는 세 자리 서술어이다.

09 윗글에 따라 <보기>의 ㄱ ~ ㄹ을 탐구한 내용으로 적절하지 않은 것은?

보기
ㄱ. 이 사탕은 매우 맛있다.
ㄴ. 민수는 무서운 영화를 보았다.
ㄷ. 어머니는 방학이면 나를 시골에 보냈다.
ㄹ. 형은 이번에도 낡은 셔츠를 입었다.

① ㄱ: '맛있다'는 주어를 필수적으로 요구하는 한 자리 서술어이다.
② ㄴ: '보다'는 주어와 목적어를 필수적으로 요구하는 두 자리 서술어이다.
③ ㄷ: '보내다'는 주어와 목적어, 부사어를 필수적으로 요구하는 세 자리 서술어이다.
④ ㄹ: '입다'는 주어와 부사어, 목적어를 필수적으로 요구하는 세 자리 서술어이다.

10 다음 중 서술어의 자릿수를 잘못 제시한 것은?

① 신뢰는 마치 보석과도 같단다.
  → 두 자리 서술어
② 영수는 어제 이사로 녹초가 됐다.
  → 두 자리 서술어
③ 정부 관계자의 생각은 나와는 아주 달라.
  → 세 자리 서술어
④ 영섭이가 바닷가 우체통에 엽서를 넣었다.
  → 세 자리 서술어

실전 학습 문제

11 다음 글을 참고할 때 밑줄 친 부분의 문장 성분이 다른 것은?

> 부사어는 동사, 형용사, '이다' 등 서술어가 전달하는 동작이나 상태, 성질을 한정·강조해 문장의 의미를 세밀하게 조정하는 성분이다. '철수는 키가 엄청 크다'에서 '엄청'이 형용사 '크다'의 정도를 높여 주듯, 부사어는 스스로 부사로 나타나기도 하고 체언에 부사격 조사 '(으)로, (으)로써, 에, 에게, 에서, 와/과, 랑, 하고' 등을 붙여 만들어지기도 한다. 예컨대 '아침 일찍 학교로 갔다'에서 '학교로'는 명사 '학교'와 방향을 나타내는 조사 '(으)로'가 결합해 이동 방향을 밝혀 주며, '학교에서 보자'의 '학교에서'는 동작이 일어나는 처소를 가리키는 부사어다.
>
> 같은 조사라 해도 문맥이 달라지면 기능이 변할 수 있으므로 주의해야 한다. '학교에서 축제를 주최했다'처럼 '에서'가 단체를 주어로 표시하는 격 조사로 쓰인 경우 '학교에서'는 부사어가 아니라 주어 역할을 하므로, 체언과 '에서'가 결합했다고 해서 곧바로 부사어로 단정해서는 안 된다.

① 국민들의 불만을 수용하여 <u>정부에서</u> 새로운 조세 정책을 발표했다.
② 2026년 로봇 전시회가 처음으로 <u>박물관에서</u> 열렸다.
③ 민수는 여의도 <u>공원에서</u> 영희와 만났다.
④ 다섭이와 순이는 산 <u>정상에서</u> 만나기로 약속했다.

12 <보기>의 밑줄 친 부분의 예로 적절하지 <u>않은</u> 것은?

> **보기**
> **선생님**: 부사어는 관형어와 같이 문장 안에서 다른 성분을 수식하는 부속 성분으로, 주로 용언이나 관형어, 다른 부사어를 수식해요. 그래서 문장에서 반드시 필요한 성분은 아니지만, 부사어를 반드시 요구하는 특정 서술어가 존재합니다. 이때, 문장을 성립하게 위해 반드시 필요한 부사어를 '<u>필수적 부사어</u>'라고 해요.

① 그녀의 생김새는 <u>토끼와</u> 닮았다.
② 지현이가 옷을 <u>예쁘게</u> 만들었다.
③ 아버지는 <u>그에게</u> 친절을 베풀었다.
④ 유진이는 편의점에서 <u>친구와</u> 마주쳤다.

13 다음 글에 따라 <보기>의 ㉠ ~ ㉣을 분석한 것으로 적절한 것은?

합성 용언은 명사에 동사나 형용사가 붙어 하나의 새로운 용언으로 굳어진 형태이다. 형성 방식은 통사적 관계에 따라 세 갈래로 나눌 수 있다. '쓸모없다'처럼 '주어 + 서술어' 형태 '손잡다'처럼 '목적어 + 서술어' 형태, '자랑삼다'처럼 '부사어 + 서술어' 형태가 있다.
의미면에서는 본래의 뜻이 유지되는 경우와 새로운 의미를 획득하는 두 가지 흐름이 확인된다.

보기
- 속세와 ㉠ 담쌓고 지냈다,
- 그와 ㉡ 손잡고 사업을 시작했다.
- 이것이 그녀의 ㉢ 마음속 짐이다.
- 실력 하나로 전국을 ㉣ 주름잡았다.

① ㉠: 구성 요소의 의미를 그대로 유지하고 있다.
② ㉡: '주어 + 서술어'의 형태를 띄고 있다.
③ ㉢: 구성 요소의 의미를 벗어나 새로운 의미를 획득했다.
④ ㉣: '목적어 + 서술어'의 형태를 띄고 있다.

14 다음 글에 따라 <보기>의 ⓐ ~ ⓓ를 분석한 내용으로 적절하지 않은 것은?

단어의 성질을 기준으로 분류한 품사는 문장에 들어가면 조사와 결합해 서로 다른 기능을 수행한다. 예를 들어 '나는 학교로 달려갔다.'에서 '나'라는 명사는 주격 조사 '는'이 붙어 서술어 '달려갔다'의 주어 자리를 차지하고, '학교로' 역시 명사에 부사격 조사 '로'가 결합하여 서술어를 수식하는 부사어로 실현된다.

보기
ⓐ 여섯 명이 내 앞에 서 있었다.
ⓑ 나는 영희를 좋아한다.
ⓒ 날씨 때문에 물이 얼음이 되었다.
ⓓ 비가 와서 빨리 집으로 뛰어갔다.

① ⓐ: 수사가 뒤에 오는 명사를 꾸미고 있다.
② ⓑ: 명사가 격조사와 결합하여 목적어로 쓰이고 있다.
③ ⓒ: 명사에 격조사가 결합하여 보어로 쓰이고 있다.
④ ⓓ: 부사가 그 자체로 부사어로 쓰이고 있다.

15 다음 글을 읽고 <보기>에 대해 설명한 것으로 적절하지 <u>않은</u> 것은?

> 각 단어가 문장에서 어떤 기능(주어·서술어·목적어 등)으로 실현되는지를 함께 보면 품사를 이해할 수 있다.
> 명사·대명사·수사는 체언이라 불리며, 이들은 조사와 결합해 주어·목적어·보어 같은 핵심 성분 자리를 모두 담당할 수 있다. 실제로 '우리'는 주격 조사 '가'를 받으면 주어가 되고, '나'는 목적격 조사 '를'과 결합해 목적어로 쓰이며, '내가 술래가 되다'의 '술래'와 같이 보격 조사가 붙어 보어가 되는 식이다.
> 동사와 형용사는 용언으로 묶이며, 기본적으로 문장의 서술어를 형성한다. 활용형이 바뀌어 '읽는 책', '아픈 사람'처럼 관형사절이나 명사절을 만들어도, 해당 절 내부에서는 여전히 동작이나 상태를 서술하는 중심어로 기능한다.
> 관형사와 부사는 수식언에 포함된다. 관형사는 형태 변화가 없고 조사도 취하지 않은 채 언제나 체언 앞에서만 쓰여 관형어 노릇을 한다. 반면 부사는 보조사와 결합할 수 있으며 서술어뿐 아니라 다른 부사나 관형사까지도 꾸밀 수 있다.
> 조사는 관계언이라 하여 스스로 문장 성분이 되지 못하지만 체언 뒤에 붙어 그 체언이 문장 안에서 어떤 역할을 하는지를 밝혀 준다. 마지막으로 감탄사는 다른 단어와 통사적 관계를 맺지 않고 독립적으로 쓰여 화자의 느낌이나 호응을 드러내므로 독립언으로 따로 분류된다.

보기

ⓐ <u>우와</u>, 눈이 너무 부시다.
ⓑ <u>새</u> 신발을 신으니 날아갈 것 같다.
ⓒ 혼자 보기 아까울 정도로 <u>아주</u> 예쁜 꽃을 보았다.
ⓓ <u>세차게</u> 쏟아지는 비를 맞으며 집으로 향했다.

① ⓐ: 독립언에 해당하는 감탄사이다.
② ⓑ: 관형사가 관형어로 기능하고 있다.
③ ⓒ: 부사가 용언을 수식하는 부사어로 쓰였다.
④ ⓓ: 용언을 수식하는 부사가 부사어로 쓰였다.

16 다음 자료를 통해 '부사어'에 대해 탐구한 내용으로 적절하지 <u>않은</u> 것은?

> 나와 철수는 오후에 노래방에 갔다. 오래 있으려고 했지만 시끄러운 소리 때문에 일찍 나왔다. 밖에 나오니 비가 엄청 많이 오고 있었고 우산이 없는 우리는 각자의 집으로 뛰어갔다.

① '에'는 시간과 관련된 의미를 나타내기도 하고 공간과 관련된 의미를 나타내기도 한다.
② '오래'와 '일찍'은 각각 서술어 '있다'와 '나오다'를 수식한다.
③ '엄청'은 '많이'와 동일하게 '오다'를 수식한다.
④ '집으로'는 문장 내의 서술어 '뛰어갔다'를 수식한다.

17 다음 글을 바탕으로 할 때 밑줄 친 부분의 문장 성분이 나머지 셋과 다른 것은?

> 부속 성분은 주성분을 수식하는 성분으로 관형어, 부사어가 이에 속한다. 관형어는 주로 체언 앞에서 체언의 뜻을 구체적으로 나타내주는 성분이다. 체언에 관형격 조사 '의'가 붙어서 형성되는 경우와 체언과 체언 사이에 '의'가 생략되는 경우가 있다. 또한 관형사 자체가 관형어가 되며 용언의 관형사형 역시 관형어가 된다.
> 부사어는 체언에 부사격 조사가 붙는 경우가 있으며 부사 자체가 부사어가 되는 경우도 있다. 용언 앞에 '안/못'과 같이 부정문을 만드는 부사어도 존재하며 의성어와 의태어는 모두 부사어에 속한다. 또한 '그리고, 그러나'와 같은 접속부사가 부사어가 되는 경우와 '과연, 설마'와 같이 문장 전체를 수식하는 부사어도 존재한다. 용언의 부사형 역시 부사어에 속한다.
> 마지막으로 독립 성분은 문장의 어느 성분과 직접적인 관련이 없는 성분으로 호칭어, 감탄사 등의 독립어가 이에 해당한다.

① 영섭이는 매운 음식을 <u>못</u> 먹는다.
② 아침부터 비가 <u>부슬부슬</u> 내린다.
③ <u>영수야</u>, 이제 그만 포기하자.
④ <u>결코</u> 그런 일은 없을 것이다.

18 다음 중 ㉠의 사례가 포함되어 있지 않은 것은?

> 부속 성분은 주로 수성분을 꾸며 주는 역할을 하는 성분으로, 부속 성분인 부사어는 기본적으로 용언을 수식하지만 다른 부사, 관형사, 문장 전체를 꾸며주는 경우도 있다. 부사어는 부속 성분이므로 대부분의 경우 문장에서 필수적이지 않지만, 부사어 중에 문장에서 반드시 필요한 것이 있다. 이를 ㉠ 필수적 부사어라고 부른다. 예를 들어, '선생님은 영희를 제자로 삼았다'라는 문장에서 '제자로'는 필수적 부사어이다. '삼다'가 주어, 목적어, 필수적 부사어라는 세 가지 문장 성분을 요구하기 때문이다. 그러므로 '제자로'가 빠지면 자연스럽지 못한 문장이 된다. 반대로 '나는 그가 친구로 좋다'라는 문장에서 '친구로'는 필수적 부사어가 아니다. '좋다'가 주어라는 한 가지 성분만 요구하고, '친구로'가 빠져도 문장이 자연스럽기 때문이다.

① 그의 눈빛이 열의로 빛난다.
② 충주는 예전부터 사과로 유명하다.
③ 민수는 존경하는 친구를 사위로 삼았다.
④ 영희는 언니와 마음이 다르다.

실전 학습 문제

19 <보기>의 ㉠ ~ ㉢에 해당하는 예를 <자료>에 넣으려고 할 때, 적절하지 <u>않은</u> 것은?

보기

　목적어는 문장에서 주로 서술어가 나타내는 동작의 대상이 되는 문장 성분이다. 문장에서 목적어는 다음과 같은 형태로 나타난다.
- 체언 + 목적격 조사 '을/를'
- 체언 + 특정한 의미를 더해 주는 보조사 …… ㉠
- 체언 단독 ……………………………………… ㉡
- 체언 + 보조사 + 목적격 조사 …………… ㉢

자료

　그는 ＿＿＿＿＿＿ 갔어.

① ㉠의 예로 '마실을'을 넣을 수 있다.
② ㉠의 예로 '여행도'를 넣을 수 있다.
③ ㉡의 예로 '박람회'를 넣을 수 있다.
④ ㉢의 예로 '한길만을'을 넣을 수 있다.

20 다음 중 ㉠의 사례가 포함되어 있지 <u>않은</u> 것은?

　주성분을 꾸며주는 역할을 하는 부속 성분 가운데 부사어는 서술어나 다른 부사절 혹은 문장 전체를 꾸며 주는 역할을 한다. 문장에서 보통 부사어는 없어도 문장이 성립되지만, 일부 동사·형용사는 특정 부사어를 반드시 동반해야 자연스러운 문장이 되는데, 이를 ㉠ 필수적 부사어라 한다. 예컨대 '그를 학생회장으로 선출했다.'에서 동사 '선출하다'는 주어·목적어에 더해 '학생회장으로'와 같은 자격 부사어까지 요구하므로, 이 부사어가 빠지면 문장이 어색해진다. 반면 '아이들이 강에서 헤엄친다.'에서 동사 '헤엄치다'는 주어만 있으면 의미가 완결되므로 '강에서'는 필수적 부사어가 아니다.

① 민수의 사고력 수준이 예전과 다르다.
② 이 지역은 닭갈비로 유명하다.
③ 철수는 영화를 엄청 좋아한다.
④ 나는 그를 내 전부로 여긴다.

21 다음 글을 토대로 할 때, 밑줄 친 서술어의 자릿수가 다른 하나는?

> 서술어의 자릿수란, 문장에서 서술어가 필요로 하는 문장 성분의 개수를 말한다.
>
> 주어 하나만을 요구하는 서술어를 '한 자리 서술어'라고 하고, 주어 이외에 목적어나 부사어, 보어를 요구하는 서술어는 '두 자리 서술어'라고 하며, 주어, 목적어, 부사어의 세 가지 성분을 필수적으로 요구하는 서술어를 '세 자리 서술어'라고 한다. 단, 서술어가 문장에서 부사어를 반드시 요구하는 경우도 있는데 이때의 부사어는 서술어 자릿수에 포함해야 한다.
>
> (1) 가. 바다가 푸르다.
>   나. 아람이는 예쁘다.
> (2) 가. 차희가 책을 읽는다.
>   나. 물이 얼음이 되었다.
>   다. 영수는 빵을 먹는다.
> (3) 가. 진수가 민지에게 꽃을 주었다.
>   나. 민수가 희수에게 엽서를 보냈다.
>
> (1)의 '푸르다'와 '예쁘다'는 주어 하나만을 필요로 하기 때문에 한 자리 서술어이다. '바다가 매우 푸르다.', '아람이는 아주 예쁘다.'처럼 주어 이외의 문장 성분이 추가되어도 문장이 성립하지만, '매우'와 '아주'와 같은 문장 성분은 없어도 문장이 성립되는 반면, (1)의 주어인 '바다가', '아람이는'이 없으면 문장이 성립하지 않으므로 필수적인 문장 성분은 하나이다.
>
> (2)의 '읽다'와 '먹다'는 주어와 목적어를 필요로 하고, '되다'는 주어와 보어를 필요로 하므로 두 자리 서술어이다. 한 자리 서술어와 달리 주어만으로는 문장이 성립되지 않는다.
>
> (3)의 '주다'와 '보내다'는 주어, 목적어, 부사어를 필요로 하는 세 자리 서술어이다. 주어, 목적어, 부사어 중 하나의 성분만 생략되어도 문장이 성립하지 않는다. 이때의 부사어는 필수적 부사어에 속하며 서술어 자릿수에 반드시 포함되어야 한다.

① 몽타주가 실물과 <u>같았다</u>.
② 민수는 학생이 <u>아니다</u>.
③ 선생님이 수업 종을 <u>울렸다</u>.
④ 운동장이 매우 <u>넓다</u>.

실전 학습 문제

22 다음 글에서 추론한 내용으로 가장 적절하지 않은 것은?

　문장을 이루는 각 부분은 일정한 기능을 담당하는데, 이를 통틀어 '문장 성분'이라 한다. 품사가 단어의 종류를 가르는 분류라면, 문장 성분은 어절이 문장에서 맡는 역할을 기준으로 한 구분이다. 문장 성분은 크게 골격을 이루는 주성분, 그 골격을 꾸며 주는 부속 성분, 그리고 다른 성분과 직접 연결되지 않는 독립 성분으로 나뉜다.

　먼저 주성분에는 주어·서술어·목적어·보어가 속한다. 주어는 '이/가, 께서, 에서' 같은 주격 조사를 받으며 서술어의 주체를 나타내고, 서술어는 주어의 동작·상태·성질 등을 풀이한다. 목적어는 서술어가 가리키는 동작의 대상을 담당하며 보통 '을/를'과 결합한다. 보어는 '되다, 아니다' 앞에서 조사 '이/가'를 취해 서술어의 의미를 완전하게 해 주는 역할을 한다.

　부속 성분에는 관형어와 부사어가 있다. 관형어는 체언 앞에 놓여 그 대상을 수식하고, 부사어는 용언·다른 부사·문장 전체를 꾸며 동작·상태의 정도나 시간·장소 등을 덧붙여 준다.

　마지막으로 독립 성분인 독립어는 감탄사·호칭어 등처럼 문장의 나머지 부분과 직접 결합하지 않고 홀로 뜻을 드러낸다.

　이처럼 문장 성분을 올바르게 파악하면 문장의 구조가 선명해지고, 각각의 어절이 어떤 기능을 수행하는지 명확히 알 수 있어 문장을 해석하거나 작성할 때 큰 도움이 된다.

① '아이쿠, 내가 그 사람한테 속았구나.'라는 문장은 독립어, 주어, 관형어, 부사어, 서술어의 문장 성분으로 이루어진 문장이다.
② '그 남자는 생각보다 착하다.'라는 문장에는 한 가지 종류의 부속 성분만 포함되어 있다.
③ '우리 형은 학교 대표가 되었다.'라는 문장에서 '대표가'는 주성분이다.
④ 부속 성분이나 독립 성분이 없더라도 문법적으로 올바른 문장이 될 수 있다.

23 다음 글을 참고하여 <보기>의 ㉠ ~ ㉢을 수정한 내용으로 적절한 문장은?

한국어는 서술어가 문장의 토대를 이루는 언어이며, 서술어가 요구하는 필수 성분의 개수를 '서술어의 자릿수'라고 한다. 주어만 있으면 완결되는 서술어를 한 자릿수라 하여 '별이 밝다.'와 같은 형식을 보이며, 두 가지 문장 성분을 동시에 필요로 하는 서술어는 두 자릿수로서 '나는 가방을 샀다.'처럼 구성된다. 주어·목적어에 더해 자격이나 방향을 나타내는 필수 부사어까지 요구하는 경우는 세 자릿수 서술어에 해당하며 '그는 나를 자신의 오른팔로 삼았다.'가 그 예다. 이처럼 서술어가 필요로 하는 자릿수가 충족되지 않으면 문장이 불완전해지므로, 생략된 필수 성분은 반드시 보충해 주어야 문법적으로 온전한 문장이 된다.

보기
㉠ 결국 철수가 되었다.
㉡ 할아버지가 선물을 주셨다.
㉢ 협회가 보냈다.
㉣ 물이 변했다.

① ㉠ : 결국 우리 반에서는 철수가 되었다.
② ㉡ : 할아버지가 예쁜 선물을 주셨다.
③ ㉢ : 협회가 선수들을 보냈다.
④ ㉣ : 물이 얼음으로 변했다.

24 다음 글을 바탕으로 할 때, <보기>의 ㉠과 ㉡을 설명한 것으로 적절하지 않은 것은?

한국어 문장을 구성하는 성분은 우선 문장의 뼈대를 담당하는 주성분과, 그 내용을 꾸며 주는 부속 성분, 그리고 다른 성분과 직접 맞물리지 않는 독립 성분으로 크게 나눌 수 있다. 주성분에는 주어·서술어·목적어·보어가 포함된다. 주어는 행위나 상태·성질의 주체가 되고, 서술어는 그 주체가 보이는 동작·상태·성질을 설명한다. 주어에는 보통 체언 뒤에 주격 조사 '이/가'가 붙지만, 화제를 부각할 때는 보조사 '은/는'이 붙기도 한다. 이 보조사는 주격뿐 아니라 목적격이나 보격 자리에도 폭넓게 쓰이므로, 조사만으로 문장 성분을 단정하기는 어렵다. 목적어는 서술어가 가리키는 행위의 대상으로, 체언에 '을/를'이 붙어 형태가 드러난다. 보어는 주어와 목적어를 제외하고 서술어가 의미를 완성하려면 반드시 요구하는 성분인데, 학교 문법에서는 '되다'나 '아니다' 같은 서술어 앞에 오는 경우만 보어로 인정한다. 예를 들어 '나는 밥을 먹었다.'에서 '밥을'은 목적어이고, '물이 얼음이 되었다.'에서 '얼음이'는 보어가 된다. 반면 '물이 얼음으로 되었다.'의 '얼음으로'처럼 부사격 조사 '으로'가 붙은 형태는 보어가 아니라 부사어로 분석된다.

보기
㉠ 엄마가 거짓말한 형을 혼냈다.
㉡ 오늘 뉴스에 나온 보도는 사실이 아니다.

① ㉠의 '형을'은 목적어이고, ㉡의 '보도는'은 주어이다.
② ㉠의 '엄마가, 형을, 혼냈다'는 모두 주성분이다.
③ ㉡은 주성분이 2개, 부속 성분이 2개로 이루어져 있다.
④ ㉠의 '거짓말한'과 ㉡의 '나온'은 문장 성분이 같다.

실전 학습 문제

25 밑줄 친 단어가 ⊙의 사례에 해당하지 <u>않는</u> 것은?

한국어에서 용언이 서술어로 기능할 때는, 그 용언이 몇 개의 필수 성분을 요구하느냐에 따라 문장의 틀이 달라진다. 어떤 동사는 주어만으로도 의미가 완결된다. '그녀가 운다', '연기가 피어오른다', '국물이 끓는다'와 같이 주체만 제시하면 문장이 성립하는 동사를 흔히 자동사라 부른다. 반면 '치다', '보다', '부르다'처럼 행위의 대상을 함께 제시해야 완전해지는 동사는 타동사라고 한다. 그런데 자동사이든 타동사이든, 때로는 주어만 혹은 주어와 목적어만으로는 뜻이 완전히 드러나지 않는 경우가 있다. '민수가 친구에게 선물을 받다'를 '민수가 선물을 받다'로 줄이면 누구에게 받았는지가 빠져 문장이 어색해진다. 여기서 '친구에게' 같은 부사어가 필수적이라, 이 동사는 주어와 목적어 외에 하나의 필수 자리를 더 요구한다. 형용사도 동사와 같은 특징을 가진다. 이처럼 서술어가 요청하는 자리수에 따라 용언을 한 자리 서술어, ⊙ 두 자리 서술어, 세 자리 서술어로 구분한다.

이때 같은 동사가 맥락에 따라 자릿수를 달리 쓰이기도 한다. '비가 내리다'에서 '내리다'는 한 자리 서술어지만, '내가 짐을 내렸다'로 바꾸면 목적어가 들어가면서 두 자리 서술어로 변한다.

① 그 사람의 말은 언제나 진실이 <u>아니다</u>.
② 선생님이 나를 칠판 앞으로 <u>불렀다</u>.
③ 넓은 운동장에서 조회가 <u>있었다</u>.
④ 나는 어제 무서운 공포 영화를 <u>보았다</u>.

공무원 시험 전문 해커스공무원
gosi.Hackers.com

03 단일어, 파생어, 합성어

1. 어근과 접사

(1) **어근**: 단어에서 실질적인 의미를 나타내는 부분   예) 풋나물

(2) **접사**: 어근에 결합해 특정한 뜻을 더하는 부분   예) 풋고추, 선생님

위치에 따라	접두사	풋 + 사랑, 맨 + 손, 시 + 누이, 건 + 어물
	접미사	멋 + 쟁이, 선생 + 질, 선생 + 님
기능에 따라	한정적 접사	풋(접두사) + 사과(명사) → 풋사과(파생어, 명사)
	지배적 접사	정(명사) + 답다(접미사) → 정답다(파생어, 형용사)

2. 단일어와 복합어

(1) 단어

① 단일어: 하나의 어근만으로 이루어진 단어   예) 꽃, 산, 하늘

② 복합어
  - 파생어
    - 접두사 + 어근   예) 풋 + 사과 → 풋사과
    - 어근 + 접미사   예) 장사 + 꾼 → 장사꾼
  - 합성어: 어근 + 어근   예) 돌 + 다리 → 돌다리

(2) **파생어**: 어근과 접사가 결합하여 이루어진 단어

① 접두 파생법

접두사	의미	예
개-	야생 상태의, 질이 떨어지는	개살구, 개먹, 개떡
	헛된, 쓸데없는	개꿈, 개죽음, 개수작
	정도가 심한	개망나니, 개잡놈
군-	쓸데없는	군말, 군불, 군살, 군기침, 군소리 [참고] • 군말: 하지 않아도 좋을 쓸데없는 군더더기 말 • 군불: 음식을 하기 위해서가 아니라 오로지 방을 덥히려고 아궁이에 때는 불 • 군기침: 인기척을 내거나 목청을 가다듬거나 하기 위하여 일부러 기침함. 또는 그렇게 하는 기침 • 군소리: 1. 하지 아니하여도 좋을 쓸데없는 말 2. 잠이 들었을 때 꿈결에 하는 말 3. 몹시 앓을 때 정신없이 하는 말
	가외로 더한, 덧붙은	군식구, 군사람
덧-	거듭된, 겹쳐 신거나 입은	덧니, 덧버선, 덧신, 덧저고리

접두사	의미	예시
알-	겉을 덮어 싼 것이나 딸린 것을 다 제거한	알감, 알몸, 알바늘, 알밤 [참고] • 알감: 잎이 다 떨어진 가지에 달린 감 • 알바늘: 실을 꿰지 않은 바늘
	작은	알바가지, 알요강, 알항아리
	진짜, 알짜	알가난, 알건달, 알거지, 알부자 [참고] 알부자: 겉보다는 실속이 있는 부자
엿-	몰래	엿보다, 엿듣다, 엿살피다
제(第)-	그 숫자에 해당되는 차례	제일, 제이, 제삼, 제3장, 제삼장
짓-	마구, 함부로, 몹시	짓개다, 짓누르다, 짓밟다
	심한	짓고생, 짓망신 [참고] 짓고생: 아주 심한 고생
풋-	처음 나온, 덜 익은	풋고추, 풋나물, 풋감, 풋과실, 풋사과
	미숙한, 깊지 않은	풋사랑, 풋잠, 풋내기
한-[13]	큰	한길, 한시름, 한걱정
	정확한, 한창인	한겨울, 한밤중, 한여름, 한가운데, 한낮
한-[14]	바깥	한데 ┐ 한+밤중(밤+중)
	끼니때 밖	한음식, 한저녁, 한점심 [참고] 한음식: 끼니때가 아닌 때에 차린 음식
강-	다른 것이 섞이지 않고 그것만으로 이루어진	강밥, 강굴, 강술 [참고] • 강밥: 국이나 찬도 없이 맨밥으로 먹는 밥 • 강굴: 물이나 그 밖의 다른 어떤 것도 섞지 아니한 굴의 살 • 강술: 안주 없이 마시는 술
	마른, 물기가 없는	강기침, 강추위, 강더위 [참고] 강기침: '마른 기침'을 일상적으로 이르는 말
	억지스러운	강울음, 강호령 [참고] • 강울음: 눈물 없이 우는 울음, 또는 억지로 우는 울음 • 강호령: 까닭 없이 꾸짖는 호령
	몹시	강마르다, 강밭다, 강파리하다 [참고] • 강마르다: 1. 물기가 없이 바싹 메마르다. 2. 성미가 부드럽지 못하고 메마르다. 3. 살이 없이 몹시 수척하다. • 강밭다: 몹시 야박하고 인색하다. • 강파리하다: 1. 몸이 야위고 파리한 듯하다. 2. 성질이 까다롭고 괴팍한 듯하다.
강(强)-	매우 센, 호된	강추위, 강염기, 강타자, 강행군
날-	말리거나 익히거나 가공하지 않은	날고기, 날것, 날김치, 날가죽 [참고] 날김치: 아직 익지 아니한 김치
	다를 것이 없는	날바늘, 날바닥 [참고] • 날바늘: 실을 꿰지 아니한 바늘 • 날바닥: 아무것도 깔지 아니한 바닥
	장례를 다 치르지 않은	날송장 [참고] 날송장: 1. 죽은 지 얼마 되지 아니한 송장 2. 염습(殮襲)을 하지 아니한 송장

03 단일어, 파생어, 합성어

> 🔆 **개념 더하기** '늦-'이 결합한 단어
>
> '늦-'이 결합한 단어는 관점에 따라 파생어 또는 합성어로 볼 수 있음
> - 접두사 + 명사 → 파생어
> - 어간 + 명사 → 비통사적 합성어

> 🔆 **개념 더하기** 주의해야 할 파생어와 합성어
>
> - 곁눈질: 곁눈(명사) + -질(접미사) → 파생어
> - 회덮밥: 회(명사) + 덮밥(명사) → 통사적 합성어

② 접미 파생법(어근 + 한정적 접미사)

접미사	의미	예
-가(家)	그것을 전문적으로 하는 사람, 그것을 직업으로 하는 사람	건축가, 교육가, 문학가
	그것에 능한 사람	외교가, 이론가, 전략가
	그것을 많이 가진 사람	자본가, 장서가, 재산가
	그 특성을 지닌 사람	대식가, 명망가, 노력가 [참고] 명망가: 명망이 높은 사람
-간	동안	이틀간
	장소	대장간, 마구간, 외양간
-꾼	어떤 일을 전문적으로 하는 사람, 어떤 일을 잘하는 사람	장사꾼, 일꾼, 소리꾼, 심부름꾼
	어떤 일을 습관적으로 하는 사람, 어떤 일을 즐겨 하는 사람	노름꾼, 낚시꾼, 잔소리꾼, 난봉꾼
-님	높임	사장님, 총장님, 선생님
	그 대상을 인격화하여 높임	달님, 해님
-다랗다	그 정도가 꽤 뚜렷함	가느다랗다, 커다랗다, 굵다랗다, 잔다랗다, 높다랗다
-질	그 도구를 가지고 하는 일	가위질, 부채질, 낚시질
	그 신체 부위를 이용한 어떤 행위	곁눈질, 손가락질
	직업이나 직책을 비하	선생질
	좋지 않은 행위를 비하	계집질, 노름질
-꾸러기	그것이 심하거나 많은 사람	장난꾸러기, 욕심꾸러기
-치-	강조	닫치다, 밀치다

③ 접미 파생법(어근 + 지배적 접미사)

형용사 파생	-답다	정답다, 너답다	예 부부가 서로를 정답게 바라본다.
	-롭다	신비롭다, 명예롭다	예 그의 모습은 언제 봐도 신비롭다.
	-스럽다	복스럽다, 자랑스럽다	예 아이는 복스럽다. / 나는 그가 자랑스럽다.
동사 파생	-당하다	거절당하다, 이용당하다	예 그의 애정 고백은 무참히 거절당했다.
	-거리다	반짝거리다, 출렁거리다	예 그 별이 반짝거리다.
	-시키다	교육시키다, 등록시키다	예 그는 아들들을 외국에서 교육시켰다.
	-이다 ㄴ체언 등에 결합하는 서술격 조사 '이다'와 구분	반짝이다, 끄덕이다, 망설이다, 속삭이다, 움직이다, 출렁이다 예 학생이다, 경찰이다	
관형사 파생	-까짓	이까짓, 그까짓, 저까짓	예 이까짓 일을 가지고 뭘 그리 망설이니?
부사 파생	-히	조용히, 영원히	예 조용히 해라.
	-내	봄내, 여름내, 저녁내, 마침내, 끝내	예 여름내 강이 말랐다.
	-씩	조금씩	예 건강이 조금씩 회복되고 있다.
명사 파생	-개	날개, 덮개, 지우개	예 덮개가 너무 작다.

> **개념 더하기** 서술격 조사 '이다'와 접미사 '-이다'의 구분
>
> - 서술격 조사 '이다'('인다' ×): '이다'를 '인다'로 교체할 수 없으면 서술격 조사
>   예 그는 학생이다(명사 + 서술격 조사) → 서술어
> - 접미사 '-이다'('인다' ○): '이다'를 '인다'로 교체할 수 있으면 접미사
>   예 별이 반짝이다(부사 + 접미사) → 서술어

03 단일어, 파생어, 합성어

(3) 주의해야 할 파생 접미사

① -이
- 명사를 만듦: 길이, 높이, 먹이, 넓이 예 높이가 높다. / 먹이가 있다.
- 부사를 만듦: 많이, 높이, 빨리 예 높이 날아라. / 빨리 일어나라.
  (빠르- + -이)

② -하다
- 동사로 만듦: 공부하다, 덜컹덜컹하다, 빨리하다 예 학생들이 영어를 공부하다.
- 형용사로 만듦: 건강하다, 듯하다 예 영희는 이제 건강하다.

③ -ㅁ, -음, -기

앞뒤로 같은 단어가 나올 때	앞 단어: 명사	예 꿈을 꿈, 보기를 보기, 잠을 잠
	뒤 단어: 동사/형용사	예 꿈을 꿈, 보기를 보기, 잠을 잠
앞말에 꾸미는 단어가 있을 때	관형어가 수식: 명사	예 빠른 걸음
	부사어가 수식: 동사/형용사	예 빨리 달리기, 크게 웃음
다른 명사 대체 가능 여부	다른 명사로 대체 O: 명사	'실패'로 대체 가능 예 그는 죽음을 각오하고 연구에 돌입했다.
	다른 명사로 대체 × : 동사/형용사	예 나는 그가 합격했음을 알았다. └ 다른 명사로 대체 ×
주어와의 호응 여부	주어와의 호응 ×: 명사	조사원들이 기울다(×) 예 조사원들이 기울기를 재다.
	주어와의 호응 O: 동사/형용사	그의 말이 옳다(O) 예 나는 그의 말이 옳음을 깨달았다.

④ -이-/-추-/-히-: 사동·피동 접미사가 붙어 품사가 바뀔 때
  └ 사동·피동 접미사

  예
  - 건물이 높다.(형용사) → 건물의 높이를 높이다.(동사)
  - 건물이 낮다.(형용사) → 건물의 높이를 낮추다.(동사)

> 🎯 **개념 더하기** 사동·피동 접미사가 붙어도 품사가 바뀌지 않는 경우(지배적 접사 ×)
>
> 예
> - 아이가 우유를 먹다.(동사) → 할머니께서 아이에게 우유를 먹이다.(동사)
> - 경찰이 범인을 잡다.(동사) → 범인이 경찰에게 잡히다.(동사)

⑤ 접미사가 붙어서 어근의 원형을 바꾸는 경우

-어리	귀머거리(귀먹- + -어리)	-애	마개(막- + -애)	-암	마감(막- + -암)
-엄	무덤(묻- + -엄), 주검(죽- + -엄)	-아리	이파리(잎 + -아리)	-아지	바가지(박 + -아지)
-악서니	꼬락서니(꼴 + -악서니)	-웅	지붕(집 + -웅), 마중(맞- + -웅)	-우	너무(넘- + -우)
-으머리	끄트머리(끝 + -으머리)	-	-	-	-

(4) 합성어 — 실질적 의미 + 실질적 의미

① 합성어의 의미 범주에 따른 분류

대등 합성어	오가다, 팔다리, 여닫다
종속 합성어	손수건, 책가방, 손수레
융합 합성어	밤낮, 춘추, 피땀, 쑥밭 └ 항상 ┘└ 나이 ┘└ 노력 ┘└ 엉망 ┘

② 합성어의 형성 방법에 따른 분류

- **통사적 합성어**: 국어의 일반적인 단어 배열과 일치 ○

형성 방법		예
어간 + 어미 + 어간 + 어미		들어가다, 알아보다, 돌아가다, 돌아오다, 가져오다, 타고나다
명사 + 용언 (동사, 형용사)	주어(주격 조사) + 서술어	힘들다, 빛나다, 철들다, 손쉽다
	목적어(목적격 조사) + 서술어	본받다, 수놓다, 용쓰다
	부사어(부사격 조사) + 서술어	앞서다, 뒤서다, 남다르다
부사 + 동사, 형용사		그만두다, 잘생기다, 가로막다
관형사 + 명사		새해, 첫사랑, 웬일, 새언니
용언의 관형사형 + 명사		젊은이, 어린이, 작은집 ┌ 따로 살림하는 아들이나 아우, 작은아버지의 집
같은 품사	명사 + 명사	눈밭, 기와집, 김치찌개, 회덮밥, 밤낮, 손목, 눈물, 할미꽃, 어깨동무, 얼룩소, 금지곡, 한자음, 핵폭발, 수족(手足), 연세(年歲) ┌ 한자어 명사 + 한자어 명사
	부사 + 부사	이리저리, 비틀비틀, 부슬부슬
	감탄사 + 감탄사	얼씨구절씨구

- **비통사적 합성어**: 국어의 일반적인 단어 배열과 일치 ✕

형성 방법	예
어간 + 명사	덮밥, 접칼, 먹거리, 감발, 붉돔, 곶감
어간 + 어간 + 어미	검붉다, 짙푸르다, 보살피다, 오르내리다, 굶주리다, 굳세다, 높푸르다, 날뛰다, 돌보다
부사 + 명사	부슬비, 척척박사, 산들바람, 살짝곰보, 딱딱새
한자어 어순이 우리말과 다른 경우	독서(讀書), 등산(登山)

실전 학습 문제

정답 및 해설 10p

01 다음 글에 따라 분석했을 때 비통사적 합성어로만 묶인 것은?

> 합성어는 둘 이상의 결합으로 이루어진 단어이다. 합성어는 어근의 배열 방식에 따라 통사적 합성어와 비통사적 합성어로 나눌 수 있다.
> 통사적 합성어는 어근의 결합이 우리말의 일반적인 단어 배열법과 일치하는 합성어이다. '명사 + 명사', '감탄사 + 감탄사', '용언의 연결형 + 용언', '관형어 + 체언', '부사 + 용언', '용언의 관형사형 + 명사' 등의 유형이 있다.
> 비통사적 합성어는 어근의 결합이 우리말의 일반적인 단어 배열법과 일치하지 않는 합성어이다. 용언과 용언이 결합할 때 연결 어미가 생략된 경우, 용언과 명사가 결합할 때 관형사형 어미가 생략된 경우, 부사가 명사를 직접 꾸며주는 경우 등이 있다.

① 본받다, 논밭, 덮밥
② 앞서다, 잘하다, 가난하다
③ 덮밥, 깜깜절벽, 붙잡다
④ 부르짖다, 공부하다, 그만두다

02 다음 글에 따라 분석했을 때 비통사적 합성어로 묶인 것이 아닌 것은?

> 어근과 어근의 결합으로 이루어진 단어인 합성어는 단어의 형성 방식에 따라 통사적 합성어와 비통사적 합성어로 나뉜다.
> 먼저 통사적 합성어는 우리말의 일반적인 단어 배열법과 동일하게 어근이 결합된 합성어로, '용언의 관형사형 + 명사', '관형어 + 체언', '부사 + 용언' 등의 유형이 있다.
> 반면 비통사적 합성어는 우리말의 일반적인 단어 배열법과 다르게 어근이 결합된 합성어이다. '어간 + 용언', '어간 + 명사', '부사 + 명사' 등의 형태가 있으며 한자어가 형성되는 경우 '등교(登校)'와 같이 그 의미가 '서술어+부사어'의 관계를 지니는 경우도 비통사적 합성어에 해당한다.

① 등산, 입학, 높푸르다, 뛰놀다
② 어린이, 검푸르다, 안팎, 우짖다
③ 산들바람, 곶감, 부슬비, 촐랑새
④ 감발, 덮밥, 늦잠, 굶주리다

03 다음 글에 따라 통사적 합성어의 유형과 그 예를 짝 지은 것으로 올바르지 <u>않은</u> 것은?

> 합성어는 어근의 배열 방식에 따라 통사적 합성어와 비통사적 합성어로 나눌 수 있다.
> 통사적 합성어는 '명사 + 명사', '관형어 + 체언', '용언의 연결형 + 용언', '주어 + 서술어', '목적어 + 서술어', '부사어 + 서술어' 등과 같이 어근의 결합이 우리말의 일반적인 단어 배열법과 일치하는 합성어를 말한다.
> 비통사적 합성어는 용언과 명사가 결합할 때 관형사형 어미가 생략된 경우, '어간 + 어간 + 어미'의 형태를 지닌 경우, 부사가 명사를 직접 꾸며주는 경우 등과 같이 어근의 결합이 우리말의 일반적인 단어 배열법과 일치하지 않는 합성어를 말한다.

① 명사와 명사가 결합된 경우 - 된장찌개
② 관형어와 체언이 결합된 경우 - 작은집
③ 주어와 서술어가 결합된 경우 - 철들다
④ 용언의 연결형과 용언이 결합된 경우 - 넓둥글다

04 다음 글에 따라 단어를 분석했을 때 합성어의 개수로 올바른 것은?

> 하나의 어근으로 이루어진 단어를 단일어라고 한다. 복합어는 두 개 이상의 실질 형태소가 결합되거나 어근과 접사가 결합하거나 어근과 어근이 결합하여 이루어진 단어로 하나의 실질 형태소에 접사가 붙은 말이다.
> 복합어에는 두 가지 종류가 있는데 둘 이상의 어근이 결합하여 만들어진 단어인 합성어와 어근과 접사가 결합하여 만들어진 단어인 파생어가 있다. 합성어는 국어 문법 규정에 맞게 합성된 통사적 합성어와 문법에 맞지 않게 합성된 비통사적 합성어로 분류할 수 있다. 파생어에는 '날강도'처럼 접두사가 결합된 파생어가 있고, '지우개', '부채질'처럼 접미사가 결합된 파생어가 있다.

> 치솟다, 맛있다, 날고기, 춘추, 볶음밥, 새해, 높푸르다, 맏아들

① 2개　　　　　② 3개
③ 4개　　　　　④ 5개

실전 학습 문제

05 다음 글에 따라 밑줄 친 단어를 분석했을 때 접사가 아닌 것은?

> 어근은 단어에서 실질적인 의미를 지닌 부분이다. 예컨대 '산, 사람, 비'와 같은 명사는 실질적인 의미를 지니고 있는 단어로 어근에 속하며, '먹다'의 '먹-'과 같은 어간 역시 '먹다' 전체 단어에서 실질적인 역할을 하는 어근에 속한다. '-다'와 같은 어미는 실질적인 의미를 지닌 것이 아니라 문법적 의미를 지닌 것으로 어근이 되지 않는다.
> 파생어는 어근과 접사가 결합된 복합어로 '어근 + 접사' 또는 '접사 + 어근'의 순서를 가진다. 이때 어근 앞에 붙는 파생 접사를 접두사, 어근 뒤에 붙는 파생 접사를 접미사로 부른다.

① 시키는 건 군말 없이 해라.
② 돈이 부족해서 막일이라도 해야겠다.
③ 학교 끝나고 공부방으로 출발했다.
④ 그가 나의 꿈을 짓밟았다.

[06 ~ 07] 다음 글을 읽고 물음에 답하시오.

> 접사는 어근에 붙어 특정한 의미 또는 기능을 부여하는 요소이다. 이러한 접사는 자립적이지 않으며 반드시 어근에 결합하는 형태를 지닌다.
> 접사는 어근과 결합하는 위치에 따라 접두사와 접미사로 나뉘며, 그 기능에 따라 어근의 품사를 바꾸지 못하는 한정적 접사와 품사를 바꾸는 ㉠ 지배적 접사로 나누기도 한다. 예를 들어 '길이', '운동하다'에서 '-이', '-하다'는 어근의 품사를 바꾸므로 지배적 접사이고, '드높다', '주먹질'에서 '드-'와 '-질'은 어근의 품사를 바꾸지 않으므로 ㉡ 한정적 접사이다. 이때 접두사는 대부분 한정적 접사로 쓰이며, 접미사는 어근의 품사를 바꾸는 지배적 접사와 바꾸지 않는 한정적 접사 모두로 쓰인다.

06 다음 밑줄 친 단어 중에서 ㉠이 쓰이지 않은 단어는?

① 친구에게 빌린 지우개를 잃어버렸다.
② 화가 난 나는 그를 넘어뜨렸다.
③ 선조들의 희생을 영원히 기억해야 한다.
④ 산의 높이에 압도되고 말았다.

07 다음 밑줄 친 단어 중에서 ㉡이 쓰인 단어는?

① 할머니는 아이에게 우유를 먹이다.
② 관객석에서 안 보이니 무대의 높이를 낮추자.
③ 돌의 색깔은 정말 신비롭구나.
④ 영수는 미국 당국으로부터 입국을 거절당했다.

08 <보기>를 바탕으로 단어 형성법에 대해 탐구한 것으로 적절하지 않은 것은?

> 보기
>
> 단어에서 실질적 의미를 나타내는 중심 부분을 어근이라 하고, 어근에 붙어 그 뜻을 더하는 부분을 접사라고 한다. 단어는 형성 방법에 따라 단일어와 파생어, 합성어로 나누어진다. 단일어는 '바다', '놀다'와 같이 하나의 어근으로 이루어진 말이고, 파생어는 '군살'이나 '멋쟁이'처럼 어근과 접사의 결합으로 이루어진 말이다. 합성어는 어근과 어근이 결합한 말로 '달빛'이나 '뛰놀다'와 같은 말이 이에 해당한다.

① '엿보다'는 접사가 어근에 붙어 뜻을 더하고 있으므로 파생어이군.
② '집게'는 어근에 접사가 결합한 파생어이고, '오리고기'는 어근끼리 결합한 합성어이군.
③ '알바가지'와 '맙보다'는 모두 실질적인 뜻을 가진 어근끼리 결합하였으므로 합성어이군.
④ '개먹'과 '맛깔'은 모두 어근에 접사가 결합하여 이루어진 단어이므로 파생어에 해당하는군.

09 다음 글에 따라 <보기>를 분석한 것으로 적절하지 않은 것은?

> 단어를 둘로 나누었을 때 나누어진 두 요소 각각을 직접 구성 요소라고 한다. 사전의 표제어에 쓰인 '-'(붙임표)는 표제어를 구성하는 직접 구성 요소를 보여준다. 예를 들어 '호미-질'은 어근 '호미-'와 접사 '-질'을 직접 구성 요소로 하는 파생어이다. 마찬가지로, '믿-음'도 어근과 접사를 직접 구성 요소로 하는 파생어이다. 반면 '쌀-밥'은 어근만을 직접 구성 요소로 하는 합성어이다.

> 보기
> - 소리-꾼: 판소리나 잡가 따위를 아주 잘하는 사람.
> - 믿-음: 어떤 사실이나 사람을 믿는 마음.
> - 손-목: 손과 팔이 잇닿은 부분.

① '소리꾼'은 어근과 접사로 이루어진 파생어이다.
② '믿음'은 어근과 접사로 이루어진 파생어이다.
③ '손목'은 어근과 접사로 이루어진 파생어이다.
④ 단어의 직접 구성 요소는 사전의 표제어에 붙임표로 표시된다.

실전 학습 문제

10 ㉠과 ㉡에 해당하는 예로 적절한 것은?

> 파생어는 '어근+접사'로, 합성어는 '어근+어근'으로 이루어진 복합어이다. 파생어 중에는 ㉠ 접사와 결합하기 전의 어근의 품사와 파생어의 품사가 달라진 것도 있고, 달라지지 않은 것도 있다. 합성어 중에는 문장에서 나타나는 배열 방식으로 만들어진 통사적 합성어도 있고, ㉡ 문장에서 나타나지 않는 배열 방식으로 만들어진 비통사적 합성어도 있다.

	㉠	㉡
①	신비롭다	깔판
②	몰표	튀밥
③	건강하다	등지다
④	거절당하다	공감대

11 다음 글에 따라 단어를 분류한 결과로 적절한 것은?

> 두 개 이상의 어근이 결합하여 만들어진 합성어는 그 형성 절차가 국어의 통사적 구성과 일치하느냐에 따라 구분된다. 먼저 '논밭'처럼 '명사 + 명사', '젊은이'처럼 '용언의 관형사형 + 명사', '기어가다'처럼 '용언의 연결형 + 용언'인 경우, 국어 문장에서 흔히 나타나는 단어 배열법과 일치하므로 ㉠ 통사적 합성어로 분류한다. 또 '덮밥'처럼 '용언의 어간 + 명사', '뛰놀다'처럼 '용언의 어간 + 용언'인 경우, 어간이 어미 없이 바로 명사나 다른 용언에 연결되는 것은 국어의 문장에 나타나는 단어 배열법이 아니므로 ㉡ 비통사적인 합성어로 분류한다.
> 한편 '들볶다'와 같은 경우는 '용언의 어간 + 용언'처럼 이해하여 비통사적 합성어로 잘못 분류하기 쉽다. 그러나 '들볶다'의 '들-'은 '마구', '몹시'의 뜻을 더하는 접두사이므로, '들볶다'는 파생어이지 합성어가 아니다.

	㉠	㉡
①	기어가다	되팔다
②	밀걸레	논밭
③	앞뒤	첫사랑
④	똑같다	뛰놀다

12 다음 글에 따라 분석한 내용으로 적절하지 <u>않은</u> 것은?

국어의 합성어에는 '손수건, 위아래, 피땀' 등과 같이 명사 + 명사의 결합이 가장 많다. 그리고 '지난밤, 탈것'과 같이 용언이 명사와 결합한 유형도 있다. 이 두 유형은 합성 명사의 구성 방식과 통사 구성과의 일치 여부, 어근 간의 의미 관계, 어근 간의 문법적 관계에 따라 분류하고 비교할 수 있다.

구성 방식이 통사 구성과 일치하면 통사적 합성어, 그렇지 않으면 비통사적 합성어라 한다. 명사끼리는 나열될 수 있으므로 명사끼리의 결합은 모두 통사적 합성어이다. 용언에서 파생된 명사도 명사이므로 '갈림길'과 같은 유형도 명사끼리 결합한 합성 명사와 마찬가지로 통사적 합성어이다. '지난밤, 탈것'은 용언의 관형사형이 명사를 수식하는 자연스러운 구성이므로 통사적 합성어이다. 반면, 명사에 용언 어간이 어미 없이 명사와 직접 결합한 '늦더위'나 용언의 연결형이 결합한 '살아생전'처럼 명사형, 관형사형 이외의 용언 형태가 명사와 결합하면 비통사적 합성어이다.

합성어는 어근 간의 의미 관계에 따라서는 종속, 대등, 융합 합성어로 나눈다. '손수건'과 같이 앞의 요소가 뒤의 요소를 수식하면 종속 합성어라 하고, '위아래'와 같이 두 요소가 대등하면 대등 합성어라 한다. '갈림길, 지난밤, 탈것'과 같은 유형은 모두 종속 합성어이다. 그런데 '피땀'이 '피와 땀'이 아니라 '엄청난 노력'을 비유적으로 가리키는 경우가 있다. 이처럼 어근 본래의 뜻에서 멀어진 합성어를 융합 합성어라 한다.

① '먹을거리'는 용언의 관형사형이 명사와 결합했으므로 통사적 합성어이다.
② '건널목'은 용언의 부사형이 명사와 결합했으므로 비통사적 합성어이다.
③ 명사끼리 결합한 합성 명사의 예로 '산길'을 들 수 있다.
④ '웃음꽃'은 용언에서 파생된 명사가 명사와 결합한 예이다.

실전 학습 문제

[13 ~ 14] 다음 글을 읽고 물음에 답하시오.

> 단일어는 하나의 어근, 즉 하나의 실질 형태소로 이루어진 말을 뜻한다. 복합어는 어근과 접사가 결합하거나 어근과 어근이 결합하여 이루어진 단어로 하나의 실질 형태소에 접사가 붙거나 두 개 이상의 실질 형태소가 결합된 말이다.
>
> 복합어에는 두 가지 종류가 있는데 어근과 접사가 결합하여 만들어진 단어인 파생어와 둘 이상의 어근이 결합하여 만들어진 단어인 합성어가 있다. 파생어에는 '풋사과'처럼 접두사가 결합된 파생어가 있고, '덮개', '글쓴이'처럼 접미사가 결합된 파생어가 있다. 또한 합성어는 국어 문법 규정에 맞게 합성된 통사적 합성어와 문법에 맞지 않게 합성된 비통사적 합성어로 분류할 수 있다.

13 윗글에 따라 단어를 분석했을 때 단어의 형성 방법이 나머지와 <u>다른</u> 것은?

① 무더위　　　　② 지게꾼
③ 신비롭다　　　④ 강밥

14 윗글에 따라 단어를 분석했을 때 단어의 형성 방식이 나머지와 <u>다른</u> 하나는?

① 일몰　　　　② 시나브로
③ 걸림돌　　　④ 까막까치

15 다음 중 밑줄 친 부분에 해당하는 예로 가장 옳은 것은?

> 국어에서는 다양한 방법을 통해 새로운 단어를 만들 수 있다. 대표적으로 실질적 뜻을 갖는 부분인 어근들을 조합하여 새 단어를 만들기도 하고, <u>특정한 뜻을 더하는 접사가 어근 앞에 붙어 새 단어를 만들기도 한다.</u> 전자의 예로는 어근 '돌'과 어근 '다리'가 만나 '돌다리'를 만드는 것을 들 수 있고, 후자의 예로는 어근 '소문' 앞에 '거짓'의 뜻을 더하는 '헛'이 붙어 '헛소문'을 만드는 것을 들 수 있다.
>
> 접두사는 어근과 비교할 때 상대적으로 어휘적인 의미보다는 문법적인 의미를 많이 가진다. 또, 단어 형성 요소이므로 문장의 형성에 직접 참여하지 않는다. 접미사는 접두사와 달리 어근의 품사를 바꾸기도 한다. 어떤 요소가 접두사인지 아닌지를 판별하기 위해서는 단어를 형성하는 요소인 어근과의 구별이 필요하다. 다른 한편으로는 문장을 형성하는 요소인 관형사, 부사와의 구별도 필요하다.

① 할아버지가 <u>산나물</u>을 캐러 산에 올라가셨다.
② 올해는 <u>논밭</u>을 가꾸는 일에 전념하기로 했다.
③ 그는 <u>새해</u>에는 꼭 목표를 이루리라 다짐했다.
④ 오늘 <u>애호박</u>을 사러 채소 가게에 갈 것이다.

16 밑줄 친 부분 중 ㉠이 쓰인 예에 해당하지 <u>않는</u> 것은?

> 접사는 단어 내에서 어근에 붙어 특정한 뜻이나 기능을 부여하는 역할을 하는 형태소이다. 이러한 특성 때문에 접사는 자립성을 지니지 않으며 반드시 어근과 함께 쓰이는 특징을 지닌다.
> 접사는 어근과 결합하는 위치에 따라 접사가 어근 앞에 있으면 접두사, 접사가 어근 뒤에 있으면 접미사로 나뉜다.
> 또한 접사는 새로운 단어를 만드는 과정에서 어근의 품사를 바꾸기도 하고, 바꾸지 않기도 하는데 이때 어근의 품사를 바꾸는 접사를 ㉠ <u>지배적 접사</u>라 하고, 어근의 품사를 바꾸지 않는 접사를 한정적 접사라 한다. 예를 들어 '놀이', '청소하다'에서 '-이', '-하다'는 어근의 품사를 바꾸므로 지배적 접사이고, '치솟다', '가위질'에서 '치-'와 '-질'은 어근의 품사를 바꾸지 않으므로 한정적 접사이다.
> 이때 파생 접미사는 어근의 품사를 바꾸는 지배적 접사와 바꾸지 않는 한정적 접사 모두로 쓰이지만, 파생 접두사는 대부분 한정적 접사로 쓰인다. 이를 통해 결국 파생 접미사가 파생어의 통사 범주를 결정한다고 볼 수 있다.

① 줄자 없이 물건의 <u>길이</u>를 재는 것이 쉽지 않았다.
② 선생님에게 목소리를 <u>낮추</u>라는 지적을 받았다.
③ 사방을 둘러싼 건물들이 <u>높다랗</u>다.
④ 공작새가 <u>날개</u>를 펼치며 자태를 뽐내고 있다.

17 ㉠~㉣의 사례로 적절하지 <u>않은</u> 것은?

> 언어를 사용하는 구성원들의 노력을 통해 언어는 더욱 풍부한 표현력을 가지게 된다. 우리는 우리말의 표현력을 향상시키기 위해 기존의 단어를 여러 방식으로 활용하여 다양한 어휘를 만들어낼 수 있다.
> 우선, 표현력을 높이려면 절대적인 어휘량을 늘리는 일이 중요하다. 이를 위해서 '-이', '-꾼' 등 ㉠ <u>파생 접사를 이용한 파생법</u>을 사용하거나, ㉡ <u>어근과 어근이 결합한 합성법</u>을 사용할 수 있다. 또, 우리는 어휘의 절대량을 늘리기 위해 외래 요소를 받아들일 수도 있다. 한자어는 오랫동안 우리가 받아들인 어휘로 ㉢ <u>한자어 명사나 부사에 '-하다'를 붙여 우리말 규칙에 맞는 동사로 만들어 사용하는 경우</u>가 많다. 최근에는 '컴팩트하다', '스펙타클하다'처럼 ㉣ <u>영어의 형용사에 '-하다'를 붙여서 새로운 단어를 만들기도 하는데 이는 바람직한 우리말 단어로 취급하지는 않는다.</u>

① ㉠: 명사 '거짓말'과 '특정한 성질을 가지는 사람'의 뜻을 더하는 접미사 '-쟁이'가 결합하여 '거짓말쟁이'라는 파생어를 만든다.
② ㉡: 명사 '숫'과 '염소'가 결합하여 '숫염소'라는 합성어를 만든다.
③ ㉢: 한자어 '설치(設置)'에 '-하다'를 붙여 동사 '설치하다'를 만든다.
④ ㉣: 영어 '로맨틱(romantic)'에 '-하다'를 붙여서 '그는 로맨틱(romantic)하다'와 같이 사용한다.

실전 학습 문제

18 다음 중 밑줄 친 부분이 ㉠에 해당하는 것은?

합성어는 두 개 이상의 실질적 의미를 가진 어근이 결합하여 하나의 새로운 단어가 된 것을 말한다. 합성어는 형성 방식의 관점에서 앞의 어근과 뒤의 어근의 의미상 결합 방식에 따라 나눌 수 있다. 예를 들어 '남녀'는 두 어근의 결합 방식이 대등하므로 대등 합성어, '돌침대'는 앞 어근이 뒤 어근에 의미상으로 종속되어 있으므로 종속 합성어, '밤낮'은 두 어근과는 완전히 다른 제3의 의미가 도출되므로 ㉠ 융합 합성어라 할 수 있다.

① 나는 새로 산 <u>손수건</u>으로 얼굴을 닦았다.
② 그는 <u>춘추</u>에 비해 매우 젊어 보인다.
③ 그녀가 보이자 그는 손을 <u>위아래</u>로 빠르게 흔들었다.
④ <u>손발</u>이 시려오기 시작했다.

19 다음 중 단어의 짜임이 ㉠과 다른 것은?

단어 내 형태소들의 결합에 따라 단어는 합성어와 파생어로 나뉜다. 합성어와 파생어를 제대로 구별하기 위해서는 '어근과 어근' '어근과 접사'와 같은 개념이 필요하지만 복합 단어인 경우 형태소들의 결합이 두 번 이상 이루어지기 때문에 좀 더 복잡한 결합 형태를 따져야 한다. 예를 들어서 명사 ㉠ '줄넘기[줄 + (넘- + -기)]'의 경우 전체 단어의 직접 구성요소가 '줄'과 '넘기'이므로, '넘기'의 구성 요소가 동사 '넘다'의 어간 '넘-'에 명사 파생 접미사 '-기'가 결합한 파생어일지라도, '줄 + 넘기'는 합성어로 분류된다.

① 고기잡이　　② 턱걸이
③ 병따개　　　④ 군것질

20 다음 글의 바탕으로 <보기>의 밑줄 친 합성어들을 분류한 것으로 적절한 것은?

대등 합성어와 종속 합성어, 융합 합성어는 구성 요소 간의 의미 관계에 따라 나뉜다. 대등 합성어는 두 성분이 대등한 관계를 이루는 것으로, '부모, 손발, 논밭' 등이 대표적인 예시이다. 반면, 종속 합성어는 앞 성분이 뒤 성분을 수식하는 합성어로, '나뭇잎, 책가방, 손수건'과 같은 단어들이 있다. 마지막으로 융합 합성어는 구성 요소가 원래 의미를 벗어나 새로운 의미를 형성한 경우를 말하는데 '강산, 보릿고개, 빈말'과 같은 단어들이 있다.

보기
ㄱ. 운동을 열심히 했더니 <u>팔다리</u>가 아프다.
ㄴ. 그는 나의 <u>첫사랑</u>이었다.
ㄷ. 당신의 <u>피땀</u> 어린 노력은 언젠가 보상받을 것이다.
ㄹ. 운전할 때는 <u>앞뒤</u>를 잘 살펴라.

	대등 합성어	종속 합성어	융합 합성어
①	팔다리	첫사랑	앞뒤, 피땀
②	팔다리, 앞뒤	첫사랑	피땀
③	팔다리, 첫사랑	피땀	앞뒤
④	피땀, 첫사랑	팔다리	앞뒤

21 다음 중 ㉠과 ㉡의 예시로 적절하지 않은 것은?

복합어는 하나의 어근으로만 이루어진 단일어와 달리, 둘 이상의 형태소가 결합해 만들어진 단어이다. 복합어는 합성어와 파생어로 나뉜다. ㉠ 합성어는 둘 이상의 어근의 결합으로, ㉡ 파생어는 어근과 접사의 결합으로 이루어져 있다. 단어 내에서 어휘적으로 실질적 의미를 나타내는 부분을 어근이라 하고, 어근에 붙어 의미를 더하거나 품사를 바꾸는 부분을 접사라 한다.
접사는 위치에 따라 접두사와 접미사로 나뉜다. '암캐'의 '암-'과 '샛노랗다'의 '샛-'은 어근의 앞에 결합하여 의미를 더하는 접두사이고, '군것질'의 '-질'과 '장사꾼'의 '-꾼'은 어근의 뒤에 오는 접미사이다.

	㉠	㉡
①	첫사랑	시뻘겋다
②	넘어뜨리다	새해
③	빨래터	풋사과
④	눈물	사냥꾼

22 다음 글을 바탕으로 할 때, <보기>의 ㉠ ~ ㉣에 대해 설명한 내용으로 적절하지 않은 것은?

'잠₁을 푹 잠₂.'에서 '잠₁'과 '잠₂'는 모두 '자'에 '-ㅁ'이 붙은 것인데, 접사로서의 '-ㅁ'과 명사형 어미 '-ㅁ'은 형태가 같아 표기로는 구별이 되지 않는다. 그렇다면 그 구별 방법을 알아보자.
'잠₁'과 같이 서술성이 없으며 부사어의 수식을 받을 수 없고, 대신 '계속 자고 싶은 잠'과 같이 관형어의 수식을 받을 수 있다면 접사 '-ㅁ'이 결합한 파생 명사이다.
반면 '잠₂'는 생략된 주어를 서술하고 있으며 부사어 '푹'의 수식을 받고 있으므로 명사형 어미 '-ㅁ'이 붙은 것으로 품사는 그대로 동사이다.

보기
㉠ 날씨가 너무 더워서 시원한 얼음이 먹고 싶었다.
㉡ 집 앞 연못의 물이 꽁꽁 얼음을 보았다.
㉢ 나는 춤₁을 춤₂으로써 스트레스를 풀었다.
㉣ 느낌이 좋지 않은 꿈을 꾸었다.

① ㉠: '얼음'은 '시원한'의 수식을 받으므로 '-음'은 접미사이다.
② ㉡: '얼음'에는 서술성이 있으며 '꽁꽁'이 수식하므로 '-음'은 명사형 어미이다.
③ ㉢: '춤₁'의 '-ㅁ'은 접미사, '춤₂'의 '-ㅁ'은 명사형 어미이다.
④ ㉣: '꿈'은 서술성을 가지므로 '-ㅁ'은 명사형 어미이다.

실전 학습 문제

23 다음 글에서 추론한 내용으로 적절하지 <u>않은</u> 것은?

국어에서 단일어는 '사과'나 '문'과 같이 하나의 어근으로만 이루어진 단어를 이르는 말이다. 그리고 복합어는 어근과 어근의 결합으로 이루어진 합성어와, 어근과 접사의 결합으로 이루어진 파생어를 아울러 이르는 말이다. 예컨대, 어근 '사과', '문'이 각각 또 다른 어근과 결합한 '사과나무', '여닫이문'은 합성어이다. 또한 어근 '사과'와 접두사 '풋-'이 결합한 '풋사과', 어근 '문'과 접미사 '-지기'가 결합한 '문지기'는 파생어이다.

복합어는 합성어나 파생어에 또 다른 어근이나 접사가 다시 결합하여 형성되기도 한다. 이와 같은 복잡한 짜임의 단어를 이해할 때 활용되는 방법으로 '직접 구성 성분 분석'이 있다. 직접 구성 성분 분석은 단어를 둘로 나누는 방법으로, 나뉜 두 부분 중 하나가 접사일 경우 그 단어를 파생어로 보고, 두 부분 모두 접사가 아닐 경우 합성어로 본다. 예를 들어, 단어 '책꽂이'는 직접 구성 성분을 '책'과 '꽂이'로 보기에 합성어로 분류한다. 이는 '책'이 어근이며, '꽂이'가 어근 '꽂-'과 접미사 '-이'로 이루어진 파생어임을 고려한 것이다. 물론 '책꽂이'의 직접 구성 성분을 '책꽂-'과 '-이'로 분석할 수도 있다. 그러나 '책꽂-'은 존재하지 않고 '책'과 '꽂이'만 존재하며, 의미상으로 '책 + 꽂이'의 분석이 자연스럽기에 직접 구성 성분을 '책'과 '꽂이'로 분석한다. 이처럼 직접 구성 성분 분석은 단어의 짜임을 체계적으로 이해하는 데에 도움이 된다.

① '놀이터'는 어근과 어근이 결합하여 만들어진 합성어이다.
② 복합어에는 어근과 어근이 결합한 것과, 접두사와 어근 또는 어근과 접미사가 결합한 형태가 있다.
③ '비웃음'은 '비웃-'이 존재하고 의미상으로도 '비웃- + 음'의 분석이 자연스러우므로 파생어로 분류한다.
④ '햇감자'는 어근 '햇'과 어근 '감자'가 결합한 합성어이고, '산지기'는 어근 '산'과 접미사 '-지기'가 결합한 파생어이다.

24 밑줄 친 부분이 ㉠과 가장 유사한 것은?

명사형 전성 어미 '-(으)ㅁ'과 명사 파생 접미사 '-(으)ㅁ'은 모양이 같기 때문에 표면상으로는 구분되지 않는다. 따라서 이를 구분하기 위해서는 먼저 단어가 어떤 수식어의 수식을 받는지 파악해야 한다.

부사어의 수식을 받는다면 명사형 전성 어미 '-(으)ㅁ'과 결합한 용언의 활용형이고, 관형어의 수식을 받는다면 명사 파생 접미사 '-(으)ㅁ'과 결합한 명사이다.

또한, 서술성의 유무에 따라서도 구분할 수 있다. 서술성이 있다면 명사형 전성 어미 '-(으)ㅁ'과 결합한 용언의 활용형이고, 서술성이 없다면 명사 파생 접미사 '-(으)ㅁ'과 결합한 명사이다. 가령, '㉠ 꿈을 꿈'에서 ㉠과 ㉡의 형태소를 분석하면 '꾸- + -ㅁ'으로 동일하지만 ㉠은 명사 파생 접미사가 결합하였고, ㉡은 명사형 전성 어미가 결합하였다는 점에서 차이가 있다.

한편 명사형 전성 어미 '-(으)ㅁ'은 절에 붙어서 그 절을 명사절로 만들어 주는 역할을 한다. 예를 들어, '시험에 합격했다'라는 절을 명사절로 만들고 싶다면 명사형 전성 어미 '-(으)ㅁ'을 붙여 '시험에 합격했음'이라는 명사절로 만들 수 있다. 이와 달리 명사 파생 접미사 '-(으)ㅁ'은 주로 동사나 형용사의 어간과 결합하여 명사를 만든다. 예컨대 명사 '춤'은 동사인 '추다'에 명사 파생 접미사 '-(으)ㅁ'이 붙어서 만들어진 것이다.

① 그녀는 아이들이 시끄러움을 보고 다그쳤다.
② 물이 100도에서 끓음을 알게 되었다.
③ 모나리자는 루브르 박물관에 전시된 유명한 그림이다.
④ 별이 낮에도 반짝임을 알지 못하였다.

25 다음 글을 읽고 추론한 내용으로 적절하지 않은 것은?

국어에서 '-(으)ㅁ', '-기'는 어근과 결합하여 명사를 만드는 접미사로도 쓰이고, 용언이 어간과 결합하는 명사형 어미로도 쓰인다. 예를 들어 '춤', '달리기', '걸음', '웃음' 등은 동사의 명사형으로도 쓰이고 명사로도 쓰이는데, 이들은 형태가 같더라도 품사가 다른 것이다. 접미사가 결합한 파생 명사는 서술성이 없고 관형어의 수식을 받을 수 있다. 이와 달리 명사형 어미가 결합한 용언의 명사형은 용언의 품사를 바꾸지 않으며 서술하는 기능이 유지되고 부사어의 수식을 받을 수 있다. 또한 명사형 어미 앞에 선어말 어미가 붙는 것도 가능하다. 가령 '난도가 높은 춤을 함께 춤.'이라는 문장에서 앞의 '춤'은 서술하는 기능이 없고 관형어 '난도가 높은'의 수식을 받는 파생 명사이고, 뒤의 '춤'은 서술하는 기능이 있고 부사어 '함께'의 수식을 받는 동사 '추다'의 명사형이다.

① 용언의 명사형은 부사어의 수식을 받고 파생 명사는 관형어의 수식을 받는다.
② '나무에서 떨어지는 꿈을 꾸었다.'의 '꿈'은 서술하는 기능이 없으므로 품사는 명사이다.
③ '민수는 다리를 다쳐 빠르게 달리기가 어려웠다.'의 '달리기'는 '빠르게'의 수식을 받으므로 품사는 동사이다.
④ '나는 충분히 잠으로써 피로를 풀었다.'의 '잠'은 관형어 '충분히'의 수식을 받으므로 품사는 명사이다.

04 홑문장과 겹문장

1. 문장의 종류

(1) 문장

① 홑문장: 주어와 서술어의 관계가 한 번인 문장
   - 예) 영수는(주어) 모든(관형어) 학생들의(관형어) 존경을(목적어) 받는다(서술어).

② 겹문장: 주어와 서술어의 관계가 두 번 이상 반복되는 문장
   - 이어진 문장(대등/종속), 안은문장과 안긴문장

> **개념 더하기** 주의해야 할 홑문장
> - 철수가 학교에 가지 못했다.
>   → '본용언+보조 용언'은 하나의 서술어이므로, 홑문장임
> - 철수는 기숙사에서 생활하고 있다.

(2) 홑문장

① '와/과'가 쓰이는 경우
   - 서술어의 필수적 부사어가 있는 경우   예) 예지는 어머니와 닮았다.
   - '와/과' 앞뒤가 다른 자격으로 이어진 경우   예) 너는 누구와 갈 테냐?
     - 참고) '와/과' 앞뒤가 같은 자격인 경우에는 겹문장   예) 서울과 부산은 넓다.

(3) 겹문장

① 이어진 문장

- 대등하게 이어진 문장 - 앞 절과 뒤 절이 구조상, 의미상 대칭성이 있음, 앞 절과 뒤 절의 순서 바꿈이 가능함

기능	연결 어미	예
나열	-고, -(으)며	오늘은 비가 오고 내일은 바람이 분다.
대조	-(으)나, -지만	낮말은 새가 듣지만 밤말은 쥐가 듣는다.

- 종속적으로 이어진 문장 - 앞 절과 뒤 절의 순서를 바꾸면 문장의 의미가 달라지거나 비문이 됨, 앞 절이 뒤 절 속으로 자리 옮김을 할 수 있음

기능	연결 어미	예
조건	-(으)면, -거든	사공이 많으면 배가 산으로 간다.
이유, 원인	-(아)서, -(으)므로, -(으)니까	비가 와서 소풍이 취소되었다.
의도	-(으)려고	(내가) 한라산을 등반하려고 아침 일찍 일어났다.

② 안은문장과 안긴문장
- 안긴문장의 형성 방법

종류	형성 방법	예
명사절	-ㅁ, -음, -기	나는 그가 합격했음을 깨달았다.
관형절	-던, -ㄴ, -은, -는, -ㄹ, -을, -다는	그것은 내가 읽던 책이다.
부사절	-없이, -같이, -달리, -게, -도록	비가 소리도 없이 내린다.
인용절	-라고, -고	나는 "네가 옳다"라고 말했다.
서술절	주어 + 주어 + 서술어	토끼는 앞발이 짧다.

- 안긴문장의 쓰임

종류	역할	예
명사절로 안긴문장	주어, 목적어, 보어, 부사어 역할	• 그녀가 마을 사람들을 속였음이 밝혀졌다.(주어) • 사공들은 바람이 불기를 기다렸다.(목적어) • 지금은 우리가 학교에 가기에 아직 이르다.(부사어)
관형절로 안긴문장	관형어 역할	• 그 사과는 내가 먹을 과일이다. • 그것은 내가 읽던 책이다. • 내가 본 영화는 재미있다. • 내가 먹은 아이스크림은 정말 맛있다.
부사절로 안긴문장	부사어 역할	비가 소리도 없이 내린다. / 너는 차가 지나가도록 길을 넓혀라. / 철수는 발에 땀이 나도록 뛰었다.
인용절로 안긴문장	부사어 역할	나는 네가 옳다고 믿는다. / 영희는 당당하게 "무슨 일이지?"라고 말했다.
서술절로 안긴문장	서술어 역할(주어 + 주어 + 서술어)	그는 키가 크다. / 토끼는 앞발이 짧다. / 영희는 마음씨가 곱다.

> **개념 더하기** 관형절
>
> **관계 관형절과 동격 관형절**
> - 관계 관형절 ── 내가 아이스크림을 먹었다(○)
>   예 • 내가 먹은 아이스크림은 맛있다.
>   • 그것은 내가 읽던 책이다.
>   └ 내가 책을 읽었다(○)
>
> - 동격 관형절
>   예 철수는 그녀가 결혼했다는 소식을 들었다.
>   └ 그녀가 소식을 결혼했다(×)
>
> **홑문장으로 착각하기 쉬운 관형절로 안긴문장**
> - 푸른 나무가 있다: 관계 관형절
>   └ 나무가 푸르다(○)
>
> - 예쁜 나비가 날아가다: 관계 관형절
>   └ 나비가 예쁘다(○)

실전 학습 문제

정답 및 해설 14p

[01 ~ 03] 다음 글을 읽고 물음에 답하시오.

문장은 주어와 서술어가 한 번 나타나는 홑문장과 두 번 이상 나타나는 겹문장으로 구분된다. 겹문장에는 홑문장들이 이어지는 이어진 문장과 홑문장이 다른 문장 속의 한 문장 성분이 되는 안은문장의 두 유형이 있다.

이어진 문장이란 홑문장들이 둘 이상 이어져서 겹문장이 되는 것을 말한다. 이어진 문장에는 앞 절이 뒤 절에 대해 나열, 대조, 선택 등의 의미 관계를 형성하는 대등하게 이어진 문장과 이유, 조건, 의도 등의 의미 관계를 형성하는 종속적으로 이어진 문장이 있다.

어느 문장이 다른 문장 속의 한 문장 성분이 되는 겹문장을 안은문장과 안긴문장이라 한다. 여기서 한 문장을 하나의 문장 성분처럼 안고 있는 문장을 안은문장, 안은문장 안에 하나의 문장 성분처럼 쓰이는 문장을 안긴문장이라 한다. 안긴문장은 명사절, 관형절, 부사절, 서술절, 인용절로 사용될 수 있다.

명사절은 명사형 어미 '-(으)ㅁ, -기'가 붙어 실현되며, 문장에서 주어, 관형어, 목적어, 보어, 부사어 등의 역할을 한다.

관형절은 관형사형 어미 '-던, (으)ㄴ, -는, -(으)ㄹ'이 붙어서 형성되며 문장에서 관형어의 기능을 한다. 부사절은 부사형 어미 '-게, -도록, -이'에 의해서 이루어지며, 절 전체가 문장에서 부사어의 기능을 하는 것을 말한다.

서술절은 절 전체가 서술어의 기능을 하는 서술절로 안긴문장도 있는데 서술절은 절 표지가 따로 없다는 점에서 다른 안긴문장과 차이를 보인다.

인용절은 '-라고, -고'를 통해 만들어지며 문장에서 다른 사람의 말을 인용한 형태를 지니고 있다.

01 윗글을 토대로 할 때, 홑문장에 해당하는 문장은?

① 날이 추워지면 방한용품이 잘 팔린다.
② 영수는 철수가 먹은 마라탕을 생각했다.
③ 수만 명의 관객들이 공연장을 가득 채웠다.
④ 영수는 너무 배가 고프다.

02 윗글을 토대로 할 때, 다음 중 문장의 짜임새가 다른 것은?

① 나는 형과 달리 말을 잘한다.
② 민영이는 내가 집중하도록 배려했다.
③ 서희는 우리가 돌아온 사실을 모른다.
④ 동수가 소리도 없이 다가왔다.

03 윗글을 토대로 할 때, 문장의 종류를 <u>잘못</u> 설명한 것은?

① 발에 불이 나도록 뛰었다. - 부사절을 안은문장
② 철수는 키가 크다. - 서술절을 안은문장
③ 그가 거짓말했다는 사실이 이제야 밝혀졌다.
   - 관형절을 안은문장
④ 그가 돌아왔음이 알려졌다. - 관형절을 안은문장

[04 ~ 05] 다음 글을 읽고 물음에 답하시오.

한국어 문장은 주어와 서술어가 한 번만 짝을 이루는 홑문장과, 두 번 이상 나타나는 겹문장으로 나뉜다. 겹문장은 다시 단순히 홑문장을 나란히 잇는 이어진 문장과, 다른 절을 문장 성분으로 끌어들이는 안은문장으로 구분된다. 안은문장은 본문 속에 마치 하나의 어구처럼 들어가 그 역할을 대신하는 절을 안긴문장이라 하고, 이를 품은 전체 문장을 안은문장이라고 부른다.

안긴문장은 그 쓰임새에 따라 다섯 갈래로 나뉘는데 그중에서 부사절은 '-게', '-도록', '-이' 등 부사형 전성 어미를 통해 만들어지며, 절 전체가 용언을 수식하는 부사어로 기능한다.

04 <보기>의 ㉠에 해당하는 예로 적절한 것은?

- 나는 눈에 띄지 않게 집에 들어왔다.
  '눈에 띄지 않게'는 '나는 집에 들어왔다'라는 문장에서 서술어 '들어왔다'를 수식하여 '어떻게'라는 의미를 더해 주면서 수식하고 있다. 이런 역할을 하면서 안겨 있는 문장을 ㉠ 부사절이라 한다.

① 예쁜 수빈이와 밥을 먹었다.
② 철수는 그가 합격했다는 말을 들었다.
③ 나는 다리가 떨리도록 뛰었다.
④ 민수는 내가 앞장서겠다고 말했다.

05 다음 중 <보기>에서 제시한 ㉠을 포함하고 있는 안은문장은?

보기

한국어 문장에서 부사어는 용언이나 문장 전체의 의미를 구체화하고 풍성하게 만드는 역할을 한다. 부사어로는 주로 부사를 사용하거나 부사격 조사를 결합한 체언을 사용한다. ㉠ 부사절을 부사어로 사용하기도 한다.

① 철수와 나는 빨리 뛰었다.
② 예쁜 친구가 전학 왔다.
③ 친구가 놀러 올 수 있도록 방을 정리했다.
④ 학원에서 공부를 했다.

실전 학습 문제

[06 ~ 08] 다음 글을 읽고 물음에 답하시오.

홑문장은 문장에서 필수 요소인 주어와 서술어가 한 번만 있는 문장이고, 겹문장은 한 개 이상의 홑문장이 다른 문장 속의 한 성분으로 안겨서 문장 속의 문장이 되거나, 홑문장들이 서로 이어져 하나의 문장을 이루는 것을 말한다.

예1) 영희는 예쁘다. (홑문장)
예2) 나는 예쁜 영희를 보았다. (겹문장)
예3) 영희는 예쁘고, 철수는 잘생겼다. (겹문장)

겹문장은 다시 이어진 문장과 안은문장, 안긴문장으로 나눌 수 있다. 이어진 문장은 '주어+서술어'의 형태가 연이어 나타나는 형태를 말하고, 안은문장, 안긴문장은 홑문장이 절 형식으로 바뀌어 다른 문장의 성분이 되는 것을 말한다. 홑문장은 여러 종류의 절이 될 수 있다.

명사절을 안은문장은 한 문장이 명사절이 되어 전체 문장 안에서 주어, 목적어, 보어, 관형어 등의 문장 성분으로 쓰이는 것을 일컫는다. 예를 들어, '나는 그가 도착했음을 들었다.'의 '그가 도착했음'이 전체 문장에서 목적어로 쓰이는 경우를 말한다.

관형절을 안은문장은 한 문장이 관형절이 되어 체언을 수식하는 관형어의 구실을 하는 것을 말한다. '종류가 다양한 식당에 갔다.'에서 '종류가 다양한'은 전체 문장에서 관형어로 쓰인다.

부사절을 안은문장은 한 문장이 부사절이 되어 전체 문장의 부사어 구실을 한다. '그가 아무 소리 없이 나갔다.'에서 '아무 소리 없이'는 부사절로 안겨 있으며 전체 문장에서 부사어의 역할을 한다.

서술절을 안은문장은 한 문장이 서술절이 되어 전체 문장의 서술어 구실을 한다. 따로 특별한 표지가 없으며 일반적으로 '주어+주어+서술어'의 형태를 지닌다. 예를 들어 '토끼는 크기가 작다.'와 같이 쓰이는 경우가 서술절로 안긴문장에 해당한다.

인용절을 안은문장은 한 문장이 인용절이 되어 전체 문장 속에 안겨 있다. '그는 밥을 먹으러 가자고 말했다(간접 인용절).'와 '그는 "밥을 먹으러 가자"라고 말했다(직접 인용절).'가 있다.

이어진 문장은 둘 이상의 홑문장이 이어져 겹문장이 되는 경우를 말한다. 이어진 문장은 대등하게 이어진 문장과 종속적으로 이어진 문장으로 나눌 수 있다.

대등하게 이어진 문장은 홑문장들의 위치를 바꾸어도 뜻이 바뀌지 않는, 대등한 문장끼리 이어진 것을 말한다. 예를 들어, '나는 키가 크고, 그녀는 키가 작다.'와 같이 '-고'의 나열 형식을 지닌 경우가 대표적이다.

종속적으로 이어진 문장은 앞 절과 뒤 절의 위치를 바꾸면 뜻이 달라지거나 모순이 되는 문장을 말한다. 앞 절은 뒤 절에 대해 조건·이유·결과 등의 뜻을 가진다. '햇빛이 세서 선글라스를 썼다.'와 같이 '-아서/어서'의 연결 어미를 통해 조건과 결과의 의미로 연결되는 경우가 대표적이다.

06 윗글의 설명을 고려할 때, 다음 중 문장의 유형이 나머지 셋과 다른 것은?

① 나는 예쁜 옷을 입었다.
② 밥을 함께 먹기로 약속했다.
③ 나는 빨리 집에서 나가고 싶다.
④ 그녀는 집이 크다.

07 윗글을 고려할 때 문장의 구성이 <u>다른</u> 것은?

① 꽃이 피는 봄이 되었다.

② 내가 산 부채는 매우 한국적이다.

③ 누나가 영희가 시험에 합격했음을 알렸다.

④ 운동을 매일 하는데도 건강이 좋지 않다.

08 윗글을 고려할 때 문장의 종류를 <u>잘못</u> 설명한 것은?

① 비가 소리도 없이 내린다. - 부사절을 안은문장

② 철수는 "내일도 해는 뜬다"라고 말했다.
   - 인용절을 안은문장

③ 내가 장을 본 마트는 깨끗하다.
   - 관형절을 안은문장

④ 그녀는 민호가 좋다고 말했다. - 명사절을 안은문장

09 다음 글을 토대로 할 때, <보기>의 밑줄 친 안긴문장과 같은 기능을 하는 안긴문장을 포함한 것은?

> 우리나라 문장에는 홑문장과 겹문장이 있다. 문장의 가장 기본이 되는 주어와 서술어가 하나인 문장이 홑문장이고, 두 개 이상인 경우를 겹문장이라고 한다. 그중에서 겹문장은 이어진 문장과 안은문장, 안긴문장으로 나눌 수 있다. 안은문장은 다른 문장 속에 들어가 하나의 문장 성분처럼 쓰이는 절을 안고 있는 문장을 말한다. 안긴문장(=절)에는 명사절, 관형사절, 부사절, 서술절, 인용절이 있다.
> 겹문장의 명사절은 주어, 목적어, 부사어, 관형어처럼 문장 성분 기능을 한다. 그 형성은 명사형 어미 '-(으)ㅁ, -기'가 붙어 실현된다. 관형절은 절 전체가 문장에서 관형어의 기능을 한다. 그 형성은 관형사형 어미 '-던, -(으)ㄴ, -는, -(으)ㄹ'이 붙어서 만들어진다. 부사절은 절 전체가 문장에서 부사어의 기능을 하는 것을 말하는데 서술어를 수식하는 기능을 한다. 그 형성은 부사형 어미 '-게, -도록, -이'에 의해서 이루어진다. 절 전체가 서술어의 기능을 하는 서술절로 안은문장도 있는데 서술절은 절 표지가 따로 없다는 점에서 다른 안긴문장과 차이를 보인다. 마지막으로 인용절을 안은문장도 있다. 다른 사람의 말을 인용한 것이 절의 형식으로 안긴 것으로 '-라고, -고'를 통해 만들어진다.

> 보기
> 눈이 <u>소리도 없이</u> 내린다.

① 가람이가 한 거짓말은 모두 밝혀졌다.

② 너는 그녀가 행복하도록 빌어줘라.

③ 사장님은 머리가 너무 아프다고 말했다.

④ 정남이는 술이 빈 잔을 바라보았다.

실전 학습 문제

10 다음 글에 따라 ⓐ ~ ⓒ를 분석한 내용으로 적절한 것은?

안긴문장은 안은문장에서의 기능에 따라 명사절, 관형절, 부사절, 인용절로 나눌 수 있다.

명사절은 문장에서 주어, 목적어, 보어 등의 역할을 한다. 이 절은 '것', '-기', '-음' 등의 의존 명사나 접사로 끝나는 경우가 많다. 명사절은 하나의 독립적인 단위로 기능하며, 다른 문장 성분과 결합하여 주절을 완성한다. 예를 들어 '나는 그가 뛰는 것을 보았다.'에서 '뛰는 것'이 명사절이다. 이 명사절은 '것'이라는 의존 명사와 결합하여 주어, 목적어 등의 역할을 한다.

관형절은 명사를 수식하는 기능을 한다. 관형절은 주로 'ㄴ/는, ㄹ/을, 던' 등의 관형사형 어미로 끝나며, 주어, 목적어, 보어 등을 포함할 수 있다. 이 절은 주어, 목적어, 보어 등이 포함된 문장을 하나의 단위로 묶어 특정 명사를 수식한다. 예를 들어 '나는 그가 뛰는 장면을 보았다.'에서 '그가 뛰는'이 관형절이다. 이 관형절은 '장면'이라는 명사를 꾸며 주는 역할을 한다.

부사절은 주절의 동사나 형용사를 수식하여, 그 의미를 한정하거나 강조하는 기능을 한다. 부사절은 주로 '아서/어서, ㄴ/는다면' 등의 어미로 끝나며, 주어, 목적어, 보어 등을 포함할 수 있다. 이 절은 하나의 독립적인 단위로서 주절의 의미를 보충하거나 추가적인 정보를 제공한다. 예를 들어 '그가 준비 운동을 하고 나서 뛰었다.'에서 '준비 운동을 하고 나서'가 부사절이다. 이 부사절은 주절의 행동이나 상태에 대한 시간, 원인, 조건 등의 부가적인 정보를 제공한다.

인용절은 누군가의 말이나 생각을 직접 또는 간접적으로 인용하는 기능을 한다. 인용절은 주로 '고, 라고, 으로' 등의 인용 표현으로 끝나며, 주어, 목적어, 보어 등을 포함할 수 있다. 이 절은 인용된 내용을 독립적인 단위로 묶어 주절에 포함시킨다. 예를 들어 '그는 준비 운동을 하고 뛰었다고 말했다.'에서 '준비 운동을 하고 뛰었다고'가 인용절이다. 이 인용절은 주절에서 그의 발언 내용을 전달하는 역할을 한다.

ⓐ 징계를 받은 직원은 소리 소문 없이 회사를 떠났다.
ⓑ 나와 친한 영희는 반에서 1등 했음을 자랑했다.
ⓒ 어제 본 영화는 상영 시간이 매우 길었다.

① ⓐ는 ⓑ와 달리 목적어의 기능을 하는 안긴문장을 가지고 있다.
② ⓐ는 ⓑ와 달리 부사어의 기능을 하는 안긴문장을 가지고 있다.
③ ⓐ는 ⓒ와 달리 관형어의 기능을 하는 안긴문장을 가지고 있다.
④ ⓐ ~ ⓒ는 모두 서술어의 기능을 하는 안긴문장을 가지고 있지 않다.

11 다음 글을 읽고 ㉠ ~ ㉣에 대한 설명으로 적절하지 않은 것은?

> 명사형 어미 '-(으)ㅁ, -기'가 붙여 명사절을 만들 수 있다. 명사절은 전체 문장에서 주어, 목적어, 부사어, 관형어의 역할을 할 수 있는데 이는 명사절에 붙은 조사를 통해 판단할 수 있다. 그러나 명사절이 사용되었지만 뒤에 조사가 생략되기도 한다.
> '나는 그가 돌아왔음을 보았다.'라는 문장에서 '그가 돌아왔다'라는 문장이 전체 문장에서 '-음'이라는 명사형 어미를 통해 명사절로 안겨 있다. 그리고 명사절로 안겨 있는 문장은 조사 '을'을 통해 목적어로 쓰임을 확인할 수 있다.
> 다음의 밑줄 친 명사절이 어떤 문장 성분으로 쓰이는지 알아보자.
>
> ㉠ 만기가 다가오기 전에 일을 끝냈다
> ㉡ 그 작업은 혼자 하기에 충분하다.
> ㉢ 황금 보기를 돌같이 하라
> ㉣ 노력하지 않으면 성공하기가 어렵다.

① ㉠: 명사절이 조사와 결합하지 않고 관형어로 쓰였다.
② ㉡: 명사절이 조사와 결합하여 부사어로 쓰였다.
③ ㉢: 명사절이 조사와 결합하여 목적어로 쓰였다.
④ ㉣: 명사절이 조사와 결합하여 부사어로 쓰였다.

12 다음 글을 참고할 때, <보기>의 ㉠ ~ ㉣에 대한 설명으로 적절하지 않은 것은?

> 문장 안에 다른 홑문장이 흡수되어 마치 하나의 성분처럼 작용하는 것을 안긴문장이라 하며, 이 안긴문장을 포함한 전체 문장을 안은문장이라 부른다. 안긴문장은 그 성격에 따라 명사절·관형절·부사절·서술절·인용절 등 다섯 갈래로 구분된다.
> 이 가운데 명사절은 본래의 절에 명사형 전성 어미 '-기' 또는 '-음/ㅁ'을 결합해 절 전체를 명사로 바꾼 형태다. 예를 들어 '아침에 운동하기는 중요하다.'에서 '운동하기'가, '그의 성실함이 돋보였다.'에서 '성실함'이 바로 명사절이다. 명사절은 문장에서 여러 역할을 수행할 수 있다. "내가 그녀를 좋아함이 알려졌다."에서는 주어로, "나는 그녀를 만나기를 소원한다."에서는 목적어로, "약속에 늦기 전에 출발할 것이다."에서는 관형어로, "규칙을 어겼음에 실망했다."에서는 명사절이 부사어로 사용되었다.
> 이처럼 명사절은 어미 하나만으로 절을 명사화하여 주어·목적어·관형어·부사어 등 다양하게 활용되며, 안은문장 안에서 문장 성분으로 자연스럽게 녹아든다.

보기

㉠ 그가 거짓말했음이 밝혀졌다.
㉡ 식당에 가기 전에 예약부터 해라.
㉢ 앞에 나서서 이야기하기 꺼려했다.
㉣ 우리는 내일 만나기로 약속했다.

① ㉠은 '그가 거짓말했음'이 주격 조사와 결합하여 주어로 쓰였다.
② ㉡은 '식당에 가기'가 조사와 결합하지 않고 관형어로 쓰였다.
③ ㉢은 '앞에 나서서 이야기하기'가 조사와 결합하지 않고 부사어로 쓰였다.
④ ㉣은 '내일 만나기'가 부사격 조사와 결합하여 부사어로 쓰였다.

실전 학습 문제

[13 ~ 14] 다음 글을 읽고 물음에 답하시오.

일반적으로 서술어의 개수에 따라 서술어가 한 개면 홑문장, 두 개 이상이면 겹문장이다. 이와 달리 ㉠ 서술절로 안긴문장은 서술어가 한 개인데도 겹문장이 된다. 서술절로 안긴문장은 홑문장과 형태가 유사하지만 문장의 짜임새는 다르다. 즉, 홑문장은 주어와 서술어가 각각 한 개씩 있는 경우이고, 서술절로 안긴문장은 서술어는 한 개이지만 주어가 2개인 경우를 말한다.

(예1) 기린이 뛴다.
　　　주어 + 서술어
(예2) 기린이 (키가 크다)
　　　주어 + (주어+서술어)

예1은 주어와 서술어가 한 개인 형태로 홑문장이고, 예2는 주어, 주어, 서술어의 형태로 서술절로 안긴문장 즉 겹문장에 속한다.
참고로, '아니다'와 '되다'는 '주어, 보어'를 필요로 하는 두 자리 서술어로 서술절을 안은문장과 형태가 유사하지만 주어를 한 개 가지고 있는 홑문장이므로 유의해야 한다.

13 윗글을 토대로 할 때, 홑문장에 해당하는 문장은?

① 그가 학교에 빨리 도착했다.
② 이 문제는 접근이 어렵다.
③ 지우개가 낙서가 잘 지워진다.
④ 바지가 가격이 비싸다.

14 윗글을 토대로 할 때, ㉠에 해당하는 문장을 포함하지 않은 것은?

① 대운이는 발이 매우 크다.
② 우리 강아지는 털이 곱다.
③ 철수가 장관이 되다.
④ 모든 물건이 질이 매우 낮다.

15 홑문장을 안은문장으로 바꾸는 과정에 대한 설명으로 적절하지 않은 것은?

	홑문장		안은문장
㉠	영희가 ~을/를 바란다. 철수가 합격하다.	→	영희가 철수가 합격하기를 바란다.
㉡	그가 소리를 들었다. 내가 소리를 질렀다.	→	그가 내가 지른 소리를 들었다.
㉢	나는 ~하다. 머리가 좋다.	→	나는 머리가 좋다.

① ㉠에서는 홑문장이 안은문장의 한 성분으로 쓰였다.
② ㉠, ㉡에서는 홑문장이 안길 때 어미가 바뀌었다.
③ ㉡에서는 홑문장이 안길 때 생략된 단어가 없다.
④ ㉢에서는 안긴문장이 서술어 기능을 한다.

16 다음 글을 바탕으로 추론한 내용으로 가장 적절하지 <u>않은</u> 것은?

주술 관계가 두 번 이상 이루어지는 문장을 겹문장이라고 한다. 안은문장은 다른 문장을 하나의 성분으로 포함하는 문장이다. 이때 문장이 안은문장의 한 성분으로 포함된 것을 '절'이라 하는데, 절에는 다음의 밑줄 친 부분과 같이 명사절, 관형사절, 부사절, 인용절, 서술절이 있다.

(1) 그녀는 <u>그가 연락하기</u>를 바라고 있다.
(2) <u>그가 오지 않았음</u>이 밝혀졌다.
(3) 그는 <u>아무 소리 없이</u> 방을 나갔다.
(4) 그녀는 <u>"약속을 다음으로 옮기자"</u>라고 말했다.
(5) 그는 <u>아내가 선생님이</u>다.

한 문장이 안은문장의 성분이 되는 과정에서 (1)~(5)에서는 '-기', '-(으)ㄴ', '-이' 같은 어미나 '고' 같은 조사가 붙어서 절을 형성한다.

이들이 안은문장에서 어떤 성분으로 쓰이는지 살펴보자. 먼저 체언과 관계 깊은 절들은 다양한 성분으로 쓰일 수 있다. 명사절은 문장이 명사화한 것이므로 뒤에 격조사가 붙어 다양한 성분으로 실현될 수 있는데, (1)에서는 목적어로 쓰이고 있고 (2)에서는 명사절이 주어의 역할을 하고 있다. 관형사절은 일차적으로 체언을 수식하지만 체언과 결합하면 명사절과 마찬가지로 격조사가 붙어 다양한 성분으로 활용된다. 이때 격조사는 생략되기도 한다.

다른 절들은 하나의 성분으로만 쓰인다. (3)의 부사절은 서술어를 수식하는 부사어와 같은 기능을 하고 있다. (4)의 인용절은 서술어를 수식한다는 점에서는 부사절과 동일한 기능을 하지만 그 이름에서 알 수 있듯이 인용이라는 특징적 의미 기능을 갖고 있다. (3)과 (4)의 밑줄 친 부분은 서술어를 수식한다는 점에서 공통점을 가지고 있으나 (3)은 서술어를 직접 서술할 수 있고, (4)는 서술어를 직접 서술하지 않는다. (5)의 서술절은 안은문장의 서술어로만 쓰인다. '그는 아내가 선생님이다.'에서 '아내가 선생님이다'의 서술절은 특정한 조사나 어미의 도움 없이 서술어 기능을 하고 있다.

① (1), (2)를 통해 볼 때, 명사절은 목적어로 쓰이기도 하고 주어로 쓰이기도 한다.
② (2)를 통해 볼 때, '-음'을 통해 명사절이 만들어지기도 한다.
③ (3), (4)를 통해 볼 때, 부사절과 인용절은 서술어를 수식한다.
④ (1)~(5)를 통해 볼 때, 절이 안은문장의 성분이 되는 과정은 어미만을 통해 이루어진다.

실전 학습 문제

17 다음 글에서 추론한 내용으로 적절하지 않은 것은?

　　주어-서술어 관계가 한 번 나타나는 문장을 홑문장이라 하고 두 번 이상 나타나는 문장을 겹문장이라고 한다. 겹문장에는 2가지 종류가 있는데 이어진 문장과 안긴문장·안은문장이 있다.
　　안은문장은 홑문장이 다른 홑문장의 성분으로 쓰이는 형태인데, 명사절, 관형절, 부사절, 인용절, 서술절이 있다. 명사절은 '그는 빨리 끝나기를 바란다.'와 같이 '-(으)ㅁ', '-기'가 붙은 절이 주어, 목적어, 부사어, 보어 등의 문장 성분 역할을 하면서 안겨있는 형태를 말한다. 관형절은 '예쁜 영희와 함께 걸었다'와 같이 '-(으)ㄴ', '-는', '-(으)ㄹ', '-던' 등이 붙은 절이 문장 안에서 관형어의 역할을 하는 문장이다. 부사절은 '그는 날이 밝도록 집에 오지 않았다.'처럼 '-이', '-게', '-도록', '-(아)서' 등이 붙은 절이 문장 안에서 부사어의 역할을 하는 문장을 일컫는다. 서술절을 안은문장은 '그는 머리가 좋다.'와 같이 문장 안에서 서술어의 역할을 하는 절이 안긴 형태인데, 다른 안긴문장들과는 다르게 특별한 표지는 존재하지 않으나 주로 주어, 주어, 서술어의 형태를 지닌다. 인용절을 안은문장은 '그는 나를 좋아한다고 말했다.'와 같이 다른 사람의 말을 인용할 때 안긴문장 뒤에 '고', '라고'와 같은 조사를 붙인 경우를 말한다.

① '멋진 옷을 입은 철수를 보았다'는 관형절이 두 번 나타난 문장이다.
② '그는 집이 많다'는 겹문장이다.
③ '그는 말도 없이 집에 갔다'는 부사절을 안고 있다.
④ '나는 일을 했고 그는 놀았다'는 인용절을 안고 있다.

18 <보기>의 밑줄 친 ㉠의 예로 적절하지 않은 것은?

> 보기
> 　　문장에는 주어와 서술어가 한 번만 나타나는 '홑문장'과 두 번 이상 나타나는 ㉠'겹문장'이 있다. 겹문장에는 '안은문장'과 '이어진 문장'이 있다. 전자는 홑문장이 다른 문장 속에 하나의 문장 성분이 되는 것이고, 후자는 홑문장과 홑문장이 대등하거나 종속적으로 이어지는 것이다.

① 가을이 오면 곡식이 익는다.
② 함박눈이 소리도 없이 내린다.
③ 우리는 어제 학교로 돌아왔다.
④ 그는 우리가 돌아온 사실을 모른다.

[19~20] 다음 글을 읽고 물음에 답하시오.

홑문장들이 둘 이상 이어져서 겹문장이 된 것을 이어진 문장이라 한다. 이어진 문장은 대등하게 이어진 문장과 종속적으로 이어진 문장으로 나눌 수 있다.

대등하게 이어진 문장은 두 문장의 순서를 바꾸어 써도 의미에 큰 변화가 일어나지 않는다. 대등하게 이어진 문장에는 어미 '-고', '-며', '-만', '-나' 등의 연결 어미가 사용된다.

- 그는 학생회장이<u>고</u>, 그녀는 학생부회장이다. (나열)
- 나와 친한 사람도 있<u>지만</u> 그렇지 않은 사람도 있다. (대조)

종속적으로 이어진 문장은 기본적으로 하나의 문장이 다른 문장의 원인이나 조건이 되는 문장을 말한다. 종속적으로 이어진 문장에 사용되는 연결 어미는 '-한다면', '-더라도', '-려고', '-아서/어서', '-는데' 등이 있다.

- 합격하<u>려면</u> 열심히 공부해. (조건)
- 시작이 늦<u>더라도</u> 따라잡을 수 있다. (양보)
- 여행을 가<u>려고</u> 돈을 모았다. (의도)
- 잘생겨<u>서</u> 인기가 많다. (원인)
- 집에 가<u>는데</u> 연락이 왔다. (배경)

19 윗글을 토대로 할 때, 대등하게 이어진 문장은?

① 멋진 친구를 사귀었다.
② 지각하지 않으려고 뛰어갔다.
③ 그 둘이 함께 있다는 소식을 들었다.
④ 햄버거를 먹고 감자튀김도 먹었다.

20 윗글을 토대로 할 때, <보기>의 밑줄 친 부분에 해당하는 예로 가장 적절하지 <u>않은</u> 것은?

> **보기**
>
> 문장은 홑문장과 겹문장으로 나뉘며, 겹문장은 다시 이어진 문장과 안은문장으로 나뉜다. 이어진 문장은 두 개의 홑문장이 대등한 자격으로 이어지는 ⓐ <u>대등하게 이어진 문장</u>과 앞의 홑문장이 뒤의 홑문장에 종속적으로 연결되는 ⓑ <u>종속적으로 이어진 문장</u>으로 나눌 수 있다.

① ⓐ: 인생은 짧지만 예술은 길다.
② ⓐ: 어제는 날이 맑았는데, 오늘은 비가 오네.
③ ⓑ: 겨울이 되면 눈이 온다.
④ ⓑ: 공연장에 빨리 가는 사람도 있고 아닌 사람도 있다.

실전 학습 문제

21 다음 글을 읽고 ㉠ ~ ㉣의 문장 성분과 구조에 대한 설명으로 적절하지 <u>않은</u> 것은?

> 겹문장은 주어와 서술어의 관계가 두 번 이상 나타나는 문장이다. 어떤 홑문장이 다른 홑문장의 성분으로 쓰일 경우, 그 성분을 갖는 문장을 '안은문장'이라고 하고 이때 성분으로 쓰이는 또 다른 문장을 '안긴문장'이라고 한다.
> 안긴문장은 문장에서의 기능에 따라서 명사절, 관형절, 부사절, 인용절, 서술절로 나누어진다. 명사절은 '-(으)ㅁ, -기', 관형절은 '-던, -(으)ㄴ, -는, -(으)ㄹ', 부사절은 '-게, -도록', 인용절은 '-고, -라고' 등이 붙어서 만들어지며 서술절은 절 표지가 따로 없이 절 전체가 서술어의 기능을 한다.

> ㉠ 그는 매너가 좋다.
> ㉡ 철수는 자리에서 미동도 없이 공부한다.
> ㉢ 내가 본 영화는 인기가 많다.
> ㉣ 그녀는 그가 돌아오기를 바란다.

① ㉠은 서술어의 기능을 하는 안긴문장이 있다.
② ㉡은 부사어의 기능을 하는 안긴문장이 있다.
③ ㉢은 주어의 기능을 하는 안긴문장이 있다.
④ ㉣은 목적어로 쓰이는 안긴문장이 있다.

22 다음 글에서 추론한 내용으로 가장 적절한 것은?

> 체언을 꾸며주는 관형어 역할을 하는 안은문장을 관형사절이라고 한다. 관형사절은 관형사형 어미 '-(은)ㄴ, -는, -(으)ㄹ, -던' 등에 의해 실현된다. 관형사절은 관형사절 속에 생략된 말의 유무에 따라 동격 관형사절과 관계 관형사절로 나누어진다. 동격 관형사절은 관계 관형사절과 달리 생략된 성분이 없다.
> '그 영화는 매우 재밌다는 평이 있다.'라는 문장에서 관형사절은 '매우 재밌다는'이다. 관형사절에서 생략된 말이 없으므로 이것은 동격 관형사절이다.
> 반면 관계 관형사절은 관형사절 속에 생략된 말이 있는 절을 말한다. '어제 본 영화는 매우 재밌었다.'라는 문장에서 관형사절은 '어제 본'이고, 관형사절은 '영화'를 꾸미고 있다. 관형사절을 풀어 보면 '어제 영화를 봤다.'라는 문장인데, 관형사절이 수식하는 명사와 동일한 명사가 들어있기 때문에 '영화'가 생략되어 '어제 본'이라는 관계 관형사절이 되었다. 한편, 관계 관형사절 속에서 생략된 성분이 어떤 문장 성분인지도 파악할 수 있다. 위 예문에서는 '영화를'이 생략되었으므로 목적어가 생략되었다. 이외에도 주어나 부사어가 생략될 수도 있다.

① '영상에는 두 남녀가 헤어지는 장면이 포함되었다.'에는 관계 관형사절이 안겨 있고, 관형사절에서 생략된 문장 성분은 주어이다.
② '예쁜 영희가 나를 찾아왔다.'에는 관계 관형사절이 안겨 있고, 관형사절에서 생략된 문장 성분은 주어이다.
③ '어제 갔던 마트에 다시 갔다'에는 관계 관형사절이 안겨 있고, 관형사절에서 생략된 문장 성분은 목적어이다.
④ '그것은 영섭이가 이미 알고 있던 사실이다.'에는 관계 관형사절이 안겨 있고, 생략된 문장 성분은 주어이다.

23 다음 글을 근거로 할 때, <보기>의 ㉠ ~ ㉢에 쓰인 관형절을 이해한 내용으로 가장 적절한 것은?

관형사형 전성 어미는 동사나 형용사의 어간 끝에 결합하여 그 절 전체를 체언 앞에서 수식하는 관형어로 전환하는 기능을 수행한다. 현대 한국어에서 자주 쓰이는 관형사형 어미로는 '-(으)ㄴ', '-는', '-(으)ㄹ' 등이 꼽힌다. 이들 전성 어미가 용언 어간에 붙으면 관형절이 형성되어 뒤에 오는 명사의 의미 범위를 구체적으로 한정한다. 관형절을 분류할 때는 수식 대상인 체언이 관형절 내부의 성분으로 포함되는지 여부를 살핀다. 체언이 절 안에서 빠진 성분과 대응하여 수식 기능을 할 때 이를 관계 관형절이라고 하고, 절의 구조가 완전하게 보존될 때 이를 동격 관형절이라고 한다. 동격 관형절은 다시 절 본래의 종결 어미를 그대로 유지하는 것과 종결 어미 없이 전성 어미만 붙어 있는 것으로 나뉜다.

보기
㉠ 나는 어제 도서관에서 빌린 책을 읽었다.
㉡ 내가 들었던 소문은 거짓이었다.
㉢ 그가 결석했다는 사실을 알게 되었다.
㉣ 범죄자를 목격했다는 신고가 들어왔다.

① ㉠의 '어제 도서관에서 빌린'은 관계 관형절이고 원래 문장의 종결 어미가 유지된다.
② ㉡의 '내가 들었던'은 동격 관형절이고 원래 문장의 종결 어미가 유지되지 않는다.
③ ㉢의 '그가 결석했다는'은 동격 관형절이고 원래 문장의 종결 어미가 그대로 유지된다.
④ ㉣의 '범죄자를 목격했다는'은 관계 관형절이고 원래 문장의 종결 어미가 그대로 유지되지 않는다.

24 다음 글에서 추론한 내용으로 가장 적절한 것은?

문장 속에 다른 절이 명사를 한정하는 역할을 할 때, 이를 관형사절을 안은문장이라고 한다. 관형사절은 보통 동사나 형용사 어간 뒤에 '-(으)ㄴ, -는, -(으)ㄹ, -던' 등 전성 어미가 붙어 만들어지며, 꾸미는 명사와의 관계에 따라 두 가지로 나뉜다.

첫째, 꾸미는 명사와 관형사절의 의미가 서로 일치해 생략된 요소가 없을 때 이를 동격 관형사절이라 부른다. 예컨대 '철수가 학교에서 가장 똑똑하다는 평가는 사실이다.'에서 관형사절은 '철수가 학교에서 가장 똑똑하다는'이다. 관형사절에서 생략된 말 없이 명사 '평가'를 수식하므로 위 문장은 동격 관형사절에 해당한다.

둘째, 관형사절 내부에 본래 수식 대상과 같은 명사가 빠져 있으면 관계 관형사절이다. 예를 들어, '어제 읽은 책이 생각났다.'의 '어제 읽은'은 '어제 책을 읽었다'라는 절에서 '책을'이 빠진 형태로 뒤따르는 '책'을 한정하므로 관계 관형사절이라 한다. 이때 빠져 있는 성분이 무엇인지 분석할 수 있는데, 위 예에서는 목적어 '책을'이 생략된 경우다. 관계 관형사절에서는 주어나 목적어, 때로는 부사어가 빠져나가기도 한다.

① '그에게 어제 들은 말이 생각났다.'에는 관계 관형사절이 안겨 있고, 관형사절에서 생략된 문장 성분은 부사어이다.
② '작년에 본 축구 경기가 계속 기억이 난다.'에는 동격 관형사절이 안겨 있고, 관형사절에서 생략된 문장 성분은 없다.
③ '모두가 참석한 회의에 빠질 수는 없다.'에는 관계 관형사절이 안겨 있고, 관형사절에서 생략된 문장 성분은 주어이다.
④ '그가 성장하는 과정을 옆에서 지켜보았다.'에는 동격 관형사절이 안겨 있고, 관형사절에서 생략된 문장 성분은 없다.

실전 학습 문제

25 다음 글에서 추론한 내용으로 적절하지 <u>않은</u> 것은?

> 한국어에서 명사를 수식하는 절은 동사나 형용사 어간에 관형사형 전성 어미를 덧붙여 만들어지며, 이를 관형사절이라 한다. 예컨대 '멋진 풍경을 보았다.'에서 '멋진'은 단어 '멋지다'에 '-ㄴ'이 붙은 것이 아니라, '풍경이 멋지다'라는 전체 절에 '-ㄴ' 어미를 결합한 결과라고 볼 수 있다. 이렇게 완전한 문장이었던 '풍경이 멋지다'는 '멋진 풍경'으로 압축되면서 '주어 - 서술어' 구조가 '수식어 - 명사' 관계로 전환된다.
> 관형사절은 피수식 명사와 맺는 문장 성분의 관계에 따라 두 가지 유형으로 나뉜다. 하나는 관계 관형사절로, 절 속에 본래의 명사가 빠져 있고 그 명사가 뒤따르는 명사와 같을 때이다. '내가 좋아하는 문화재는 영국에 있다.'에서 '내가 좋아하는'은 본래 '내가 문화재를 좋아하다' 절에서 '문화재'를 떼어내고 '문화재'를 수식하는 역할을 하므로 관계 관형사절에 속한다.
> 다른 하나는 동격 관형사절이다. "선생님은 내가 지각한 사실을 알고 있었다."의 '내가 지각한'과 '사실'은 서로 동격 관계를 이루며, 절과 명사가 같은 대상을 가리킨다. 이때 '내가 지각한'을 동격 관형사절이라 한다.

① '요즘은 영화관에서 영화를 보는 사람들이 거의 없다.'에서 안긴문장은 관계 관형사절이다.

② '그 둘이 헤어졌다는 소문을 들었다.'에서 안긴문장은 관계 관형사절이다.

③ '어제 간 식당은 미슐랭 식당이다.'에서 피수식 체언과 수식 용언은 부사어와 서술어의 구성을 보인다.

④ '나는 외계인이 있을지도 모른다는 생각을 종종 한다'에서 관형사절은 동격 관형사절이다.

공무원 시험 전문 해커스공무원
gosi.Hackers.com

05 높임법

1. 높임 표현의 종류

(1) **주체 높임법**: 주어(높임의 대상)

주어 + 조사(께서) + (으)시	예 아버지<u>께서</u> 여기 <u>오시다</u>.
주어 + 조사(께서) + 특수 어휘	예 아버지<u>께서</u> <u>주무신다</u>.

(2) **객체 높임법**: 목적어(높임의 대상), 부사어(높임의 대상)

① 객체 높임 어휘: 께 / 뵈다, 뵙다, 여쭈다, 여쭙다, 드리다, 모시다

목적어(을/를) + 특수 어휘	예 영희가 선생님을 <u>모시고</u> 왔어.
부사어(께) + 특수 어휘	예 • 영희가 답을 선생님<u>께</u> <u>여쭈었다</u>. • 선생님께서 어머니<u>께</u> 통신문을 발송하셨다. • 선생님, 제가 <u>뵙고</u> <u>말씀드릴</u> 것이 있습니다.

(3) **상대 높임법**: 듣는 이를 높이거나 낮춤

구분		평서법	의문법	명령법	청유법	감탄법
격식체	하십시오체	갑니다, 가십니다	갑니까?, 가십니까?	가십시오	가십시다, 가시지요	-
	하오체	가오	가오?	가오	갑시다	가는구려
	하게체	가네, 감세	가나?	가게	가세	가는구먼
	해라체	간다	가냐?, 가니?	가라	가자	가는구나
비격식체	해요체	가요	가요?	가요	가요	가요
	해체	가, 가지	가?, 가지?	가, 가지	가, 가지	가, 가지

개념 더하기 | 높임 표현

'있다'의 주체 높임 표현
- 계시다: 직접 높임 예 저기 교장 선생님이 계시다.
- 있으시다: 간접 높임 예 교장 선생님의 말씀이 있으시겠습니다.

간접 높임
높여야 할 주체와 밀접한 연관이 있는 대상(신체 부분, 소유물 등)을 높일 때는 '-(으)시-'를 붙여 간접적으로 주체를 높임
예
- 할아버지는 귀가 밝으시다.
- 선생님의 말씀이 있으시겠습니다.
- 부장님의 따님은 집에 있으신가요?
- 그분은 걱정이 항상 많으시니 각별히 배려해 드려야 합니다.

적절하지 않은 간접 높임법
고객님, 주문하신 커피가 나오셨습니다. (×) → 고객님, 주문하신 커피가 나왔습니다. (○)

실전 학습 문제

정답 및 해설 18p

01 다음 글을 참고할 때, ㉠ ~ ㉢에서 높임을 받고 있는 인물은?

보기

높임법은 화자가 존중하려는 대상을 문장 구조 속에서 세 갈래로 나누어 다룬다. 먼저 '주체 높임'은 서술어의 주어 자리에 있는 인물을 공경할 때 쓰인다. 이때 주격 조사 '께서'를 사용하거나 동사 어간에 높임 선어말 어미 '-(으)시-'를 넣어 표현한다.

다음으로 '객체 높임'은 행위가 미치는 대상을 높이는 방식이다. 일반적인 '에게' 대신 부사격 조사 '께'를 사용하고, '모시다, 드리다, 여쭙다' 같은 어휘를 사용함으로써 목적어나 부사어 속 대상을 존중한다.

마지막으로 '상대 높임'은 말을 듣는 상대방을 향한 존대를 종결 어미로 구체화한 것이다. 공식적 격식체에서는 높임 정도에 따라 '하십시오체·하오체·하게체·해라체'를 가늠하고, 친근한 비격식 체계에는 듣는 이를 높이는 '해요체'와 높임을 생략한 '해체'를 선택한다.

㉠ 아버지께서 시원한 물을 드신다.
㉡ 나는 드디어 선생님을 뵈었다.
㉢ 형님께서 방금 떠나셨어요.

	㉠	㉡	㉢
①	화자	대상	주체
②	청자	주체	대상
③	주체	대상	주체, 청자
④	주체	화자	주체, 청자

02 다음은 높임 표현에 대한 탐구 학습지이다. (가)에 들어갈 내용으로 적절하지 <u>않은</u> 것은?

높임 표현의 종류와 실현 방식에 대해 이해하고 <보기> 문장에 나타난 높임 표현을 설명해 보자.

종류	실현 방식
상대 높임	• 대화의 상대, 즉 듣는 이를 높이거나 낮춤. • 종결 어미 '-습니다', '-다', '-(으)십시오', '-(아/어)라' 등을 사용.
주체 높임	• 서술의 주체, 즉 문장의 주어를 높임. • 선어말 어미 '-(으)시-' 결합. • 주격 조사 '께서' 사용. • 특수 어휘 '계시다', '주무시다' 사용.
객체 높임	• 서술의 객체, 즉 문장의 목적어나 부사어를 높임. • 부사격 조사 '께' 사용. • 특수 어휘 '드리다', '뵙다' 등 사용.

보기
㉠ 형, 아빠가 같이 청소하라고 하셨어.
㉡ 어머니께서 할머니의 병환을 걱정하셔.

(가) _____

① ㉠은 종결 어미를 사용하여 상대 높임을 실현하고 있다.
② ㉠은 선어말 어미를 통해 주체 높임을 실현하고 있다.
③ ㉡은 특수 어휘를 사용하여 객체를 높이고 있다.
④ ㉡은 '어머니', '할머니', 그리고 청자를 모두 높이고 있다.

03 <보기>를 참고할 때, 다음 중 객체 높임이 실현된 문장의 개수는?

> 보기
>
> 객체 높임은 문장의 목적어나 부사어가 지시하는 대상, 곧 객체에 대한 높임의 태도를 나타내는 표현이다. 객체 높임은 주로 '뵈다, 여쭈다, 모시다, 드리다' 등 높임의 의미가 있는 특수 어휘에 의해 실현되거나 부사격 조사 '께'를 통해 실현되기도 한다.

- 할머니, 오늘 주무시고 가세요?
- 어머니께서 할아버지께 드릴 선물을 사셨다.
- 아직도 할아버지께서는 고향에 계시오?
- 시험 범위가 어디인지 선생님께 여쭤보자.
- 회장님을 드디어 뵙게 되어 기쁩니다.
- 할머니는 우리를 보면 인자하게 웃어주신다.

① 1개 ② 2개
③ 3개 ④ 4개

04 ⓐ ~ ⓓ 중 <보기>의 ㉠에 해당하지 <u>않는</u> 것은?

> 보기
>
> 높임 표현에는 서술의 주체를 높이는 주체 높임, 목적어나 부사어가 나타내는 대상, 즉 서술의 객체를 높이는 ㉠ 객체 높임, 말하는 이가 듣는 이에 대하여 높이거나 낮추어 말하는 상대 높임이 있다.

선생님: 다은아 방학은 잘 보냈니?
다은: 네. 저는 방학 동안 할머니 댁에서 지내고 왔어요.
선생님: 오. 할머니를 ⓐ <u>뵙고</u> 왔구나. 가서 뭐하고 지냈니?
다은: 저는 할머니랑 ⓑ <u>친척분들께</u> 세배를 ⓒ <u>드리고</u> 왔어요.
선생님: 어른들께서 용돈을 많이 ⓓ <u>주셨니</u>?

① ⓐ ② ⓑ
③ ⓒ ④ ⓓ

실전 학습 문제

05 다음 중 <보기>의 밑줄 친 부분을 확인할 수 없는 것은?
_{14. 기상직 9급 변형}

> 주체 높임은 주어를 높이는 것으로 조사 '-께서'를 사용하고 서술어에 높임 선어말 어미 '-시-'를 넣는 형태가 일반적이다.
> 객체 높임은 문장의 목적어나 부사어가 나타내는 대상인 객체를 높이는 것으로 객체 높임 어휘를 사용하여 실현한다.
> 상대 높임 대화의 상대인 청자를 높이는 것으로 '하십시오체, 하오체, 해요체' 등을 이용한다.

① 할아버지께 사랑한다고 편지를 썼다.
② 형이 어머니께 생신 선물을 드렸다.
③ 아버지께서 몸이 편찮으시다.
④ 방학을 하면 할머니를 뵈러 갈 것이다.

06 <보기>의 ㉠과 ㉡에 해당하는 높임법의 예로 가장 적절하지 않은 것은?
_{17. 경찰 경기북부 여경(1차) 변형}

> 보기
> 국어에서 ㉠ 주체 높임은 주어가 나타내는 대상인 주체를 높이는 것이며, ㉡ 객체 높임은 문장의 목적어나 부사어가 나타내는 대상인 객체를 높이는 것이다. 상대 높임은 대화의 상대인 청자를 높이는 것이다.

① ㉠에 해당하는 예로, "어머니께서 진지를 드셨다."를 들 수 있다.
② ㉠에 해당하는 예로, "아버지께서는 팀원들과 함께 회사 정원에 계신다."를 들 수 있다.
③ ㉡에 해당하는 예로 "나는 어제 할머니를 찾아뵙고 인사를 드렸다."를 들 수 있다.
④ ㉡에 해당하는 예로 "선생님, 철수가 한 일이에요"를 들 수 있다.

[07 ~ 08] 다음 글을 읽고 물음에 답하시오.

높임법은 화자가 문장 속 인물이나 청자를 대할 때 공경과 예의를 언어로 드러내는 규범적 장치다. 이 체계는 높임의 대상에 따라 크게 세 갈래로 나뉘는데, 첫째는 행위를 하는 주체, 즉 문장의 주어를 존중하는 주체 높임법이다. 주체 높임은 동사 어간에 높임 선어말 어미 '-(으)시-'를 결합하거나, 주격 조사 '이/가' 대신 '께서'를 쓰고, 필요에 따라 '-님'을 덧붙이는 방식으로 실현된다. 둘째는 그 행위가 향하는 목적어나 부사어의 대상을 공경하는 객체 높임법으로, '모시다', '드리다' 같은 겸양어를 활용하고, '에게' 대신 '께'를 사용하는 방법을 쓴다. 셋째는 말을 듣는 상대방을 높이거나 낮추는 상대 높임법으로, 문장 종결 어미를 통해 표현된다. 공식적이고 의례적인 격식체에는 '하십시오체', '하오체', '하게체', '해라체'가 있고, 일상적이고 정감 있는 비격식체에는 듣는 이를 존대하는 '해요체'와 높임 의도가 없는 '해체'가 존재한다.

실제 대화 상황에서는 이들 중 둘 또는 셋이 문장에 동시에 작용한다. 예컨대 아들이 엄마에게 말하는 "아버지께서 집에 오셨어요."는 두 차원의 높임법이 적용된 문장인데, 여기서 '아버지'는 주체로서 '-시-'를 적용받고, 동시에 청자인 엄마는 '-어요'를 적용받고 있다. ⊙ 높임법의 존대를 [+]로 비존대를 [-]로 나타낸다면, 이 문장은 [주체+], [상대+]로 표시할 수 있을 것이다. 이렇게 세 종류의 높임법을 각각 등급을 달리하여 조합하면, 많은 수의 높임 표현이 가능하게 됨을 알 수 있다.

07 윗글을 참고하여 문장에 실현되는 높임법을 분석할 때 다음 중 옳지 <u>않은</u> 것은?

① 아버지께서 할아버지께 용돈을 드리셨습니다.
 → [주체+], [객체+], [상대+]
② 아버지께서 나에게 용돈을 주셨습니다.
 → [주체+], [객체-], [상대+]
③ 내가 아버지께 용돈을 드렸다.
 → [주체-], [객체+], [상대-]
④ 아버지께서 나에게 용돈을 주셨다.
 → [주체+], [객체-], [상대+]

08 윗글을 바탕으로 <보기>의 ⓐ ~ ⓓ에 대해 설명한 것으로 적절하지 <u>않은</u> 것은?

보기

 형과 함께 이모 댁에 놀러 갔습니다. ⓐ <u>이모께서는 환한 미소로 우리를 맞아 주셨습니다.</u> 즐거운 시간을 보내다가, ⓑ <u>저는 할머니를 모시고 병원에 가야 했기 때문에 먼저 자리에서 일어나야 했습니다.</u> ⓒ <u>이모는 저를 집까지 태워다주셨습니다.</u> ⓓ <u>아쉬운 마음에 다음 달에 다시 이모를 뵈러 가기로 약속했습니다.</u>

① ⓐ: '이모께서는', '주셨습니다'라는 표현을 통해 주체인 이모를 높이고 있다.
② ⓑ: '모시고'라는 표현을 통해 할머니를 높이고 있다.
③ ⓒ: '주셨습니다'라는 표현을 통해 객체인 이모를 높이고 있다.
④ ⓓ: '뵈러'라는 표현을 통해 객체인 이모를 높이고 있다.

실전 학습 문제

09 다음 글을 읽고 <보기>의 문장에 사용된 높임법의 종류가 일치하는 것끼리 묶인 것은?

> 주체 높임법은 주어가 나타내는 대상인 주체를 높이는 것으로 조사 '-께서'를 사용하고 서술어에 높임 선어말 어미 '-시-'를 넣는 형태가 일반적이다.
> 객체 높임법은 문장의 목적어나 부사어가 나타내는 대상인 객체를 높이는 것으로 '뵈다, 뵙다, 여쭈다, 여쭙다, 드리다, 모시다'와 같은 객체 높임 어휘가 사용되는 경우가 많다.
> 상대 높임법은 대화의 상대인 청자를 높이는 것으로 '하십시오체, 하오체, 해요체'를 사용하는 것이 일반적인 형태이다.

보기
ㄱ. 철수야 우리 빨리 집으로 돌아가자.
ㄴ. 다음에 뵈면 꼭 인사를 드리는 게 좋겠어.
ㄷ. 선생님께서는 저를 많이 배려해 주셔서 감사 인사를 드리고 싶습니다.
ㄹ. 아버지께서 할아버지를 모시고 병원에 가셨어요.

① ㄱ, ㄴ
② ㄴ, ㄷ
③ ㄷ, ㄹ
④ ㄱ, ㄴ, ㄷ

10 다음 중 [A]에 들어가기에 적절한 것은?

> 우리말에서는 문장의 주어(주체)가 화자인 '나'보다 상위자이면 주체 높임을 나타내는 선어말 어미 '-시-'를 사용하고, 청자가 화자인 '나'보다 상위자이면 상대 높임을 나타내는 종결 어미 '습니다' 등을 사용한다. 높임법의 존대를 [+]로 비존대를 [-]로 나타낸다면 "사장님께서 우리 할머니를 뵈러 직접 우리집에 찾아오셨어."는 [A] 로 표시할 수 있다.

① [주체+] [객체+] [상대+]
② [주체+] [객체+] [상대-]
③ [주체+] [객체-] [상대+]
④ [주체-] [객체+] [상대-]

11 다음 중 밑줄 친 표현이 <보기>의 높임법에 해당하지 <u>않는</u> 것은?

보기
> 주체 높임법은 서술어가 나타내는 행위의 주체를 높이는 표현법으로, 높임 선어말 어미 '-(으)시-', 조사, 동사, 명사 등에 의해 실현된다.

① 할아버지<u>께서</u> 진지를 <u>드신다</u>.
② 영섭이는 고모님께 용돈을 <u>드렸다</u>.
③ 숙부님<u>께서</u> 병원에 <u>다녀오셨다</u>.
④ <u>선생님께서</u> 부모님께 가정 통신문을 발송하셨다.

12 다음 글을 읽고 <보기>의 ㉠에 들어갈 문장으로 가장 적절한 것은?

> 한국어 존댓말은 주체 높임, 객체 높임, 상대 높임이라는 세 가지 방식으로 구분된다. 주체 높임은 서술어의 주어를 존중하기 위해 이루어진다. 예를 들어 주격 조사 '께서'를 쓰거나 동사 어간 뒤에 '-(으)시-'를 붙이고 '계시다, 드시다' 같은 특수 어휘를 선택함으로써 표현된다. '어머니께서 저녁을 드신다.'라는 문장은 바로 이런 방식으로 화자의 어머니를 높이는 사례다.
> 객체 높임은 행동의 대상을 공경하는 수단으로, 부사격 조사 '께', '께로' 등을 쓰거나 '모시다, 드리다, 여쭙다' 같은 어휘를 통해 구현된다. '할아버지를 병원에 모시고 갔습니다.'에서 '모시다'는 행위의 대상을 높여 말하는 전형적인 예이다.
> 상대 높임은 듣는 이를 향한 높임의 의도 유무를 종결 어미로 드러내는 체계다. '하십시오체, 해요체, 하오체' 같은 어미는 청자에 대한 예우가 담겨 있고, '하게체, 해체, 해라체'는 높임의 뉘앙스를 담지 않는다. 예컨대 '누나, 빨리 가.'에서는 상대 높임이 생략된 반면, '누나, 빨리 가요.'에서는 '-요' 종결 어미를 통해 상대를 존중하는 태도를 드러낸다. 이러한 세 가지 높임법은 조사·어미·어휘 선택을 통해 서로 다른 존칭 관계를 세밀하게 조절하게 해 준다.

> 세 가지 높임법을 모두 사용하여 상대방을 존중하는 태도를 드러내는 문장은 ㉠ 이다.

① 어머니, 아버지 다 드시면 일어날게요.
② 선생님께서 철수 어머님을 찾아뵙고 자초지종을 설명하셨습니다.
③ 할아버지께서 할머니를 모시고 가신다.
④ 아버지께서 산책을 하십니다.

13 다음 글을 읽고 <보기>의 ㉠~㉢을 이해한 내용으로 적절하지 <u>않은</u> 것은?

> 한국어 경어법은 화자의 존중 대상을 문장 구조에 따라 구분하여 표현한다. 주체를 높일 때는 주어 자리에 주격 조사 '께서'를 쓰거나 동사 어간에 높임 선어말 어미 '-(으)시-'를 붙이고 '계시다', '주무시다' 같은 어휘를 사용한다. 행위의 대상을 높일 때는 부사격 조사 '께'로 격식을 갖추고 '모시다', '드리다', '뵙다' 등의 어휘로 목적어나 부사어를 높인다. 듣는 이를 향한 존대를 표시할 때는 종결 어미를 통해 실현되는데, '-습니다'(하십시오체)나 '-어요'(해요체) 같은 어미를 선택해 청자에 대한 예의를 드러낸다. 이들 주체·객체·상대 높임법은 한 문장 안에서 동시에 또는 단계적으로 결합되어 다층적인 경어 효과를 만들어 낸다.

보기

㉠ 과장님께서 부장님을 뵈러 회의실로 가셨어요.
㉡ 아버지께서 할머니를 모시고 병원으로 갔습니다.
㉢ 어머니, 아버지께 드릴만한 선물을 사 왔어요.

① ㉠에서는 객체인 부장님을 높이기 위한 특수 어휘가 사용되었다.
② ㉡에서는 세 가지 높임법이 모두 사용되었다.
③ ㉠과 ㉢에서는 모두 청자를 높이기 위한 상대 높임법이 사용되었다.
④ ㉡과 ㉢에서는 각각 주체인 아버지를 높이기 위해 조사가 사용되었다.

실전 학습 문제

[14 ~ 15] 다음 글을 읽고 물음에 답하시오.

주체 높임법은 직접높임과 간접높임으로 나눌 수 있다. 직접 높임은 주체를 직접적으로 높이는 것으로 서술어에 높임 선어말 어미 '-(으)시-'를 사용하거나 조사 '-께서', 주체 높임 특수 어휘를 이용하여 형성한다. 간접높임이란 주어와 밀접한 관계를 맺고 있는 대상을 높임 선어말 어미 '-(으)시-'를 이용하여 간접적으로 높이는 것을 말한다. 하지만 간접 높임을 지나치게 사용할 경우 언어생활의 오류를 범하게 된다.

14 윗글을 읽고 높임법의 쓰임이 적절한 것은?

18. 소방직 9급 변형

① 과장님께서 초조하신지 제게 시간을 여쭈어보셨어요.
② 대희야, 선생님께서 교무실로 오라고 하셨어.
③ 지금부터 초빙 강사님의 말씀이 계시겠습니다.
④ 고객님이 주문하신 커피 나오셨습니다.

15 윗글의 밑줄 친 부분에 해당하는 예로 적절한 것은?

14. 방재안전직 9급 변형

① 선생님, 이 문제 여쭈어봐도 될까요?
② 고객님, 주문한 음식 나오셨습니다.
③ 불편 사항 있으시면 언제든 불러주세요.
④ 선생님께서 지금 너 찾으셔.

16 <보기 1>를 참고하여 <보기 2>의 ㉠ ~ ㉣을 탐구한 것으로 적절하지 않은 것은?

보기 1

주체 높임은 서술어의 주체인 문장의 주어를, 객체 높임은 서술어의 객체인 문장의 목적어나 부사어를 높이는 표현법이다. 상대 높임은 대화의 상대인 듣는 이를 높이거나 낮추는 표현법이다.

보기 2

김밥○○에서 어머니와 딸이 함께 포장 주문을 하고 있다.
직원: 어서 오세요. 주문 도와드리겠습니다.
딸: ㉠ 김밥 두 줄이랑 떡볶이 포장해 주세요.
직원: 알겠습니다. ㉡ 그런데 손님, 저희 집 떡볶이가 굉장히 매운데 괜찮으시겠어요?
딸: 저는 괜찮은데 ㉢ 어머니께서 매운 것을 잘 못 드시거든요. 덜 맵게 가능할까요?
직원: 그럼 ㉣ 덜 맵게 떡볶이를 만들어 드릴게요.

① ㉠은 상대 높임을 사용하여 대화의 상대를 높이고 있다.
② ㉡은 주체 높임과 상대 높임을 함께 사용하고 있다.
③ ㉢은 '께서'를 통해 '어머니'를, '-요'를 통해 직원을 높이고 있다.
④ ㉣은 '드리다'를 사용하여 주체인 어머니와 딸을 높이고 있다.

[17 ~ 18] 다음 글을 읽고 물음에 답하시오.

종류	실현 방식
상대 높임	• 대화의 상대, 즉 듣는 이를 높이거나 낮춤. • 종결 어미 '-습니다', '-다', '-(으)십시오', '-(아/어)라' 등을 사용.
주체 높임	• 서술의 주체, 즉 문장의 주어를 높임. • 선어말 어미 '-(으)시-' 결합 • 주격 조사 '께서' 사용. • 특수 어휘 '계시다', '주무시다' 사용.
객체 높임	• 서술의 객체, 즉 문장의 목적어나 부사어를 높임. • 부사격 조사 '께' 사용. • 특수 어휘 '드리다', '뵙다' 등 사용.

17 윗글에 따라 <보기>의 ㉠과 ㉡을 분석한 내용으로 적절하지 않은 것은?

> 보기
> ㉠ 아버지께서 어머니를 모시고 병원에 가셨습니다.
> ㉡ 영희야, 선생님께 인사드려라.

① ㉠은 종결 어미 '습니다'를 통해 청자를 높이고 있다.
② ㉠은 조사를 사용하여 객체 높임을 실현하고 있다.
③ ㉡은 종결 어미를 통해 상대 높임을 실현하고 있다.
④ ㉡은 조사와 특수 어휘를 통해 객체를 높이고 있다.

18 윗글에 따라 <보기>를 분석한 내용으로 적절하지 않은 것은?

> 보기
> ㉠ 정윤아, 할아버지께 물 좀 갖다 드려라
> ㉡ 고모님, 어제 부모님께서 할머니를 모시고 여행을 가자고 말씀을 하셨습니다.

① ㉠은 종결 어미 '-어라'를 사용하여 대화 상대인 '정윤'을 낮추고 있다.
② ㉠은 부사격 조사 '께'를 사용하여 서술의 객체인 '할아버지'를 높이고 있다.
③ ㉡은 특수 어휘 '말씀'을 사용하여 서술의 객체인 '할머니'를 높이고 있다.
④ ㉡은 종결 어미 '습니다'를 사용하여 대화 상대인 '고모님'을 높이고 있다.

실전 학습 문제

[19 ~ 20] 다음 글을 읽고 물음에 답하시오.

국어에서 주체 높임은 서술어의 주체를 높이는 표현 방식이다. 이는 선어말 어미 '-(으)시-'나 주격 조사 '께서', 특수 어휘 '잡수다', '계시다' 등을 통해 실현된다. 주체 높임은 주체 직접높임과 주체 간접높임으로 나뉜다.

[A] 주체 높임은 일반적으로 주체의 나이가 화자보다 많거나 사회적 지위 등이 화자보다 높을 때 실현된다. 하지만 주체와 청자의 관계, 담화 상황 등을 고려하여 주체가 높임의 대상이라도 높이지 않거나, 주체가 높임의 대상이 아니라도 높이기도 한다. 가령 방송과 같은 공적 담화에서는 객관성을 고려하여 주체를 높이지 않는 경우가 있다. 또한 주체의 신체 일부, 소유물 등 주체와 밀접한 관련이 있는 대상을 높임으로써 주체를 간접적으로 높일 수도 있는데, 이를 간접 높임이라고 한다.

19 [A]를 바탕으로, <보기>를 이해한 내용으로 적절하지 <u>않은</u> 것은?

<보기>
ㄱ. (아버지께) 어머니께서는 귀가 밝으십니다.
ㄴ. (선생님이 수업에서) 질문 있는 학생은 손을 드세요.
ㄷ. (친구에게) 선생님께서 우리를 찾으셨대.
ㄹ. (방송에서) 대통령은 새로운 법을 공포했습니다.

① ㄱ에서는 '어머니'의 신체인 '귀'를 높임으로써 '어머니'를 간접적으로 높이고 있다.
② ㄴ에서는 자기보다 아래인 '학생'을 높이고 있으므로 잘못된 문장이다.
③ ㄷ에서는 주체를 직접적으로 높이고 있다.
④ ㄹ에서는 담화의 객관성을 고려해 '대통령'을 높이지 않았다.

20 윗글을 토대로 <보기>의 [가]에 들어갈 문장으로 적절한 것은?

<보기>
선생님: 우리말의 높임 표현에는 다음과 같이 세 종류가 있습니다.

- 상대 높임법: 화자가 청자, 즉 상대를 높이거나 낮추는 방법(종결 어미에 의해 실현)
- 주체 높임법: 문장에서 서술의 주체를 높이는 방법(조사, 선어말 어미, 특수 어휘에 의해 실현)
- 객체 높임법: 문장에서 목적어나 부사어가 지시하는 대상, 즉 객체를 높이는 방법(조사, 특수 어휘에 의해 실현)

우리가 실제로 대화할 때는 여러 표현법을 함께 사용한다.
'형, 아빠가 엄마를 모시러 가셨어'는 상대는 낮추고 주체와 객체는 높여서 표현한 것입니다. 그리고 [가] 는 상대를 높이고 주체도 높여서 표현한 것입니다.

① 동생이 대신 갈 거예요.
② 영희가 한 일이에요.
③ 아버지께서 심부름을 시키셨습니다.
④ 어머니께서 할머니를 뵈러 가셨어.

21 <보기>의 밑줄 친 내용에 해당하는 예로 적절하지 <u>않은</u> 것은?

> 보기
>
> 최근 들어 주체 높임 선어말 어미 '-(으)시-'가 청자와 관련하여 쓰이는 과잉 공대 현상이 나타나고 있다. <u>이러한 표현은 문법적으로 높이지 말아야 할 대상을 높인 것</u>으로 가능한 사용을 자제해야 한다.

① 고객님께서 냉장고를 주문하셨다.
② 고객님, 약 처방 나가십니다.
③ 손님, 주문하신 음식 나오셨습니다.
④ 손님께서 찾으시는 제품의 재고가 없으십니다.

22 <보기>의 [A] ~ [C]에 들어갈 예를 바르게 짝지은 것은?

> 보기
>
> ㄱ ~ ㄷ은 높임 표현이 사용된 문장들이다. 아래의 순서도에 따라 ㄱ ~ ㄷ을 분류해 보자.
>
> > ㄱ. 영희는 선생님께 질문을 했다.
> > ㄴ. 아버지께서 할아버지를 뵈러 수원에 가셨다.
> > ㄷ. 어머니께서 저녁을 하고 계신다.
>
> 주어가 나타나는 대상인 주체를 높이는가?
>   → (아니오) [A]
>   ↓(예)
> 문장의 목적어나 부사어가 나타내는 대상인 객체를 높이는가?
>   → (아니오) [B]
>   ↓(예)
>   [C]

	[A]	[B]	[C]
①	ㄱ	ㄴ	ㄷ
②	ㄱ	ㄷ	ㄴ
③	ㄴ	ㄱ	ㄷ
④	ㄴ	ㄷ	ㄱ

실전 학습 문제

23 다음 글의 ㉠의 예로 적절하지 않은 것은?

> 한국어 존댓말은 화자와 대화 상대 또는 문장 속 인물을 향한 공경과 예의를 언어로 드러내는 표현 방식이다. 어르신 세대는 마치 일상적 의무처럼 경어법을 철저히 익혀 써 왔는데, 이는 옛 농경 사회에서 마을 공동체가 좁고 계층 간 경계가 분명하지 않아 서로 얼굴을 마주하며 예의를 지키는 일이 필수적이었기 때문이다. 그러나 산업화와 도시화가 진행되고 개인주의가 확산되면서 경어법 교육은 점차 약화되었고, 현대인들은 과거처럼 엄격한 높임말 사용에 익숙지 않게 되었다. 이로 인해 가끔씩 ㉠ 잘못된 경어법이 쓰이거나 예전만큼의 공손함이 느껴지지 않는 대화 장면이 늘어나고 있다.

① 고객님, 주문하신 음식 나오셨습니다.
② 선생님께서 오늘 강의에 참석해 주셔서 매우 영광스럽고 감사드립니다.
③ 어머니에게 가족 여행에 대한 의견을 물어봤다.
④ 오늘이 납부 마감일이세요.

24 ㉠의 사례로 활용할 수 있는 문장으로 적절한 것은?

> 주체 높임법은 서술의 중심에 오른 대상을 문법적으로 존중하는 장치로 작동한다. 일반적으로 이 방식은 문장의 주어를 높이기 위해 동사 어간 뒤에 높임 선어말 어미 '-(으)시-'를 삽입하거나, 주격 조사 '께서'를 사용하여 실현된다. 예컨대 "어머니께서 말씀하십니다"에서 '어머니'는 서술어를 통해 직접 높임을 받는다.
> 그러나 높임의 실제 대상이 항상 문장의 주어에 국한되는 것은 아니다. 간접 높임 상황에서는 ㉠ 명사를 한정하는 관형어 자체가 실질적인 존칭의 대상이 될 때도 있다. 이때 관형어에는 관형사('이, 그, 새' 등), '나의 집'처럼 관형격 조사 '의'가 붙은 소유구, '멋진, 달리는' 같은 용언의 관형사형 어미, 혹은 '배움의 의미'처럼 명사형 어미 뒤에 '의'를 결합한 표현이 모두 이에 해당한다. 이럴 때 관형어가 꾸미는 체언은 존중의 맥락 속에서 주체 높임의 효과를 간접적으로 드러낸다.

① 선생님은 눈치가 빠르시다.
② 어머니는 잠이 없으시다.
③ 아버지는 귀가 밝으십니다.
④ 형님의 말씀을 따르겠습니다.

25 <보기 1>을 바탕으로 <보기 2>에서 사용된 높임의 양상을 바르게 분석한 것은?

보기 1

서술의 주체에 해당하는 문장의 주어를 높이는 방법을 주체 높임법이라고 하고, 서술의 객체에 해당하는 목적어나 부사어가 지시하는 대상을 높이는 방법을 객체 높임법이라고 한다. 이러한 높임을 실현하기 위해서는 선어말 어미, 조사, 특수 어휘를 사용한다.

보기 2

어머니께서는 할아버지를 모시고 바닷가에 가셨다.

	주체 높임법			객체 높임법	
	선어말 어미	조사	특수 어휘	조사	특수 어휘
①	○	×	○	○	○
②	○	○	×	○	×
③	○	○	×	×	○
④	×	×	○	×	○

06 한글 맞춤법

1. 한글 맞춤법: 소리에 관한 것

(1) 한글 맞춤법 총칙
① 제1항: 표준어를 소리대로 적되, 어법에 맞도록 함을 원칙으로 한다. _{살코기(살고기×), 다달이(달달이×)}
② 제2항: 문장의 각 단어는 띄어 씀을 원칙으로 한다. _{꽃이(꼬치×)}
③ 제3항: 외래어는 '외래어 표기법'에 따라 적는다.

(2) 두음 법칙
① 제10항 ~ 제12항
- 단어 첫머리에 오는 한자어

'녀, 뇨, 뉴, 니' → '여, 요, 유, 이'	예 요소(尿素), 익명(匿名), 연도(年度)
'랴, 려, 례, 료, 류, 리' → '야, 여, 예, 요, 유, 이'	예 양심(良心)
'라, 래, 로, 뢰, 루, 르' → '나, 내, 노, 뇌, 누, 느'	예 낙원(樂園)
단어의 첫머리 이외의 경우: 두음 법칙 적용하지 않음	예 양심(良心) - 개량(改良), 용궁(龍宮) - 쌍룡(雙龍)

- 예외적으로 두음 법칙이 적용되는 경우

접두사처럼 쓰이는 한자가 붙어서 된 말이나 합성어	예 공염불, 남존여비, 신여성, 역이용, 연이율
고유 명사를 붙여 쓰는 경우나 십진법	예 대한교육연합회(대한교련), 신흥이발관, 국제연합(국련), 육천육백육십육 _{준말의 경우 두음 법칙 사용 ×}

- 예외적으로 두음 법칙이 적용되지 않는 경우

한자어 의존 명사	예 냥(兩), 냥쭝(兩重), 년(年) - 금 한 냥(兩), 은 두 냥쭝(兩重), 십 년(年)
고유어 의존 명사	예 고얀 녀석, 바느질 실 한 님, 엽전 한 닢

- 두음 법칙 사용이 환경에 따라 달라지는 경우

렬, 률	모음이나 'ㄴ' 받침 뒤	열, 율	예 백분율, 실패율, 출석률, 합격률
난, 란	고유어, 외래어 뒤	난	예 어머니난, 가십난, 칼럼난, 독자(讀者)란, 가정(家庭)란, 정답(正答)란
	한자어 뒤	란	
양, 량	고유어, 외래어 뒤	양	예 구름양, 흡입(吸入)량
	한자어 뒤	량	

(3) 'ㄷ' 소리 받침

① 제7항: 'ㄷ' 소리로 나는 받침 중에서 'ㄷ'으로 적을 근거가 없는 것은 'ㅅ'으로 적음

'ㄷ'으로 적을 근거가 없는 것: 'ㅅ'으로 표기	예 덧저고리, 돗자리, 무릇, 웃어른, 엇셈, 핫옷 ← 안에 솜을 두어 만든 옷
'ㄷ'으로 적을 근거가 있는 것: 'ㄷ'으로 표기	예 • 벼 낟가리 ← 낟알이 붙은 곡식을 그대로 쌓은 더미 • 지금 태풍의 진로를 볼 때, 보니 곧장 남쪽으로 갈 것 같습니다. ← 옆길로 빠지지 아니하고 곧바로 • 걷잡을 수 없이 거센 불길 ← 한 방향으로 치우쳐 흘러가는 형세 따위를 붙들어 잡다.

2. 한글 맞춤법: 형태에 관한 것

(1) 체언과 조사

① 제14항: 체언과 조사는 구별하여 적음   예 꽃이, 밭을

(2) 어간과 어미

① 제15항: 용언의 어간과 어미는 구별하여 적음   예 입다, 입고, 입어

② 제18항: 어간이나 어미가 원칙에서 벗어나면 벗어나는 대로 적음

• 용언의 활용

규칙 활용	'ㅡ' 탈락		어간의 끝 'ㅡ' + 모음 어미 예 쓰다, 잠그다, 치르다
	'ㄹ' 탈락		어간의 끝 'ㄹ' + 자음 어미 'ㄴ, ㅂ, ㅅ' 및 '-(으)오, -(으)ㄹ' 예 알다
불규칙 활용	어간이 바뀌는 경우	'ㅅ' 불규칙	예 짓다, 잇다
		'ㅂ' 불규칙	예 돕다
		'ㄷ' 불규칙	예 걷다, 묻다
		'르' 불규칙	예 흐르다
		'우' 불규칙	예 푸다
	어미가 바뀌는 경우	'여' 불규칙	예 공부하다
		'러' 불규칙	예 푸르다
		'오' 불규칙	예 달다 * '너라' 불규칙(2017년 2분기에 없어짐)
	어간과 어미가 바뀌는 경우	'ㅎ' 불규칙	예 파랗다, 퍼렇다

06 한글 맞춤법

(3) 접미사가 붙어서 된 말
① 제19항, 제21항

어간	모음 접미사	• 어간 + '-이', '-음/-ㅁ': 어간의 원형을 밝혀 적음 예 높이(높- + -이), 믿음(믿- + -음) • 어간 +'-이', '-음/-ㅁ' 외의 모음 접미사: 소리나는 대로 적음 예 마중(맞- + -웅), 무덤(묻- + -엄)
	자음 접미사	• 어간 + 자음 접미사: 어간의 원형을 밝혀 적음 예 굵다랗다, 넓적하다, 늙수그레하다, 뜯적거리다 • 명사 + 자음 접미사: 명사의 원형을 밝혀 적음 예 빛깔, 장사꾼

> **개념 더하기** 한글 맞춤법 제19항, 제21항의 다만
>
> **한글 맞춤법 제19항의 다만**
> 어간에 '-이'나 '-음'이 붙어서 명사로 바뀐 것이라도 그 어간의 뜻과 멀어진 것은 원형을 밝히어 적지 아니한다.
> 예 • 거름(비료): 걸- + -음   • 노름(도박): 놀- + -음   • 목거리(목병): 목 + 걸- + -이
>
> **한글 맞춤법 제21항의 다만**
> 다음과 같은 말은 소리대로 적는다.
> (1) 겹받침의 끝소리가 드러나지 아니하는 것   예 널따랗다, 널찍하다, 실큼하다, 얄따랗다, 짤따랗다
> (2) 어원이 분명하지 아니하거나 본뜻에서 멀어진 것   예 넙치, 올무, 골막하다, 납작하다

(4) 합성어 및 접두사가 붙은 말

① 제27항 ~ 제29항, 제31항 ─ 제30항: 사이시옷 관련 조항

구분	조건	예
원형을 밝혀 적음	합성어, 접두 파생어	꽃잎, 헛웃음
원형을 밝혀 적지 않음	어원은 분명하나 소리만 특이하게 변한 것	할아버지, 할아범
	어원이 분명하지 않은 것	골병, 골탕, 며칠, 부리나케, 오라비, 아재비, 업신여기다
	'이[齒, 虱]'가 합성어나 이에 준하는 말에서 'ㄴ' 또는 'ㄹ'로 소리 나는 것: 'ㄴ'로 적음	덧니, 송곳니, 아랫니, 간니, 사랑니, 앞니, 어금니, 윗니, 젖니, 톱니, 틀니, 가랑니, 머릿니
	'ㄹ' 소리가 나지 않는 것	다달이(달-달-이), 따님(딸-님), 마되(말-되), 마소(말-소), 무자위(물-자위), 바느질(바늘-질), 부삽(불-삽), 부손(불-손), 싸전(쌀-전), 여닫이(열-닫이), 우짖다(울-짖다), 화살(활-살)
	'ㄹ' 소리가 'ㄷ' 소리로 나는 것 : 'ㄷ'으로 적음	반짇고리(바느질~), 사흗날(사흘~), 잗주름(잘~), 푿소(풀~), 숟가락(술~), 삼짇날(삼질~), 섣달(설~), 이튿날(이틀~), 섣부르다(설~), 잗다듬다(잘~), 잗다랗다(잘~)
	'ㅂ' 소리가 덧나는 것	멥쌀(메ㅂ쌀), 볍씨(벼ㅂ씨), 입때(이ㅂ때), 입쌀(이ㅂ쌀), 접때(저ㅂ때), 햅쌀(해ㅂ쌀), 좁쌀(조ㅂ쌀), 댑싸리(대ㅂ싸리) ─ 명아줏과의 한해살이 풀
	'ㅎ' 소리가 덧나는 것	머리카락(머리ㅎ가락), 살코기(살ㅎ고기), 안팎(안ㅎ밖), 수캐(수ㅎ개), 암캐(암ㅎ개), 수컷(수ㅎ것), 암컷(암ㅎ것), 수탉(수ㅎ닭), 암탉(암ㅎ닭)

06 한글 맞춤법

> **개념 더하기** 사이시옷 관련 조항
>
> **제30항** 사이시옷은 다음과 같은 경우에 받치어 적는다.
>
> **1. 순우리말로 된 합성어로서 앞말이 모음으로 끝난 경우**
>   (1) 뒷말의 첫소리가 된소리로 나는 것
>
> | | | | |
> |---|---|---|---|
> | 나뭇가지 | 귓밥 | 나룻배 | 고랫재 ─ 방고래에 모여 쌓인 재 |
> | 냇가 | 머릿기름 | 모깃불 | 선짓국 |
> | 아랫집 | 쳇바퀴 | 잇자국 | 잿더미 ─ 1. 내용이 복잡하여 헤아리기 어려운 일을 비유적으로 이르는 말 |
> | 혓바늘 | 핏대 | 햇볕 | 우렁잇속 ─ 2. 품은 생각을 모두 털어놓지 아니하는 의뭉스러운 속마음을 비유적으로 이르는 말 |
>
>   (2) 뒷말의 첫소리 'ㄴ, ㅁ' 앞에서 'ㄴ' 소리가 덧나는 것
>
> | | | | |
> |---|---|---|---|
> | 잇몸 | 아랫니 | 텃마당 ─ 타작할 때에 공동으로 쓰려고 닦아 놓은 마당 | 멧나물 ─ 산에서 나는 나물 |
> | 빗물 | 냇물 | 깻묵 ─ 기름을 짜고 남은 깨의 찌꺼기 | |
>
>   (3) 뒷말의 첫소리 모음 앞에서 'ㄴㄴ' 소리가 덧나는 것
>
> | | | | |
> |---|---|---|---|
> | 나뭇잎 | 뒷일 | 도리깻열 ─ 도리깨의 한 부분 | 뒷윷 ─ 윷판에서 뒷밭의 네 번째 자리 |
> | 베갯잇 ─ 요의 몸에 닿는 쪽에 시치는 흰 헝겊 | 옷잇 | 깻잎 | 두렛일 ─ 여러 사람이 두레를 짜서 함께 하는 농사일 |
> | 댓잎 | | | |
>
> **2. 순우리말과 한자어로 된 합성어로서 앞말이 모음으로 끝난 경우**
>   (1) 뒷말의 첫소리가 된소리로 나는 것
>
> | | | | |
> |---|---|---|---|
> | 귓병 | 머릿방 | 뱃병 | 사잣밥 ─ 초상난 집에서 죽은 사람의 넋을 부를 때 저승사자에게 대접하는 밥 |
> | 샛강 | 아랫방 | 자릿세 | 전셋집 |
> | 텃세 | 핏기 | 횟배 ─ 회충으로 인한 배앓이 | 횟가루 |
> | 햇수 | | | |
>
>   (2) 뒷말의 첫소리 'ㄴ, ㅁ' 앞에서 'ㄴ' 소리가 덧나는 것
>
> | | | | |
> |---|---|---|---|
> | 곗날 | 제삿날 | 훗날 | 양칫물 |
>
>   (3) 뒷말의 첫소리 모음 앞에서 'ㄴㄴ' 소리가 덧나는 것
>
> | | | | |
> |---|---|---|---|
> | 예삿일 | 훗일 | 가욋일 ─ 필요 밖의 일 | 사삿일 ─ 개인의 사사로운 일 |
>
> **3. 두 음절로 된 다음 한자어**
>
> | | | | |
> |---|---|---|---|
> | 곳간(庫間) | 셋방(貰房) | 숫자(數字) | 찻간(車間) |
> | 툇간(退間) | 횟수(回數) | | |

(5) 준말

① 제32항 ~ 제40항

• 단어의 끝모음이 줄어지고 자음만 남은 것은 앞 음절 받침으로 적음

본말	준말	본말	준말
가지고, 가지지	1)	기러기야	2)
디디고, 디디지	3)	어제그저께	4)
서두르다	5)	어제저녁	6)

> **개념 더하기 준말**
>
> **모음 어미와 결합이 불가능한 준말**
> 예 갖다(갖은 ×), 딛다(딛은 ×), 서둘다(서둘은 ×), 서툴다(서툴은 ×)
>
> **'짓무르다'의 준말**
> '무르다'가 '물다'로 줄 수 없기 때문에 '짓무르다'의 준말 '짓물다'도 비표준어로 본다.

• 모음 'ㅗ, ㅜ'로 끝난 어간에 '-아/-어, -았-/-었-'이 어울려 'ㅘ/ㅝ, ㅙ/ㅞ'으로 될 적에는 준 대로 적음

본말	준말	본말	준말
꼬아	7)	꼬았다	8)
보아	9)	보았다	10)

[붙임] 'ㅚ' 뒤에 '-어, -었-'이 어울려 'ㅙ, 쐤'으로 될 적에도 준 대로 적음

본말	준말	본말	준말
괴어	11)	괴었다	12)
되어	13)	되었다	14)
뵈어	15)	뵈었다	16)
쐬어	17)	쐬었다	18)

정답
1) 갖고, 갖지 2) 기럭아 3) 딛고, 딛지 4) 엊그저께 5) 서둘다 6) 엊저녁 7) 꽈
8) 꽜다 9) 봐 10) 봤다 11) 괘 12) 괬다 13) 돼 14) 됐다
15) 봬 16) 뵀다 17) 쐐 18) 쐤다

06 한글 맞춤법

> **개념 바로 체크**
>
> **'되/돼' 구별하기**
>
> 01. 나는 공무원이 (되, 되어, 돼, 돼어) 기쁘다.
> 02. 공무원이 (되면, 돼면) 좋을 것이다.
> 03. 일이 뜻대로 (되, 되어, 돼, 돼어) 간다.
> 04. 나도 가게 (됬다, 되었다, 됐다)
> 05. 사기꾼이 (되면, 돼면) (안 되, 안 돼)
> 06. 나는 선생님이 (되어, 되서, 되어서, 돼, 돼어서, 돼서) 자랑스럽다.
>
> 정답 01 되어, 돼 02 되면 03 되어, 돼 04 되었다, 됐다 05 되면, 안 돼 06 되어, 되어서, 돼, 돼서

- 'ㅏ, ㅗ, ㅜ, ㅡ' 뒤에 '-이어'가 어울려 줄 적에는 준 대로 적음

본말	준말	본말	준말
꼬이어	1)	보이어	2)
뜨이어	3)	쏘이어	4)
쓰이어	5)	트이어	6)

> **개념 더하기** 'ㅏ, ㅗ, ㅜ, ㅡ' 뒤에 '-이어'가 어울려 줄 때 주의 사항
>
> 중복해서 줄여 쓰지 않는다.
> 예 • 쓰이어 → 씌여(x)   • 트이어 → 틔여(x)

붙임 1 'ㅐ, ㅔ' 뒤에 '-어, -었-'이 어울려 줄 적에는 준 대로 적음

본말	준말	본말	준말
개어	7)	개었다	8)
베어	9)	베었다	10)

정답 1) 꼬여, 꾀어 2) 보여, 뵈어 3) 뜨여, 띄어 4) 쏘여, 쐬어 5) 쓰여, 씌어 6) 트여, 틔어 7) 개 8) 갰다 9) 베 10) 벴다

- 어간의 끝음절 '하'의 'ㅏ'가 줄고 'ㅎ'이 다음 음절의 첫소리와 어울려 거센소리로 될 적에는 거센소리로 적음

본말	준말	본말	준말
간편하게	1)	다정하다	2)
연구하도록	3)	흔하다	4)

붙임 1 'ㅎ'이 어간의 끝소리로 굳어진 것은 받침으로 적음
  예) 그렇다, 아무렇다, 않다, 어떻다, 이렇다, 저렇다

붙임 2 어간의 끝음절 '하'가 아주 줄 적에는 준 대로 적음

본말	준말	본말	준말
넉넉하게	5)	거북하지	6)
생각하건대	7)	익숙하지 않다	8)

붙임 3 다음과 같은 부사는 소리대로 적음
  예) 결단코, 결코, 기필코, 무심코, 아무튼, 요컨대, 정녕코, 필연코, 하마터면, 하여튼, 한사코

- 어미 '-지' 뒤에 '않-'이 어울려 '-잖-'이 될 적과 '-하지' 뒤에 '않-'이 어울려 '-찮-'이 될 적에는 준 대로 적음

본말	준말	본말	준말
변변하지 않다	9)	평범하지 않다	10)
익숙하지 않다	11)	넉넉하지 않다	12)
적지 않은	13)		-

정답 1) 간편케 2) 다정타 3) 연구토록 4) 흔타 5) 넉넉게 6) 거북지 7) 생각건대 8) 익숙지 않다 9) 변변찮다 10) 평범찮다 11) 익숙잖다 12) 넉넉잖다 13) 적잖은

06 한글 맞춤법

(6) 그 밖의 것
① 제51항: 부사의 끝음절이 분명히 '이'로만 나는 것은 '-이'로 적고, '히'로만 나거나 '이'나 '히'로 나는 것은 '-히'로 적음

'이'로 적는 것	겹쳐 쓰인 명사 뒤	예 간간이, 겹겹이, 곳곳이
	'ㅅ' 받침 뒤	예 기웃이, 가붓이, 깨끗이, 나붓이, 느긋이
	'ㅂ' 불규칙 용언의 어간 뒤	예 가까이, 가벼이
	'-하다'가 붙지 않는 용언 어간 뒤	예 같이, 굳이
	부사 뒤	예 곰곰이, 더욱이, 오뚝이, 히죽이
'히'로 적는 것	'-하다'가 붙는 어근 뒤	예 간편히, 고요히, 공평히
	'-하다'가 붙는 어근에 '-히'가 결합하여 된 부사에서 온 말	예 익히(← 익숙히), 특히(← 특별히)

> **개념 더하기** 규칙이 적용되지 않는 어휘
> 예 깊숙이, 끔찍이, 나직이, 납작이, 삐죽이, 수북이, 축축이, 큼직이

3. 한글 맞춤법: 띄어쓰기

(1) 조사
① 제41항: 조사는 그 앞말에 붙여 씀
예 꽃처럼, 꽃마저, 꽃에서부터, 말하면서까지도, 사과하기는커녕, 옵니다그려, 학교에서만이라도

(2) 의존 명사, 단위를 나타내는 명사 및 열거하는 말 등
① 제42항
- 의존 명사는 띄어 씀
  예 • 나도 할 수 있다.
  • 아는 것이 힘이다.
  • 어떤 분이 선생님을 찾아 오셨습니다.
  • 그럴 리가 없다.

- 경우에 따라 구별해서 써야 하는 말

구분		설명	예
대로, 만큼, 뿐	의존 명사	용언의 관형사형 뒤에서 띄어 씀	• 아는 대로 말한다. • 애쓴 만큼 얻는다. • 웃을 뿐이다.
	조사	체언 뒤에 붙여 씀	• 처벌하려면 법대로 해라. • 집을 대궐만큼 크게 짓다. • 가진 것은 이것뿐이다.
만	의존 명사	시간의 경과를 나타낼 때 앞말과 띄어 씀	떠난 지 사흘 만에 돌아왔다.
	조사	한정, 비교를 나타낼 때 체언 뒤에 붙여 씀	하나만 알고 둘은 모른다.
지	의존 명사	시간의 경과를 나타낼 때 앞말과 띄어 씀	그가 떠난 지 보름이 지났다.
	어미	어미의 일부분일 때 붙여 씀 (-ㄴ지, -ㄹ지, -는지, -울지)	• 집이 큰지 작은지 모르겠다. • 어떻게 할지 모르겠다.
밖에	명사 + 조사	'바깥에'의 의미로 쓰일 때 앞말과 띄어 씀	우주 밖에 나가 본 사람이 있을까?
	조사	'오직(only)'의 의미로 쓰일 때 앞말과 붙여 씀	나를 알아주는 사람은 너밖에 없다.

(3) 고유 명사 및 전문 용어

① 제48항 ~ 제50항

- 성과 이름, 성과 호
  - 붙여쓰기 예 김양수(金良洙), 서화담(徐花潭)
  - 덧붙는 호칭어나 관직명: 띄어쓰기 예 채영신 씨, 최치원 선생, 충무공 이순신 장군
  - 분명히 구분할 필요가 있는 경우: 띄어쓰기 허용 예 남궁억(○) / 남궁 억(○)

- 성명 이외의 고유 명사: 단어별로 띄어쓰기(원칙)/단위별로 띄어쓰기(허용)
  - 예 • 대한 중학교(○) / 대한중학교(○)
    - 한국 대학교 사범 대학(○) / 한국대학교 사범대학(○)

실전 학습 문제

정답 및 해설 22p

01 다음 대화를 바탕으로 <보기>의 밑줄 친 단어에 대해 설명한 것으로 적절하지 <u>않은</u> 것은?

학생: 선생님, 한글맞춤법 제1항에 표준어를 소리대로 적는다고 되어 있는데, 이건 표준어를 발음 형태대로 적는다는 뜻인가요?
선생님: 맞아, 그러면 표기할 때 편하지. 그런데 뜻이 얼른 파악되지 않는 경우도 있어요. 그래서 어법에 맞도록 한다는 또 하나의 원칙이 붙어 있어.
학생: 어법에 맞도록 한다는 건 무슨 의미예요?
선생님: 어근의 형태를 파악하기 쉽도록 각 형태소의 본 모양을 밝히어 적는다는 말이야.

보기
가-1. 눈두덩과 광대뼈 <u>어름</u>에 멍이 들었다.
가-2. 날이 추워 벌써 <u>얼음</u>이 얼었다.
나-1. <u>반듯이</u> 생긴 얼굴처럼 성격도 바르다.
나-2. 오늘 <u>반드시</u> 해결하고 만다.

① 가-1은 소리대로 적어 표기하기에 편리하다.
② 가-2는 의미 파악이 쉽도록 어법에 맞게 적은 것이다.
③ 나-1처럼 형태소의 본 모양을 적으면 뜻이 쉽게 파악된다.
④ 나-2는 어근의 본뜻이 파악되도록 어법에 맞게 적은 것이다.

02 다음 글을 이해한 내용으로 적절하지 <u>않은</u> 것은?

한글 맞춤법은 표준어를 '소리 나는 대로' 적되, 동시에 '어법에 맞게' 쓰는 이원적 원칙을 따른다. 먼저 소리 나는 발음을 그대로 옮기는 표음주의를 통해 [바다]는 '바다', [오르다]는 '오르다'로 적는다.
그러나 발음만을 좇다 보면 의미가 같은 단어가 여러 형태로 표기되는 혼란이 생긴다. 예컨대 '닻'이라는 단어는 '닻이'일 때 [다치], '닻만'일 때 [단만]으로 발음된다. 표음주의만 적용하면 '다치', '단만'처럼 쓰여야 하지만, 이렇게 적으면 같은 사물을 가리키는 말이 제각기 달리 쓰여 독자의 이해가 어려워진다.
이런 문제를 막기 위해 한글 맞춤법 제1항은 '어법에 맞도록' 한다는 원칙을 덧붙인다. 즉, 형태소의 본래 모습을 기준으로 한 가지로 통일해 적는 표의주의를 병행함으로써, '닻이'와 '닻만' 모두 '닻'이라는 표기로 처리한다. 이렇게 소리대로 적되 어법에 맞게 쓴다는 두 축이 결합되어, 한국어 맞춤법은 소리와 뜻 사이의 균형을 유지한다.

① 한글 맞춤법에 따르면, 표준어를 적을 때 표음주의를 취한다는 원칙을 적용하기 어려운 경우는 표의주의를 취한다.
② '밥솥이 고장 났다'의 '밥솥이'는 단어의 의미가 쉽게 파악되도록 형태소의 본 모양을 밝혀 적은 것이다.
③ '꽃'은 표음주의만을 취하더라도 문제가 발생하지 않는다.
④ '암돼지'로 적지 않고 '암퇘지'로 적는 것은 소리대로 적는다는 원칙을 따르는 것이다.

03 <보기>를 바탕으로 하여 단어들의 표기 원리를 이해한 것으로 적절한 것은?

> **보기**
> ⊙ 어간에 '-이'나 '-음/-ㅁ'이 붙어서 명사로 된 것 중, 어간의 뜻을 유지하는 경우에는 그 어간의 원형을 밝히어 적는다.
> ⊙ 어간에 '-이'나 '-음'이 붙어서 명사로 바뀐 것이라도 그 어간의 뜻과 멀어진 것은 그 어간의 원형을 밝히어 적지 아니한다.
> ⓒ '-이'나 '-음/-ㅁ' 이외의 모음으로 시작된 접미사가 붙어서 다른 품사로 바뀐 것은 그 어간의 원형을 밝히어 적지 아니한다.

① '맞다'에서 파생된 '마중'은 어간의 원형을 밝히어 적은 것으로, ⊙에 따른 것이다.
② '막다'에서 파생된 '마개'는 어간의 원형을 밝히어 적지 않은 것으로, ⓒ에 따른 것이다.
③ '놀다'에서 파생된 '노름'은 어간의 원형을 밝히어 적지 않은 것으로, ⓒ에 따른 것이다.
④ '걷다'에서 파생된 '걸음'은 어간의 원형을 밝히어 적지 않은 것으로, ⓒ에 따른 것이다.

04 다음 글의 내용을 통해 알 수 있는 것이 <u>아닌</u> 것은?

> 한글맞춤법 제27항은 여러 낱말이 합쳐지거나 접두사가 붙어 새 단어를 이룰 때, 각 구성 요소의 본래 형태를 드러내어 쓰도록 정하고 있다. 예컨대 '꽃'과 '가루'가 합쳐진 '꽃가루', '헛-'과 '소리'가 결합한 '헛소리'는 각각의 어근을 그대로 살려 표기해야 한다. 하지만 합성어나 접두 파생어로 이루어진 단어라 할지라도 원형을 밝히어 적지 않고 소리 나는 대로 적는 예외적인 표기도 있다. 같은 조항의 '붙임 2'에서는 어원이 분명치 않은 단어에 한해 소리 나는 대로 적도록 예외를 인정한다. 따라서 '골탕', '골병', '업신여기다', '며칠' 등은 본래 형태를 밝히지 않고 발음 그대로 붙여 쓴다.
> 끝 음이 'ㄹ'인 낱말과 다른 말이 만났을 때 'ㄹ' 소리가 사라지면 사라진 대로 표기하고(제28항) 'ㄹ'인 낱말과 다른 말이 만났을 때 'ㄹ' 소리가 'ㄷ'으로 바뀌어 나면(제29항) 그 변화한 음가를 그대로 표기한다. 예컨대 '아들'+'님'이 '아드님'으로, '사흘'+'날'이 '사흗날'로 적히는 것이 그 사례다.
> 아울러 두 말 사이에서 'ㅂ'이나 'ㅎ' 소리가 덧붙여 날 때는 소리 나는 대로 옮겨 적도록(제31항) 정해, '벼'+'쌀'이 '볍쌀', '머리'+'가락'이 '머리카락'이 되게 한다. 이처럼 제27항부터 31항까지의 예외 규정은 한글 맞춤법의 '소리대로 쓰되 형태를 살린다'는 원칙을 실용적으로 보완한다.

① 접두사 '풋'과 '사랑'은 원형을 그대로 밝혀 '풋사랑'으로 표기한다.
② '몇일 동안 그를 보지 못했다'는 제27항에 따라 문법적으로 올바른 문장이다.
③ '밀어서 닫다'의 의미를 갖는 '미닫-'의 표기는 제28항에 따른 것이다.
④ 밥을 먹는 도구 '술'과 '가락'이 결합하면 제29항에 의해 '숟가락'으로 표기한다.

실전 학습 문제

[05 ~ 06] 다음 글을 읽고 물음에 답하시오.

한글 맞춤법 제1항은 표준어를 소리 나는 대로 적되, 어법에 맞도록 한다는 두 가지 원칙을 제시한다. 즉, 표준어는 발음대로 적는 표음주의를 따르면서도, 소리 변화가 일어나더라도 형태소의 원형을 드러내는 표의주의를 병행해야 한다.

국어 어휘는 의미를 지니는 '실질 형태소'와, 이들에 결합해 문법적 의미를 표시하는 '형식 형태소'가 만나 만들어진다. 예컨대 '사과나무'는 '사과(실질) + 나무(실질)', '지우개'는 '지우-(실질) + -개(형식)', '밥을 먹다'는 '밥(실질) + 을(형식)'과 '먹-(실질) + -다(형식)'가 결합한 구조다.

어법에 맞도록 적어야 하는 대표적 경우는 조사가 붙거나 어미가 결합해 발음이 달라져도 형태소 간 경계를 드러내는 경우다. '낮이'는 [나시]로, '접어'는 [저버]로 발음되지만, '낮'+'이', '접'+'어'의 본 모양을 살려 그대로 적어야 한다.

두 개 이상의 용언이 결합해 하나의 의미 단위를 이룰 때에도 앞말의 본뜻이 유지되면 원형을 밝혀 적는다. '들어가다'는 '들다 + 가다'가 결합해 본뜻이 살아 있으므로 '들어가다' 그대로 표기하지만, '드러나다'는 '들다 + 나타나다'의 결합이 본뜻에서 멀어져 '드러나다'로 통일된다.

어간에 접사가 붙어 파생어가 될 때 발음이 변해도 어간의 원형을 기록한다. '삶'은 '살다'의 어간 '살-'에 접미사 '-ㅁ'이 결합해 명사가 된 형태로 [삼ː]이라 발음되지만 '삶'으로 적는다. '많이'는 '많다'의 어간 '많-'에 부사형 접미사 '-이/-히'가 결합해 [마ː니]라 발음되지만 '많이'로 기록한다. 이처럼 ㉠ 용언의 어간에 '-이'나 '-음/-ㅁ'이 붙어서 명사로 된 것과 ㉡ 용언의 어간에 '-이'나 '-히'가 붙어서 부사로 된 것은 그 어간의 원형을 밝히어 적는다. 다만, ㉢ 어간에 '-이'나 '-음'이 붙어서 명사로 바뀐 것이라도 그 어간의 뜻과 멀어진 것은 원형을 밝히어 적지 않는다.

05 윗글을 바탕으로 <보기>를 탐구한 내용으로 적절하지 <u>않은</u> 것은?

> **보기**
> - ⓐ 입을 것이 없어서 불안해할 ⓑ 수밖에 없었다.
> - 학교에 ⓒ 걸어가다가 늦을 것 같아서 ⓓ 뛰어갔다.

① ⓐ는 실질 형태소인 '입-'과 '-을'이 결합한 구조로 형태를 밝히어 적었다.
② ⓑ는 실질 형태소 '수'와 형식 형태소 '밖에'가 결합하였으므로 형태를 밝히어 적었다.
③ ⓒ는 앞말의 본뜻이 유지되고 있으므로 형태를 밝히어 적었다.
④ ⓓ의 '뛰어가다'는 '뛰다'와 '가다'로 나누어도 그 의미가 유지된다.

06 윗글의 ㉠~㉢에 해당하는 예로 적절하지 <u>않은</u> 것은?

① ㉠: 나는 강아지에게 <u>먹이</u>를 주었다.
② ㉠: 현충일을 맞이해서 국기를 <u>높이</u> 게양했다.
③ ㉡: 너에 대한 이야기는 <u>익히</u> 들어 알고 있다.
④ ㉢: 도로안전공사는 고속도로의 <u>너비</u>를 측정했다.

07 <보기 1>을 바탕으로 <보기 2>의 ㉠~㉣에 대해 탐구한 내용으로 적절하지 않은 것은?

보기 1

제15항 용언의 어간과 어미는 구별하여 적는다.
[붙임 1] 두 개의 용언이 어울려 한 개의 용언이 될 적에, 앞말의 본뜻이 유지되고 있는 것은 그 원형을 밝히어 적고, 그 본뜻에서 멀어진 것은 밝히어 적지 아니한다.
제19항 어간에 '-이'나 '-음/-ㅁ'이 붙어서 명사로 된 것과 '-이'나 '-히'가 붙어서 부사로 된 것은 그 어간의 원형을 밝히어 적는다.
제23항 '-하다'나 '-거리다'가 붙는 어근에 '-이'가 붙어서 명사가 된 것은 그 원형을 밝히어 적는다.

보기 2

- 그가 사기꾼임이 온 천하에 ㉠ 드러났다.
- 전기가 갑자기 끊겨서 냉장고 속의 ㉡ 얼음이 다 녹았다.
- 건물의 ㉢ 노피를 측정해 보자.
- 희선이는 다이어트에 성공해서 ㉣ 홀쭈기가 되었다.

① ㉠은 제15항 [붙임 1]을 적용해 '드러났다'로 표기한 것이 적절하군.
② ㉡은 제19항을 적용해 '얼음'으로 표기한 것이 적절하군.
③ ㉢은 제23항을 적용해 '높이'로 정정해야겠군.
④ ㉣은 제23항을 적용해 '홀쭉이'로 정정해야겠군.

08 학생들이 <보기>를 이해한 내용으로 적절한 것은?

보기

제1항 한글 맞춤법은 ㉠ 표준어를 소리대로 적되, ㉡ 어법에 맞도록 함을 원칙으로 한다.
제9항 '의'나, 자음을 첫소리로 가지고 있는 음절의 'ㅢ'는 'ㅣ'로 소리 나는 경우가 있더라도 'ㅢ'로 적는다.
제27항 둘 이상의 단어가 어울리거나 접두사가 붙어서 이루어진 말은 각각 그 원형을 밝히어 적는다.
[붙임 1] 어원은 분명하나 소리만 특이하게 변한 것은 변한 대로 적는다.
[붙임 2] 어원은 분명하지 아니한 것은 원형을 밝히어 적지 아니한다.
[붙임 3] '이[齒, 虱]'가 합성어나 이에 준하는 말에서 'ㄴ' 또는 'ㄹ'로 소리 날 때에는 '니'로 적는다.
[붙임 3 해설] '송곳이, 앞이'처럼 적으면 '송곳, 앞'에 주격 조사 '이'가 붙은 형식과 혼동됨으로써 [송고시, 아피]로 읽힐 수 있으며, 새끼 이를 '가랑이'로 적으면 끝이 갈라져 벌어진 부분을 이르는 '가랑이'와 혼동될 수 있다.

① '하늬바람'이 [하니바람]으로 소리가 나더라도 '하늬바람'으로 적는 것은 ㉠이 적용되었기 때문이군.
② 제27항의 예시로는 '꽃잎', '헛웃음' 등을 들 수 있겠군.
③ 제27항 [붙임 2]의 예시로는 '알아가다', '붙잡다' 등을 들 수 있겠군.
④ 제27항 [붙임 3]과 같이 적는 이유는 ㉡의 원칙에 따라 의미 혼동을 줄이고 의사소통의 효율을 늘리기 위해서이군.

실전 학습 문제

09 <보기>는 준말에 관한 한글 맞춤법의 일부이다. 이를 적용한 내용으로 적절하지 <u>않은</u> 것은?

> 보기
>
> **제34항** [붙임 1] 'ㅐ, ㅔ' 뒤에 '-어, -었-'이 어울려 줄 적에는 준 대로 적는다 ················ ㉠
>
> **제35항** 모음 'ㅗ, ㅜ'로 끝난 어간에 '-아/-어, -았-/-었-'이 어울려 'ㅘ/ㅝ, 왔/웠'으로 될 적에는 준 대로 적는다. ················ ㉡
>
> **제35항** [붙임 2] 'ㅚ' 뒤에 '-어, -었-'이 어울려 'ㅙ, ㅙㅆ'으로 될 적에도 준 대로 적는다
>
> **제36항** 'ㅣ' 뒤에 '-어'가 와서 'ㅕ'로 줄 적에는 준 대로 적는다. ················ ㉢
>
> **제37항** 'ㅏ, ㅕ, ㅗ, ㅜ, ㅡ'로 끝난 어간에 '-이-'가 와서 각각 'ㅐ, ㅖ, ㅚ, ㅟ, ㅢ'로 줄 적에는 준 대로 적는다. ················ ㉣

① ㉠을 적용하면 '(날이) 개었다'와 '(칼에 손을) 베어'는 각각 '갰다'와 '베'로 적을 수 있다.

② ㉡을 적용하면 '(줄을) 꼬아'와 '(선물을) 주었다'는 각각 '꽈'와 '줬다'로 적을 수 있다.

③ ㉢을 적용할 때, '할머니께서 손자들에게 용돈을 주시었다'의 '주시었다'는 '주셨다'로 적을 수 있다.

④ ㉣을 적용한 후 ㉢을 적용할 때, 어간 '(오줌을) 누-'에 '-이-'가 붙은 '(오줌을) 누이-'에 '-어'가 붙으면 '뉘여'로 적을 수 있다.

10 다음 글에 따라 올바르게 표기한 것은?

> 한자어에서 'ㄴ', 'ㄹ'로 시작하는 음절은 어두 위치에 올 때 소리가 바뀌도록 한 두음법칙이 적용되지만, 모든 경우에 똑같이 변하지는 않는다. 특히 '렬, 률'과 같은 단어는 '열/렬'과 '율/률'의 형태로 나타나며 결합 형태에 따라 표기가 달라진다.
>
> 우선, 단어가 모음이나 'ㄴ' 받침 뒤에서 이어질 때는 두음법칙에 따라 '열', '율'로 적는다. 그 외의 경우에는 본래대로 '렬, 률'로 표기한다.
>
> 한편, 고유어·외래어와 한자어가 결합된 복합어에서 뒤에 오는 1음절 한자어는 하나의 단어로 보고 두음법칙을 적용한다. 예를 들어 '스포츠난', '구름양'처럼 '난', '양'으로 쓴다. 반면 순수 한자어 어근끼리 결합한 '의견란', '강우량' 등에서는 '란', '량'을 그대로 표기해 두음법칙을 적용하지 않는다.

① 성공률(成功率), 강수양(降水量)

② 출생률(出生率), 비율(比率)

③ 생산량(生産量), 합격율(合格率)

④ 명중률(命中率), 백분률(百分率)

11 <보기>를 탐구한 내용으로 적절하지 않은 것은?

> 보기
>
> **제12항** 한자음 '랴, 럐, 로, 뢰, 루, 르'가 단어의 첫머리에 올 적에는, 두음 법칙에 따라 '나, 내, 노, 뇌, 누, 느'로 적는다.
> [붙임 1] 단어의 첫머리 이외의 경우에는 본음대로 적는다.
> [붙임 2] 접두사처럼 쓰이는 한자가 붙어서 된 단어는 뒷말을 두음 법칙에 따라 적는다.

① '락원(樂園)'은 제12항에 따라 '낙원'으로 적어야 하는군.
② '노인(老人)'과 달리 '경노(敬老)'는 붙임 1에 따라 '경로'로 적어야 하는군.
③ '신년도(新年度)'는 [붙임 2]에 따라 '신연도'로 적어야 하는군.
④ '공념불(空念佛)'은 [붙임 2]에 따라 '공염불'로 적어야 하는군.

12 다음 글을 읽고 <보기>를 추론한 내용으로 적절하지 않은 것은?

> 한글 띄어쓰기는 단어와 구의 경계를 분명히 하여 글의 뜻을 정확하게 전달하도록 돕는다.
> 먼저, 조사는 언제나 앞말에 붙여 적는다. 예컨대 '철수가', '철수는', '철수와'처럼 사용된다. 반면, 어간 뒤에 오는 의존명사('대로', '듯이' 등)나 단위 명사('한 벌', '한 마리', '한 채' 등), 그리고 '회장 겸 이사', '열 내지 스물', '1반 대 2반' 등 두 개 이상의 대상을 나열하거나 연결할 때 쓰이는 표현은 앞말과 띄어 쓴다.
> 다만, 순서를 나타내는 단어어나 아라비아 숫자와 결합해 읽기 쉽도록 할 때는 붙여 적을 수 있다. 예컨대 '제일 장'은 '제일'과 '장'을 붙여 쓰고, '10킬로'는 숫자 '10'과 단위 '킬로'를 함께 붙여 적을 수 있다.

ⓐ	버스에서	축구를
ⓑ	이 층 / 첫 째	이층 / 첫째
ⓒ	학생증 및 수험표	한국 대 일본
ⓓ	먹을 만큼 사라.	철수만큼 크다.

① ⓐ를 보니, 조사는 앞말에 붙여 적음을 알 수 있군.
② ⓑ를 보니, 단위는 붙여 쓰는 것이 원칙이지만 순서를 나타내는 단위어는 띄어 쓰는 것도 허용하는군.
③ ⓒ를 보니, 두 말을 이어 주거나 열거할 때 쓰이는 말은 띄어 쓰는군.
④ ⓓ를 보니, '만큼'은 품사에 따라 띄어쓰기 유무가 다르군.

실전 학습 문제

13 다음 글을 바탕으로 추리한 것으로 적절하지 않은 것은?

> 띄어쓰기는 문장 안에서 단어와 구의 경계를 분명히 해 주어 독자가 빠르고 정확하게 의미를 파악하도록 돕는다.
> 의존명사는 앞에 반드시 수식어나 문맥이 있어야만 의미가 온전해지는 명사로, '만큼', '지'와 같이 쓰일 때는 띄어 써야 한다. 예컨대 '필요한 만큼만 사라.'나 '그가 온 지 얼마 안 됐다.'에서 '만큼', '지'는 각각 '필요한 만큼', '온 지'처럼 분리하여 적는다.
> 숫자를 쓸 때는 '만(萬)' 단위 앞뒤를 띄어서 읽기 쉽도록 한다. 예를 들어 3,456만7,898은 '삼천사백오십육만 칠천팔백구십팔'과 같이 '만' 뒤를 띄워 적는다.
> 격조사·보조사 등 조사는 독립적으로 쓰이지 못하는 문법 요소이므로 언제나 앞말에 붙여 적는다. '집이, 집도, 집에서, 집은커녕'과 같은 예가 이에 해당한다.
> 한편, 단음절 어휘가 연속될 때에는 하나로 묶어 적어도 무방하다. 예컨대 '이 말 저 말'은 '이 말 저 말' 대신 '이말 저말'로 붙여 써도 뜻 전달에 지장이 없다. 글을 읽는 이가 의미를 바르고 빠르게 파악하게 하는 것이 띄어쓰기의 목적이므로 다음과 같이 붙여 쓸 수 있도록 규정한 것이다.
> 사람의 성과 이름, 성과 호 등은 붙여 쓰되, 이름 뒤나 호 뒤에 덧붙이는 '씨, 선생, 부장님' 같은 호칭어/관직명은 띄어 쓴다. 성과 이름, 호를 함께 쓰는 경우에는 성과 이름은 붙이고 호는 띄어 쓴다. 예컨대 '이도(李祹)', '이순신(李舜臣)', '도산 안창호', '이성계 씨', '김구 선생'과 같이 쓴다. 다만, 성과 이름, 성과 호를 분명히 구분할 필요가 있을 경우 '독고준/ 독고 준'과 같이 띄어 쓸 수 있다.

> - 오늘 ㉠이 팀장님과 약속이 있다.
> - ㉡법대로 처리하자.
> - 작년 총 매출은 ㉢210503000원이었다.
> - 시작 시간이 되자 ㉣한 명 두 명 도착하였다.

① ㉠으로 보아, '다산 정약용 선생'이라고 써야 할 거야.
② ㉡에서 '대로'를 앞말에 붙여 쓴 것을 볼 때, '대로'는 조사로 쓰였다.
③ ㉢을 한글로 표현할 때, '이억천오십만 삼천 원'으로 써야 한다.
④ ㉣의 '한 명 두 명'은 '한명 두명'으로 쓸 수 있다.

14 (가)의 한글 맞춤법 규정을 바탕으로 (나)의 밑줄 친 부분을 평가한 내용으로 적절하지 않은 것은?

> (가) 한글 맞춤법 규정
> **제2항** 문장의 각 단어는 띄어 씀을 원칙으로 한다.
> **제41항** 조사는 그 앞말에 붙여 쓴다.
> **제42항** 의존 명사는 띄어 쓴다.
> **제43항** 단위를 나타내는 명사는 띄어 쓴다.
> **제47항** 보조 용언은 띄어 씀을 원칙으로 하되, 경우에 따라 붙여 씀도 허용한다.
>
> (나) ㉠ 민수는 자동차 한대를 샀을뿐이다.
> ㉡ 나를 이해해줄 사람은 어머니뿐이다.

① ㉠의 '대'는 제43항에 따라 '한'과 띄어 써야겠군.
② ㉡의 '뿐'은 제41항에 따라 ㉠의 '뿐'과 달리 붙여 써야겠군.
③ ㉡의 '이해해'와 '줄'은 띄어 쓰는 것이 원칙이지만 제47항에 따라 붙여 쓰는 것도 허용되겠군.
④ ㉡의 '이다'는 제2항에 따라 '뿐'과 띄어 써야겠군.

15 <보기>의 '한글 맞춤법 규정'을 바탕으로 <학생의 글>을 평가한 내용으로 적절하지 <u>않은</u> 것은?

보기

제5항 한 단어 안에서 뚜렷한 까닭 없이 나는 된소리는 다음 음절의 첫소리를 된소리로 적는다.
1. 두 모음 사이에서 나는 된소리
   예 해슥하다(×) → 해쓱하다(○), 으듬(×) → 으뜸(○)
2. 'ㄴ, ㄹ, ㅁ, ㅇ' 받침 뒤에서 나는 된소리
   예 산듯하다(×) → 산뜻하다(○), 담북(×) → 담뿍(○)
3. 다만, 'ㄱ, ㅂ' 받침 뒤에서 나는 된소리는, 같은 음절이나 비슷한 음절이 겹쳐 나는 경우가 아니면 된소리로 적지 아니한다.
   예 국쑤(×) → 국수(○), 갑짜기(×) → 갑자기(○)

학생의 글
ⓐ <u>소쩍새</u>가 구슬프게 울고 있다.
ⓑ 그는 소녀와 <u>살작</u> 손길이 부딪혔다.
ⓒ 그는 <u>깍뚜기</u>를 한입 베어 물었다.
ⓓ 다정이는 그와 헤어진 후 머리카락을 <u>싹둑</u> 잘랐다.

① ⓐ의 '소쩍새'는 제5항-1의 규정에 따른 올바른 표기입니다.
② ⓑ의 '살작'은 제5항-2의 규정에 따라 '살짝'으로 표기해야 합니다.
③ ⓒ의 '깍뚜기'는 제5항-3의 규정에 따른 올바른 표기입니다.
④ ⓓ의 '싹둑'은 제5항-3의 규정에 따른 올바른 표기입니다.

16 다음 글에서 추론한 내용으로 가장 적절한 것은?

한글 맞춤법 제5항은 같은 형태소 안에서 특별한 이유 없이 된소리가 나는 경우, 뒤따르는 음절의 첫소리를 된소리로 적도록 규정한다. 같은 형태소 안에서 일어나는 현상에 대한 규정이므로 '손바닥[손빠닥], 먹거리[먹꺼리]'처럼 두 형태소가 결합된 복합어에는 적용되지 않는다.

구체적으로, 하나의 형태소 내부에서 모음 사이에 된소리가 나거나 'ㄴ, ㄹ, ㅁ, ㅇ' 받침 뒤에서 예사소리가 된소리로 바뀌면, '어깨'처럼 '엇개'나 '억개'로 표기하지 않고 실제 발음대로 표기해야 한다.

반면 'ㄱ, ㅂ' 받침 뒤에서 쓰이는 예사소리는 자연스럽게 경음화되기 때문에 '갑자기', '몹시'와 같이 된소리를 표기에 반영하지 않는다. 다만 '똑똑하다', '쓱싹쓱싹'처럼 음이 겹치는 형태에서는 예외적으로 된소리를 표기에 반영해 같은 글자로 적는다.

① '살작'은 [살짝]으로 발음되므로 틀린 표기이고 '살짝'으로 표기해야 한다.
② [손쑤건]은 'ㄴ, ㄹ, ㅁ, ㅇ' 받침 뒤에서 예사소리가 된소리로 바뀌는 경우이므로 '손쑤건'이라고 표기해야 한다.
③ '똑딱똑딱[똑딱똑딱]'은 받침 'ㄱ' 뒤에 'ㄷ'이 연결되는 경우이므로 된소리를 표기에 반영하지 않고 '똑닥똑닥'으로 표기해야 한다.
④ '국밥'은 [국빱]으로 발음되므로 잘못된 표기이다.

실전 학습 문제

17 밑줄 친 단어의 표기가 맞춤법에 맞지 않는 것은?

> **제5항** 한 단어 안에서 뚜렷한 까닭 없이 나는 된소리는 다음 음절의 첫소리를 된소리로 적는다.
> 1. 두 모음 사이에서 나는 된소리
> 2. 'ㄴ,ㄹ,ㅁ,ㅇ' 받침 뒤에서 나는 된소리
> [붙임] 다만, 'ㄱ,ㅂ' 받침 뒤에서 나는 된소리는 같은 음절이나 비슷한 음절이 겹쳐 나는 경우가 아니면 된소리로 적지 않는다.

① 그는 화가 나서 씩씩 소리를 내었다.
② 그의 글짓기 실력은 전교에서 으뜸이다.
③ 그는 동창회 모임에서 살짝 빠져나갔다.
④ 아직 이 해안에서는 낙찌가 많이 잡힌다.

18 <보기>를 바탕으로 된소리 표기에 대해 탐구한 내용으로 적절하지 <u>않은</u> 것은?

> 보기
>
> **제5항** 한 단어 안에서 뚜렷한 까닭 없이 나는 된소리는 다음 음절의 첫소리를 된소리로 적는다.
> 1. 두 모음 사이에서 나는 된소리
> 2. 'ㄴ, ㄹ, ㅁ, ㅇ' 받침 뒤에서 나는 된소리
> 다만, 'ㄱ, ㅂ' 받침 뒤에서 나는 된소리는, 같은 음절이나 비슷한 음절이 겹쳐 나는 경우가 아니면 된소리로 적지 아니한다.
> **제13항** 한 단어 안에서 같은 음절이나 비슷한 음절이 겹쳐 나는 부분은 같은 글자로 적는다.
> **제53항** 다음과 같은 어미는 예사소리로 적는다.
> -(으)ㄹ거나, -(으)ㄹ걸, -(으)ㄹ게, -(으)ㄹ세, -(으)ㄹ세라, -(으)ㄹ시, -(으)ㄹ수록, -(으)ㄹ지, -(으)ㄹ지언정, -(으)ㄹ지니라, -(으)ㄹ지라도, -(으)ㄹ지어다, -(으)ㄹ진대, -(으)ㄹ진저, -올시다
> 다만, 의문을 나타내는 다음 어미들은 된소리로 적는다.
> -(으)ㄹ까?, -(으)ㄹ꼬?, -(스)ㅂ니까?, -(으)리까?, -(으)ㄹ쏘냐?
> **제54항** 다음과 같은 접미사는 된소리로 적는다.
> -꾼, -때기, -깔, -꿈치, -빼기, -쩍다

① '싹뚝'이 아니라 '싹둑'으로 적는 것은 '몹시'를 표기할 때 적용된 규정을 따른 것이군.
② '똑딱똑딱', '짭짤하다'라고 적는 이유는 한 단어 안에 비슷한 음절이 겹쳐 나는 경우이기 때문이군.
③ '갈게', '갈까'는 [갈께]와 [갈까]로 발음되므로 '갈께, 갈까'로 표기해야 한다.
④ '멋쩍다'는 명사 '멋'과 접미사 '쩍다'가 결합한 형태로 '쩍다'는 된소리로 표기해야 한다.

19 다음 글을 읽고 추론한 것으로 옳지 <u>않은</u> 것은?

제1항 한글 맞춤법은 표준어를 소리대로 적되, 어법에 맞도록 함을 원칙으로 한다.

제5항 한 단어 안에서 뚜렷한 까닭 없이 나는 된소리는 다음 음절의 첫소리를 된소리로 적는다.
1. 두 모음 사이에서 나는 된소리
   예 해슥하다(×) → 해쑥하다(○), 으듬(×) → 으뜸(○)
2. 'ㄴ, ㄹ, ㅁ, ㅇ' 받침 뒤에서 나는 된소리
   예 산듯하다(×) → 산뜻하다(○), 담북(×) → 담뿍(○)
3. 다만, 'ㄱ, ㅂ' 받침 뒤에서 나는 된소리는, 같은 음절이나 비슷한 음절이 겹쳐 나는 경우가 아니면 된소리로 적지 아니한다.

제6항 'ㄷ, ㅌ' 받침 뒤에 종속적 관계를 가진 '-이(-)'나 '-히-'가 올 적에는 그 'ㄷ, ㅌ'이 'ㅈ, ㅊ'으로 소리 나더라도 'ㄷ, ㅌ'으로 적는다.(ㄱ을 취하고, ㄴ을 버림.)

ㄱ	ㄴ	ㄱ	ㄴ
맏이	마지	핥이다	할치다
해돋이	해도지	걷히다	거치다
굳이	구지	닫히다	다치다
같이	가치	묻히다	무치다
끝이	끄치		

제7항 'ㄷ' 소리로 나는 받침 중에서 'ㄷ'으로 적을 근거가 없는 것은 'ㅅ'으로 적는다.
예 덧저고리, 돗자리, 엇셈, 웃어른, 핫옷

① '무릇, 사뭇, 얼핏'은 7항과 관련된 단어겠군.

② '어깨, 깨끗하다, 가끔'처럼 한 단어 안에서 뚜렷한 까닭 없이 나는 된소리는 다음 음절의 첫소리를 된소리로 적지만, '법석, 딱지, 몹시'는 된소리로 적지 않겠군.

③ '굳히다'처럼 'ㄷ, ㅌ' 받침 뒤에 종속적 관계를 가진 '-이(-)'나 '-히-'가 올 적에는 그 'ㄷ, ㅌ'이 'ㅈ, ㅊ'으로 소리 나더라도 'ㄷ, ㅌ'으로 적겠군.

④ 한글 맞춤법은 표준어를 소리대로 적되, 어법에 맞도록 함을 원칙으로 하므로, '덥고, 덥지'로 적고 글자 그대로 읽겠군.

실전 학습 문제

20 다음 글에서 추론한 내용으로 적절하지 않은 것은?

> 한글맞춤법 32항에 의하면 어간의 끝음절 '하'의 'ㅏ'가 줄고 'ㅎ'이 다음 음절의 첫소리와 어울려 거센소리로 될 적에는 거센소리로 적는다. '하' 앞말의 받침이 유성음인 'ㄴ, ㄹ, ㅁ, ㅇ'으로 끝나거나, 받침이 없이 모음으로 끝날 경우에는 '하'의 'ㅏ'가 떨어져 나가고 'ㅎ'이 뒷말과 결합하게 된다. 예로 '다정하다'의 경우 '하'의 앞말이 유성음 'ㅇ'으로 끝나기 때문에 '다정+ㅎ+다'가 되며 'ㅎ'과 '다'가 만나 거센소리 '타'로 바뀌면서 '다정타'가 된다. 반면 '넉넉하지'처럼 앞말의 받침이 유성음이 아닌 다른 자음이 왔을 경우에는 '하'가 통째로 사라져 '넉넉지'가 된다.
> 또한 한글맞춤법 39항에 의하면 어미 '-지' 뒤에 '않-'이 어울려 '-잖-'이 될 적과 '-하지' 뒤에 '않-'이 어울려 '-찮-'이 될 적에는 준 대로 적는다고 하였다. 예를 들어, '적지 않다'의 경우 '적잖다'로 줄여 사용할 수 있고, '간편하지 않다'의 경우 '간편찮다'로 줄여 사용할 수 있다.

① '조용하지 않다'는 '조용찮다'로 줄여 사용할 수 있다.
② '다정하다'는 '다정타'로 만들 수 있다.
③ '많지 않다'는 '많잖다'로 표기할 수 있다.
④ '생각컨대'는 '생각하건대'의 준말로 올바르다.

21 밑줄 친 말 중 <보기>에 제시된 [붙임 2]의 적용을 받아야 하는 것은?

> **보기**
> 한글 맞춤법 제40항은 어간의 마지막 음절 '하'가 줄어들 때 실제 발음대로 적도록 정하고 있다. 이 규정에 따르면, 어간 끝 '하'에서 모음 'ㅏ'가 사라지고 'ㅎ'이 뒤따르는 음절의 첫소리와 합쳐져 거센소리로 발음되면 그 거센소리를 그대로 표기해야 한다. 예컨대 '공부하도록'은 발음 [공부토록]에 맞추어 '공부토록'이라 쓴다. 반면 '넉넉지 않다'처럼 '하'가 아예 사라져 발음상 남는 소리가 없으면, 줄어든 형태 그대로 적는 것이 원칙이다.
> 어간 '하'의 줄임 형태는 '하' 앞에 어떤 받침이 있느냐에 따라 달라진다. 한글 맞춤법 부속 규정([붙임 2])에 따르면, 받침이 [ㄱ, ㄷ, ㅂ]일 때는 '하' 전체가 사라지고, 그 외의 받침 뒤에서는 'ㅎ'만 남아 자음 축약이 일어난다.

① 이 세상 모든 것을 <u>사랑타</u>.
② 그녀는 약속을 <u>기억치</u> 못했다.
③ 그의 집은 <u>단정코</u> 깨끗했다.
④ 그는 나를 <u>편안케</u> 해준다.

[22 ~ 23] 다음 글을 읽고 물음에 답하시오.

> **제30항** 사이시옷은 다음과 같은 경우에 받치어 적는다.
> 1. 순우리말로 된 합성어로서 앞말이 모음으로 끝난 경우
>   (1) 뒷말의 첫소리가 된소리가 나는 것
>   (2) 뒷말의 첫소리 'ㄴ, ㅁ' 앞에서 'ㄴ' 소리가 덧나는 것 ·················· ㉠
>   (3) 뒷말의 첫소리 모음 앞에서 'ㄴㄴ' 소리가 덧나는 것 ·················· ㉡
> 2. 순우리말과 한자어로 된 합성어로서 앞말이 모음으로 끝난 경우
>   (1) 뒷말의 첫소리가 된소리로 나는 것 ······ ㉢
>   (2) 뒷말의 첫소리 'ㄴ, ㅁ' 앞에서 'ㄴ' 소리가 덧나는 것
>   (3) 뒷말의 첫소리 모음 앞에서 'ㄴㄴ' 소리가 덧나는 것
> 3. 예외적으로 두 음절로 된 한자어에 사이시옷이 쓰이는 경우 ·················· ㉣

22 윗글에 따라 분석했을 때 밑줄 친 부분이 한글 맞춤법에 맞지 않는 것은?

① 건물의 아랫층에는 사람이 살고 있는 것 같았다.
② 공사 기한이 며칠 남지 않아서, 요즘에는 밤샘 작업이 예삿일로 되어 버렸다.
③ 그 건물의 자릿세는 너무 비싸다.
④ 요즘에는 혓바늘이 서고 입맛이 깔깔하다.

23 윗글의 ㉠~㉣에 해당하는 예로 옳지 <u>않은</u> 것은?

① ㉠ : 뒷일, 빗물, 툇마루
② ㉡ : 댓잎, 베갯잇, 허드렛일
③ ㉢ : 샛강, 탯줄, 홧김
④ ㉣ : 셋방, 찻간, 횟수

24 <보기>는 밑줄 친 ⓐ의 표기에 대해 조사한 내용이다. 이와 유사한 경우에 해당하는 것은?

> **보기**
> 둘 이상의 단어가 어울리거나 접두사가 붙어서 이루어진 말은 각각 그 원형을 밝히어 적는다. 예를 들어, '꽃 + 잎'은 '꽃잎'으로, '헛 + 웃음'은 '헛웃음'으로 적는다. 그러나 끝소리가 'ㄹ'인 말과 딴말이 어울릴 적에 'ㄹ' 소리가 'ㄷ' 소리로 나는 것은 'ㄷ'으로 적는다. 즉, '설+달'은 ⓐ '섣달'로, '술+가락'은 '숟가락'으로 적는다.

① 낟가리
② 맏아들
③ 미닫이
④ 이튿날

실전 학습 문제

25 다음 글에서 추론한 내용으로 적절하지 <u>않은</u> 것은?

> 일상 어휘에서 '-하-'가 들어 있는 동사 어간은 그 '하'가 줄어든다면 줄어드는 대로 적을 수 있다. 이때 줄어드는 양상은 어간 받침에 따라 달라지는데, 어간의 끝음절 '하' 앞 받침의 소리가 ㄱ, ㄷ, ㅂ이면 '하' 전체가 떨어져 나가 '넉넉지(넉넉하다)', '답답지(답답하다)'처럼 적는다. 반면 이외의 경우에는 'ㅏ'만 사라지고 'ㅎ'은 남아 뒤따르는 자음과 어울려 '무심치(무심하다)', '편안케(편안하게)'처럼 적는 것이 옳다.

① '어색하지만'은 '어색치만'으로 적어야 한다.
② '생각하지 않다'는 '생각지 않다'로 적어야 한다.
③ '간단하게'는 '간단케'로 적어야 한다.
④ '사랑하다'는 '사랑타'로 적어야 한다.

정답 및 해설 22p

공무원 시험 전문 해커스공무원
gosi.Hackers.com

07 음운 변동

1. 교체(X$\underline{A}$Y → X$\underline{B}$Y)

(1) 음절의 끝소리 규칙

① 홀로 쓰이거나 자음으로 시작하는 뒷말이 결합할 때

홑받침	'ㄱ, ㄴ, ㄷ, ㄹ, ㅁ, ㅂ, ㅇ'의 7자음만이 음절의 끝소리(받침이 되는 소리)로 발음됨 예 박[박] 밭[받] 부엌[부억] 말[말] 솥[솓] 법[법] 방[방] 꽃[꼳] 숲[숩] 히읗[히읃]
겹받침	• 겹받침 'ㄳ, ㄵ, ㄼ, ㄽ, ㄾ, ㅄ' → [ㄱ, ㄴ, ㄹ, ㅂ] ← 자음(음운) 2개 예 • 넓다[널따]: 자음군 단순화(탈락), 된소리되기(교체) 　　• 삯[삭]: 자음군 단순화(탈락) • 단, '밟다[밥ː따], 넓둥글다[넙뚱글다], 넓적하다[넙쩌카다], 넓죽하다[넙쭈카다]'의 겹받침 'ㄼ'은 예외적으로 [ㅂ]으로 발음함 • 겹받침 'ㄺ, ㄻ, ㄿ' → [ㄱ, ㅁ, ㅂ] • 단, 'ㄺ'으로 끝나는 어간에 'ㄱ'으로 시작하는 어미가 결합하면 겹받침 'ㄺ'은 [ㄹ]로 발음함 예 맑고[말꼬]
쌍받침	• 'ㄲ' 예 밖[박](교체) • 'ㅆ' 예 있다[읻따](교체)

② 모음으로 시작하는 뒷말이 결합할 때

홑받침	형식 형태소(뜻이 없는 형태소) : 그대로 연음	예 같은[가튼], 낮이[나지], 부엌이[부어키], 꽃아[꼬자], 꽃을[꼬즐], 무릎에[무르페]
	실질 형태소(뜻이 있는 형태소) : 대표음으로 바꾼 후 연음	예 밭 아래[바다래], 늪 앞[느밥], 맛없다[마덥따], 헛웃음[허두슴], 꽃 위[꼬뒤], 무릎 아래[무르바래] ← 'ㅇ'은 뜻이 없으므로 'ㅅ'은 그대로 연음
겹받침	형식 형태소: 뒷엣것만 연음	예 값을[갑쓸](이 경우, 'ㅅ'은 된소리로 발음함), 닭을[달글], 앉아[안자]
	실질 형태소: 대표음으로 바꾼 후 연음	예 값어치[가버치], 닭 아래[다가래], 닭 앞에[다가페]
쌍받침	형식 형태소 - 그대로 연음	예 깎아[까까], 밖에[바께], 있어[이써]

> **개념 더하기** 받침의 발음
>
> '홑받침, 겹받침, 쌍받침 + 모음으로 시작하는 형태소'의 발음
> - 홑받침
>   - 의미x: 옷이[오시](연음)
>   - 의미O: 옷 위[옫위 → 오뒤](교체, 연음)
> - 쌍받침 - 의미x: 밖이[바끼](연음)
> - 겹받침
>   - 의미x: 닭을[달글](연음)
>   - 의미O: 닭 아래[닥아래 → 다가래](탈락, 연음)
>
> 겹받침 'ㄳ, ㄽ, ㅄ'의 발음
> 겹받침 'ㄳ, ㄽ, ㅄ' + 모음으로 시작하는 형식 형태소(뜻이 없는 말)
> → 'ㅅ'은 [ㅆ]으로 발음
> → 'ㅅ'이 [ㅆ]이 되었으므로 '교체'
> **예** 삯이[삭씨], 외곬으로[외골쓰로 / 웨골쓰로], 값을[갑쓸]

(2) 자음 동화

① 비음화: 비음이 아닌 자음이 비음을 만나 비음으로 발음되는 현상

- [ㄱ, ㄷ, ㅂ] + [ㄴ, ㅁ] → [ㅇ, ㄴ, ㅁ] + [ㄴ, ㅁ]
  - **예** • 국물[궁물], 닫는[단는], 돕는[돔ː는]
    - 꽃내음[꼳내음(교체-음절의 끝소리 규칙) → 꼰내음(교체-비음화)]

- [ㅁ, ㅇ] + [ㄹ] → [ㅁ, ㅇ] + [ㄴ]
  - **예** 담력[담ː녁], 종로[종노], 강릉[강능]

- [ㄱ, ㄷ, ㅂ] + [ㄹ] → [ㅇ, ㄴ, ㅁ] + [ㄴ]
  - **예** 독립[동닙], 섭리[섬니], 왕십리[왕심니]

② 유음화: 'ㄴ'이 'ㄹ'의 앞이나 뒤에서 'ㄹ'로 변하는 현상

- [ㄴ] + [ㄹ] → [ㄹ] + [ㄹ]
  - **예** 광한루[광ː할루], 손난로[손날로]

- [ㄹ] + [ㄴ] → [ㄹ] + [ㄹ]
  - **예** 칼날[칼랄], 찰나[찰라]

- <예외> 상견례[상견녜], 의견란[의ː견난], 이원론[이ː원논], 공권력[공꿘녁], 동원령[동ː원녕], 결단력[결딴녁], 임진란[임ː진난], 입원료[이붠뇨], 횡단로[횡단노/휑단노]

- <더 알아두기> 생산량[생산냥], 구근류[구근뉴], 추진력[추진녁], 신문로[신문노]

07 음운 변동

(3) 구개음화 — 교체

구개음이 아닌 자음 'ㄷ, ㅌ'이 모음 'ㅣ, 나 반모음 'ㅣ'로 시작하는 형식 형태소를 만나 구개음 [ㅈ], [ㅊ]으로 바뀌는 현상

예) 미닫이[미ː다지], 여닫이[여ː다지], 굳이[구지], 붙여[부쳐 → 부처], 쇠붙이[쇠부치/쉐부치]

└ [겨, 쪄, 쳐] → [저, 쩌, 처]

(4) 된소리되기(경음화 현상) — 음절의 끝소리 규칙 이후에 적용

① 앞말의 받침 'ㄱ, ㄷ, ㅂ(ㅅ, ㅈ)' + 뒷말의 첫소리 'ㄱ, ㄷ, ㅂ, ㅅ, ㅈ'
   └ 이는 '어간 + 어미', 단일어, 합성어, 파생어 등 모든 단어에서 발음되는 현상임

예) 국밥[국빱], 역도[역또], 있지[읻찌], 입고[입꼬], 깎지[깍찌], 깎고[깍꼬]

② 용언 어간의 끝소리 'ㄴ(ㄵ), ㅁ(ㄻ)' + 뒷말의 첫소리 'ㄱ, ㄷ, ㅅ, ㅈ'

예) 삼다[삼ː따], 안고[안ː꼬]

③ 용언 어간의 받침 'ㄺ, ㄼ, ㄾ' + 뒷말의 첫소리 'ㄱ, ㄷ, ㅅ, ㅈ'

예) 맑고[말꼬], 넓다[널따], 핥다[할따]

④ 어간 + 관형사형 전성 어미 '-(으)ㄹ' + 'ㄱ, ㄷ, ㅂ, ㅅ, ㅈ'
   • 된소리로 발음
     예) 할 것을[할꺼슬], 할 바를[할빠를]
   • <예외> 끊어서 말할 때에는 된소리로 발음하지 않음
     예) 할 바를[할 바를], 볼 수가[볼 수가]

⑤ 한자어에서 'ㄹ' 받침 뒤 'ㄷ, ㅅ, ㅈ'
   • 된소리로 발음   ┌ 구성 물질(物質)[물찔] / 해녀들의 물질[물질]
     예) 갈등(葛藤)[갈뜽], 발동(發動)[발똥], 물질(物質)[물찔], 발전(發展)[발쩐], 몰상식(沒常識)[몰쌍식]

2. 축약(XABY → XCY)

(1) **자음 축약**: 'ㄱ, ㄷ, ㅂ, ㅈ'과 'ㅎ'이 만나 'ㅋ, ㅌ, ㅍ, ㅊ'이 되는 현상으로, 발음에만 나타나는 현상

① 'ㄱ, ㄷ, ㅂ, ㅈ' + 'ㅎ' → 'ㅋ, ㅌ, ㅍ, ㅊ'
  예 축하[추카], 막혀[마켜], 입히다[이피다], 맞힌[마친], 젖히다[저치다]
② 'ㅎ' + 'ㄱ, ㄷ, ㅂ, ㅈ' → 'ㅋ, ㅌ, ㅍ, ㅊ'   예 놓고[노코], 많다[만:타]

(2) **모음 축약**: 두 모음이 줄어들어 한 음절이 되는 현상(실제 표기에 반영됨)

① ㅗ + ㅏ → ㅘ   예 보 + 아라 → 봐라, 오 + 아서 → 와서, 오 + 아라 → 와라
② ㅜ + ㅓ → ㅝ   예 주 + 어라 → 줘라

3. 탈락(XAY → XØY)

(1) **자음 탈락**: 음절의 끝 자음이 없어지는 음운 현상

① 'ㄹ' 탈락: '어간 + 어미'의 형태일 때, 용언 어간의 끝소리인 'ㄹ'이 어미의 첫소리 'ㄴ, ㄹ, ㅂ, ㅅ' 및 '-(으)오' 앞에서 탈락하는 현상
  -ㄹ수록, -ㄹ지언정, -ㄹ뿐더러, -ㄹ망정, -ㄹ까
  예 • 놀다: 노니, 논, 놉시다, 노시다, 노오
     • 울다: 우니, 운, 웁시다, 우시다, 우오

② 'ㅎ' 탈락: 용언 어간 끝소리 'ㅎ'이 모음으로 시작하는 어미나 접미사와 결합할 때 탈락하는 현상(발음상의 탈락)
  예 넣 + 어 → [너어], 놓 + 을 → [노을], 쌓 + 이 + 다 → [싸이다], 싫 + 어도 → [시러도]

개념 더하기 받침 'ㅎ(ㄶ, ㅀ)'의 발음(표준 발음법 제12항)

구분	예	음운 변동
'ㅎ' + 'ㄱ, ㄷ, ㅂ, ㅈ' → [ㅋ, ㅌ, ㅍ, ㅊ]	놓고[노코]	축약
'ㅎ' + 모음 → [Ø + 모음]	놓아[노아]	탈락
'ㅎ' + 'ㅅ' → [Ø + ㅆ]	놓소[노쏘]	탈락 + 교체
'ㅎ' + 'ㄴ' → [ㄴ + ㄴ]	놓는[논는]	교체
'ㄶ' + 'ㄴ' → [ㄴ + ㄴ]	끊는[끈는]	탈락
'ㅀ' + 'ㄴ' → [ㄹ + ㄹ]	끓는[끌는 → 끌른]	탈락 + 교체

<붙임 1> 받침 'ㄱ(ㄺ), ㄷ, ㅂ(ㄼ), ㅈ(ㄵ)' + 'ㅎ' → [ㅋ, ㅌ, ㅍ, ㅊ]   예 맏형[마텽], 먹히다[머키다]
<붙임 2> [ㄷ]으로 발음되는 'ㅅ, ㅈ, ㅊ, ㅌ' + 'ㅎ' → [ㅌ]   예 꽃 한 송이[꼳한송이 → 꼬탄송이], 옷 한 벌[온한벌 → 오탄벌]

07 음운 변동

(2) 모음 탈락: 두 모음이 연속될 경우, 하나의 모음이 탈락하는 음운 현상(표기상의 탈락)

① 'ㅡ' 탈락: 'ㅡ'로 끝나는 어간에 '아/어'로 시작하는 어미가 결합할 때 어간의 'ㅡ'가 탈락하는 현상

예
- 끄- + -어 → 꺼, 끄- + -어서 → 꺼서, 끄- + -어라 → 꺼라 ┌ '-아/어', '-아서/어서', '-아라/어라'
- 잠그- + -아 → 잠가, 잠그- + -아서 → 잠가서, 잠그- + -아라 → 잠가라
- 담그- + -아 → 담가, 담그- + -아서 → 담가서, 담그- + -아라 → 담가라 ← 모음 조화 파괴

② 동음 탈락: 동일한 모음이 연속될 때, 그 중 하나가 탈락하는 현상

예
- 가 + -아 → 가, 가 + -아서 → 가서, 가 + -아라 → 가라(동일한 모음 'ㅏ'가 탈락)
- 서- + -어 → 서, 서- + -어서 → 서서, 서- + -어라 → 서라(동일한 모음 'ㅓ'가 탈락)

> 🌟 **개념 더하기** 음운 변동의 종류
>
> - 교체: 음절의 끝소리 규칙, 자음 동화, 구개음화, 모음 동화, 된소리되기
> - 축약: 자음 축약, 모음 축약
> - 탈락: 'ㄹ' 탈락, 'ㅎ' 탈락, 'ㅡ' 탈락, 동음 탈락, 자음군 단순화(겹받침)
> - 첨가: 사잇소리 현상

4. 첨가(XØY → XAY)

(1) 사잇소리 현상: 명사 + 명사의 합성어에서 일어나는 것이 원칙

① 'ㄴ' 첨가

- 자음 + 모음 'ㅣ', 반모음 'ㅣ'(ㅑ, ㅕ, ㅛ, ㅠ 등) ┌ 파생어, 합성어, 두 단어 사이에서도 일어남

예 집 + 일 → 집일[짐닐], 콩 + 엿 → 콩엿[콩녇], 늑막 + 염 → 늑막염[능망념]

> 🌟 **개념 더하기** 표준 발음법 제29항
>
> 합성어 및 파생어에서, 앞 단어나 접두사의 끝이 자음이고 뒤 단어나 접미사의 첫음절이 '이, 야, 여, 요, 유'인 경우에는, 'ㄴ' 음을 첨가하여 [니, 냐, 녀, 뇨, 뉴]로 발음한다.

공무원 시험 전문 해커스공무원
gosi.Hackers.com

실전 학습 문제

정답 및 해설 27p

01 <보기>는 표준 발음에 대한 규정의 일부이다. 이를 바탕으로 할 때 발음이 적절하지 <u>않은</u> 것은?

> 보기
>
> **제8항** 받침소리로는 'ㄱ, ㄴ, ㄷ, ㄹ, ㅁ, ㅂ, ㅇ'의 7개 자음만 발음한다.
> 예 꽃[꼳], 솥[솓], 앞[압]
>
> **제9항** 받침 'ㄲ, ㅋ', 'ㅅ, ㅆ, ㅈ, ㅊ, ㅌ', 'ㅍ'은 어말 또는 자음 앞에서 각각 대표음 [ㄱ, ㄷ, ㅂ]으로 발음한다.
> 예 닦다[닥따], 키읔[키윽], 옷[옫], 뱉다[뱉:따]
>
> **제10항** 겹받침 'ㄳ', 'ㄵ', 'ㄼ, ㄽ, ㄾ', 'ㅄ'은 어말 또는 자음 앞에서 각각 [ㄱ, ㄴ, ㄹ, ㅂ]으로 발음한다.
> 예 여덟[여덜], 넓다[널따], 핥다[할따], 값[갑]
> 다만, '밟-'은 자음 앞에서 [밥]으로 발음하고, '넓-'은 다음과 같은 경우에 [넙]으로 발음한다.
> 넓-죽하다[넙쭈카다], 넓-적하다[넙쩌카다], 넓-둥글다[넙뚱글다]
>
> **제11항** 겹받침 'ㄺ, ㄻ, ㄿ'은 어말 또는 자음 앞에서 각각 [ㄱ, ㅁ, ㅂ]으로 발음한다.
> 다만, 용언의 어간 말음 'ㄺ'은 'ㄱ' 앞에서 [ㄹ]로 발음한다.
> 예 읽다[익따], 묽고[물꼬]
>
> **제13항** 홑받침이나 쌍받침이 모음으로 시작된 조사나 어미, 접미사와 결합되는 경우에는, 제 음가대로 뒤 음절 첫소리로 옮겨 발음한다.
> 예 옷이[오시], 무릎이[무르피], 꽃을[꼬츨]
>
> **제14항** 겹받침이 모음으로 시작된 조사나 어미, 접미사와 결합되는 경우에는, 뒤엣것만을 뒤 음절 첫소리로 옮겨 발음한다(이 경우, 'ㅅ'은 된소리로 발음함).
> 예 닭을[달글], 넋이[넉씨], 앉아[안자], 젊어[절머], 값을[갑쓸], 외곬으로[외골쓰로]
>
> **제15항** 받침 뒤에 모음 'ㅏ, ㅓ, ㅗ, ㅜ, ㅟ'들로 시작되는 실질 형태소가 연결되는 경우에는, 대표음으로 바꾸어서 뒤 음절 첫소리로 옮겨 발음한다. 예 밭 아래[바다래], 늪 앞[느밥]
> [붙임] 겹받침의 경우에는, 그중 하나만을 옮겨 발음한다.
> 예 값어치[가버치], 닭 앞에[다가페]

① 부엌에서[부어게서] 음식 냄새가 난다.
② 닭장 안에 닭 아래[다가래] 많은 알들이 있었다.
③ 눈이 오더니 다음날 맑게[말께] 개었다.
④ 실수로 진흙을 밟고[밥꼬] 말았다.

02 <보기 1>의 ㉠ ~ ㉢에 해당하는 예를 <보기 2>에서 찾아 바르게 연결한 것은?

보기 1

제5항 'ㅑ, ㅒ, ㅕ, ㅖ, ㅘ, ㅙ, ㅛ, ㅝ, ㅞ, ㅠ, ㅢ'는 이중 모음으로 발음한다.
다만 1. 용언의 활용에 나타나는 '져, 쪄, 쳐'는 [저, 쩌, 처]로 발음한다.
다만 2. '예, 례' 이외의 'ㅖ'는 [ㅔ]로도 발음한다.
다만 3. ㉠ 자음을 첫소리로 가지고 있는 음절의 'ㅢ'는 [ㅣ]로 발음한다.
다만 4. ㉡ 단어의 첫음절 이외의 '의'는 [ㅣ]로, ㉢ 조사 '의'는 [ㅔ]로 발음함도 허용한다.

보기 2

- 내 ⓐ 의견은 중요하지 않았다.
- 그녀는 ⓑ 회의가 끝나자마자 자리에서 일어났다.
- 거기서 나와 철수의 ⓒ 희비가 갈렸다.
- ⓓ 엄마의 응원은 나에게 큰 힘이 되었다.

	㉠	㉡	㉢
①	ⓐ	ⓑ	ⓒ
②	ⓑ	ⓒ	ⓓ
③	ⓑ	ⓓ	ⓐ
④	ⓒ	ⓑ	ⓓ

03 밑줄 친 단어 중 <보기>에서 설명하는 음운 현상이 일어나지 <u>않은</u> 것은?

보기

국어 음운 변동 가운데 '축약'은 이웃한 두 음이 발음 단계에서 하나로 합쳐져 짧아지는 현상을 말한다. 축약에는 자음 축약과 모음 축약이 있는데, 자음 축약은 평음 'ㄱ, ㄷ, ㅂ, ㅈ'이 'ㅎ'과 연접할 때 두 자음이 융합돼 거센소리 'ㅋ, ㅌ, ㅍ, ㅊ'으로 소리 나며, 표기에 변화가 없는 것이 특징이다(예 좋고[조코], 꽃히다[꼬치다], 잡히다[자피다]).
반면 모음 축약은 모음끼리 만나 새로운 모음 또는 이중모음으로 줄어드는 과정으로, 'ㅗ+ㅏ → ㅘ', 'ㅜ+ㅓ → ㅝ'와 같이 결과가 철자에 그대로 반영된다. 따라서 '보- + -아라'가 '봐라', '두- + -었다'가 '뒀다'가 되는 것처럼 표기가 달라지는 사례가 생긴다. 이처럼 자음 축약은 음성에서만 드러나고 모음 축약은 철자에도 남는다는 점에서 두 축약 유형은 뚜렷이 구분된다.

① 우리 형이 고등학교에 <u>입학</u>했다.
② 가방을 집에 <u>놓고</u> 나갔다.
③ 생일 선물로 옷을 <u>주었다</u>.
④ 내가 <u>맡은</u> 일은 꼭 해낼 것이다.

실전 학습 문제

04 다음 글에서 설명하고 있는 음운 변동이 나타나지 않은 것은?

> 한국어의 '탈락'은 음운이 소리에서 빠져 버리는 현상으로, 자음 쪽과 모음 쪽에서 각각 다른 방식으로 나타난다.
> 자음에서는 먼저 'ㄹ'이 잘 사라진다. 용언 어간이 'ㄹ'로 끝난 뒤 곧바로 '-ㄴ, -ㄹ, -ㅂ, -ㅅ, -(으)오' 같은 어미가 붙으면 'ㄹ'이 아예 소리도, 글자도 남기지 않는다. '살-'이 '사니, 삽니다' 등으로 바뀌는 것이 대표적인 예다. 반면 어간 끝의 'ㅎ'은 모음으로 시작하는 어미나 접미사와 만날 때 음성적으로만 탈락한다. '놓+아'가 표기는 그대로이지만 발음은 [노아]가 되는 식이다.
> 모음 쪽 탈락에는 두 가지가 두드러진다. 하나는 어간 말 모음 'ㅡ'가 '-아/어' 앞에서 흔적 없이 사라지는 현상으로, 'ㅋ + 어 → 커'처럼 표기 자체가 달라진다. 다른 하나는 같은 모음이 두 번 이어질 때 앞뒤 가운데 하나가 떨어져 나가는 동음 탈락이다. '사-아'는 '사'로, '서-어'는 '서'로 줄어드는 식이다.
> 이처럼 탈락은 어떤 자음·모음이 어떤 어미와 결합하느냐에 따라 글자까지 바꿔 놓기도 하고, 소리에서만 조용히 사라지기도 한다.

① 낙서를 전부 지웠다.
② 우는 것은 문제 해결에 도움이 되지 않는다.
③ 못 본 사이에 키가 엄청 컸다.
④ 학교가 끝나자마자 집으로 갔다.

05 다음 글의 ㉠의 사례가 아닌 것은?

> 음운의 변동은 단어나 문장 속에서 음운이 원래 형태 그대로 발음되지 않고 다양한 방식으로 바뀌는 현상을 의미한다. 이 변화에는 교체, 축약, 탈락, 첨가 등 네 가지 주요 유형이 있으며, 이 중 탈락은 원래 존재하던 소리가 사라지는 현상이다.
> ㉠ 모음 탈락은 두 모음이 연속해서 만날 때 그중 하나가 발음에서 빠지는 음운 변동으로, 탈락되는 모음의 종류와 환경에 따라 세부적으로 구분된다. 예를 들어, '쓰- + -어서'가 '써서'로 발음되는 것은 어간 끝의 'ㅡ'가 '아/어'로 시작하는 어미 앞에서 탈락하는 'ㅡ' 탈락에 해당한다. 또한, '가- + -아서'가 '가서'가 되는 현상은 어간 말 모음과 어미 초 모음이 같은 경우에 나타나는 동일 모음 탈락이다.

① 그가 보낸 택배가 오늘 왔다.
② 철수는 키가 엄청 컸다.
③ 돌아올 수 없는 강을 건넜다.
④ 배가 고파서 빵을 먹었다.

06 다음은 표준 발음에 관한 인터넷 게시판의 질문과 답변이다. (가)에 들어갈 내용으로 적절한 것은?

> **질문**: '곳곳이'는 [곧꼬시]로 발음하는 게 맞나요? 같은 받침 'ㅅ'인데 [ㄷ]과 [ㅅ]으로 그 발음이 달라지는 이유가 궁금해요.
> **답변**: '곳곳' 뒤에 모음으로 시작되는 형식 형태소가 올 때는 마지막 받침 'ㅅ'을 ㉠ 제 음가대로 뒤 음절의 첫소리로 옮겨 발음합니다. 반면, '곳'과 '곳'이 결합한 '곳곳'처럼 받침이 있는 말 뒤에 자음으로 시작되는 형태소가 오게 되면 그 받침을 ㉡ 대표음으로 바꾸어서 발음합니다. 그래서 '곳곳이'는 [곧꼬시]로 발음됩니다. 이에 해당하는 구체적인 예를 살펴보면 ▭(가)▭

① '꽃도'는 ㉠에 해당하고 '꽃이'는 ㉡에 해당합니다.
② '낯 갈이'는 ㉡에 해당하고 '낯이'는 ㉠에 해당합니다.
③ '겉과'와 '겉은'은 모두 ㉠에 해당합니다.
④ '낯에'와 '낯 온도'는 모두 ㉡에 해당합니다.

07 <보기>의 음운 현상에 대해 이해한 내용으로 적절하지 <u>않은</u> 것은?

> **보기**
> 자음 동화란 자음과 자음이 만날 때 어느 한쪽이 다른 쪽을 닮아서 그와 같은 소리나 비슷한 소리로 바뀌는 현상, 또는 서로 동화되어 두 소리가 같거나 비슷한 소리로 바뀌는 현상을 말한다.
> (가) 받침 'ㄱ, ㄷ, ㅂ'은 'ㄴ, ㅁ' 앞에서 [ㅇ, ㄴ, ㅁ]으로 발음 한다.
> (나) 받침 'ㅁ, ㅇ'의 앞이나 뒤에서 'ㄹ'은 [ㄴ]으로 발음한다.
> (다) 받침 'ㄱ, ㄷ, ㅂ'은 'ㄹ'과 결합할 때 [ㅇ, ㄴ, ㅁ]+ [ㄴ]으로 발음한다.
> (라) 'ㄴ'은 'ㄹ'의 앞이나 뒤에서 [ㄹ]로 발음한다.
> [붙임] 첫소리 'ㄴ'이 'ㄶ', 'ㄾ' 뒤에 연결되는 경우에도 이에 준한다. 다만, 다음과 같은 단어들은 'ㄹ'을 [ㄴ]으로 발음한다.
> **예** 상견례[상견녜], 의견란[의ː견난], 이원론[이ː원논], 공권력[공꿘녁], 동원령[동ː원녕], 결단력[결딴녁], 임진란[임ː진난], 입원료[이붠뇨], 횡단로[횡단노]

① (가)를 바탕으로 하면 '도둑을 잡는 경찰'에서 '잡는'은 [잠는]으로 읽어야 한다.
② '종로'를 [종노]로 발음하는 것은 (나)의 적용을 받은 결과이다.
③ '국력'을 '궁녁'으로 발음하는 것은 (다)에 의한 결과이다.
④ (라)의 [붙임]을 고려하여, '몸살을 앓는 동생'에서 '앓는'은 [알는]으로 발음해야 한다.

실전 학습 문제

08 다음 글에 따라 <보기>의 ㉠ ~ ㉣을 분석한 내용으로 적절하지 <u>않은</u> 것은?

> 비음화는 한국어 음운 현상 중 하나로, 파열음 'ㄱ, ㄷ, ㅂ'이 비음 'ㄴ, ㅁ'과 만나 'ㅇ, ㄴ, ㅁ'으로 발음이 바뀌는 과정을 말한다. 예컨대 '먹는'은 첫 음절 끝소리 'ㄱ'이 뒤의 'ㄴ' 영향을 받아 [멍는]으로 실현된다.
> 한편 표준발음법 제19항은 종성 'ㅁ' 또는 'ㅇ' 뒤에 결합되는 'ㄹ'을 'ㄴ'으로 발음하도록 규정하고, 붙임 조항에서는 'ㄹ'이 'ㄱ, ㅂ' 뒤에 이어질 때에도 'ㄹ'을 'ㄴ'으로 바꾸도록 명시한다. 이에 따라 '강릉'은 [강능], '흑룡'은 [흑뇽]으로 발음된다. 추가적으로 제19항의 붙임 규정에서는 'ㄱ, ㄷ, ㅂ' 뒤에 'ㄹ'이 올 때 상호비음화가 나타나게 되어 'ㄱ, ㄷ, ㅂ'은 [ㅇ,ㄴ,ㅁ]으로 뒤에 오는 'ㄹ'은 'ㄴ'으로 발음됨을 설명하고 있다.

> 보기
> ㉠ 일찍 문 <u>닫는</u> 가게
> ㉡ 새로운 <u>대통령</u>
> ㉢ 달콤한 <u>석류</u>
> ㉣ 핵심적인 <u>법리</u>

① ㉠의 '닫는'은 'ㄴ'의 영향으로 'ㄷ'이 'ㄴ'으로 발음되는 비음화 현상이 일어나므로 [단는]으로 발음한다.
② ㉡의 '대통령'은 표준발음법 제19항의 적용을 받아 [대통녕]으로 발음한다.
③ ㉢의 '석류'의 'ㄹ'은 'ㄴ'으로 발음된다.
④ ㉣의 '법리'가 [법니]로 발음되는 것은 표준발음법 제19항을 적용한 결과이다.

09 <보기>를 참고하여 발음한 것으로 적절한 것은?

> 보기
> • 받침소리는 'ㄱ, ㄴ, ㄷ, ㄹ, ㅁ, ㅂ, ㅇ'으로 발음된다.
> • 겹받침에 관한 발음 규정은 다음과 같다.
>   - 겹받침 'ㄳ', 'ㄵ', 'ㄼ', 'ㄽ', 'ㄾ', 'ㅄ'의 경우 [ㄱ, ㄴ, ㄹ, ㅂ]으로 발음한다. 다만 '밟다'만은 예외적으로 [밥:따]로 발음한다.
>   - 겹받침 'ㄺ', 'ㄻ', 'ㄿ'의 경우 [ㄱ, ㅁ, ㅂ]으로 발음한다. 다만 용언의 어간 말음 'ㄺ'은 'ㄱ' 앞에서 [ㄹ]로 발음한다.

① '짧고'는 [짭꼬]로 발음해야겠군.
② '젊고'는 [점:꼬]로 발음해야겠군.
③ '늙고'는 [늑꼬]로 발음해야겠군.
④ '읊고'는 [을꼬]로 발음해야겠군.

10 <보기>를 이해한 내용으로 적절하지 않은 것은?

> **보기**
> 동화 현상은 한 음운이 인접하는 다른 음운의 성질을 닮아가는 현상이다. 동화에는 'ㄴ, ㅁ'의 앞에서 'ㄱ, ㄷ, ㅂ'이 'ㅇ, ㄴ, ㅁ'으로 변하는 비음화, 'ㄹ'의 앞뒤에서 'ㄴ'이 'ㄹ'로 변하는 유음화, 끝소리가 'ㄷ, ㅌ'인 형태소가 모음 'ㅣ'로 시작되는 형식 형태소와 만났을 때 'ㄷ, ㅌ'이 'ㅈ, ㅊ'으로 변하는 구개음화가 있다.

① '밟는다'는 [밤는다]로 발음해야 한다.
② '꽃밭이'는 [꼳바치]로 발음해야 한다.
③ '연료'는 [연뇨]로 발음해야 한다.
④ '끝이'는 [끄치]로 발음해야 한다.

11 (가)에 들어갈 내용으로 적절한 것은?

> 구개음화는 표준발음법 제17항에서 다루고 있다. 어말의 치조음 받침 'ㄷ, ㅌ(ㄾ)'이 형식 형태소인 조사나 접미사의 모음 'ㅣ' 계열과 결합할 때 경구개음 [ㅈ, ㅊ]으로 전환되어 뒤음절 초성으로 옮겨 발음되도록 규정한다. 'ㄷ'이 접미사 '-히'와 결합해 'ㅌ'로 줄 때도 '닫히다[다치다]'·'굳히다[구치다]'와 같이 구개음화가 일어난다.
> 내용과 관련된 예로 ___(가)___ 가 있다.

① '갇히다'는 첫음절의 끝소리 'ㄷ'과 접미사 '히'가 결합한 형태이므로 구개음화가 일어나지 않는다.
② '굳이'는 첫음절의 끝소리 'ㄷ'과 모음으로 시작하는 형식 형태소 '이'가 결합하였으므로 구개음화가 일어난다.
③ '밭은'은 첫음절의 끝소리 'ㅌ' 뒤에 모음으로 시작하는 형식 형태소인 '은'이 결합하였으므로 구개음화가 일어난다.
④ 명사 '밭이랑'은 첫음절의 끝소리 'ㅌ' 뒤에 모음 형식 형태소인 'ㅣ'가 결합하였으므로 구개음화가 일어난다.

실전 학습 문제

12 다음 글을 고려할 때 표준 발음으로 옳지 <u>않은</u> 것은?

> 제12항 받침 'ㅎ'의 발음은 다음과 같다.
> 1. 'ㅎ(ㄶ, ㅀ)' 뒤에 'ㄱ, ㄷ, ㅈ'이 결합되는 경우에는, 뒤 음절 첫소리와 합쳐서 [ㅋ, ㅌ, ㅊ]으로 발음한다.
>   예 놓고[노코], 좋던[조:턴], 쌓지[싸치]
>   [붙임 1] 받침 'ㄱ(ㄺ), ㄷ, ㅂ(ㄼ), ㅈ(ㄵ)'이 뒤 음절 첫소리 'ㅎ'과 결합되는 경우에도, 역시 두 음을 합쳐서 [ㅋ, ㅌ, ㅍ, ㅊ]으로 발음한다.
>   예 각하[가카], 먹히다[머키다], 맏형[마], 밝히다[발키다], 넓히다[널피다]
>   [붙임 2] 규정에 따라 'ㄷ'으로 발음되는 'ㅅ, ㅈ, ㅊ, ㅌ'의 경우에도 이에 준한다.
>   예 옷 한 벌[오탄벌], 꽃 한 송이[꼬탄송이]
> 2. 'ㅎ(ㄶ, ㅀ)' 뒤에 'ㅅ'이 결합되는 경우에는, 'ㅅ'을 [ㅆ]으로 발음한다.
>   예 닿소[다ː쏘], 많소[만ː쏘], 싫소[실쏘]
> 3. 'ㅎ' 뒤에 'ㄴ'이 결합되는 경우에는, [ㄴ]으로 발음한다.
>   예 놓는[논는], 쌓네[싼네]
>   [붙임] 'ㄶ, ㅀ' 뒤에 'ㄴ'이 결합되는 경우에는, 'ㅎ'을 발음하지 않는다.
>   예 않네[안네], 않는[안는], 뚫네[뚤네→뚤레], 뚫는[뚤는→뚤른]
>   * '뚫네[뚤네→뚤레], 뚫는[뚤는→뚤른]'과 같은 형태는 이후 20항 유음화를 적용한다.
> 4. 'ㅎ(ㄶ, ㅀ)' 뒤에 모음으로 시작된 어미나 접미사가 결합되는 경우에는, 'ㅎ'을 발음하지 않는다.
>   예 낳은[나은], 놓아[노아], 쌓이다[싸이다]

① 밤새도록 눈이 와서 세상이 모두 <u>하얗소[하얃쏘]</u>.
② 새벽에 백화점에 <u>닿는[단는]</u> 순간 사람들이 뛰어왔다.
③ 약은 먹기 <u>싫어도[시러도]</u> 꼭 먹어야 해.
④ 이제와서 보니 그가 모두 <u>옳네[올레]</u>.

13 다음은 음운 변동에 대한 자료이다. 이에 대해 탐구한 내용으로 적절하지 <u>않은</u> 것은?

> • 받침 'ㄱ, ㄷ, ㅂ' 뒤의 'ㄱ, ㄷ, ㅂ, ㅅ, ㅈ'은 된소리로 발음한다.
>   예 국밥[국빱], 뻗다[뻗따] ⋯⋯⋯⋯⋯ ㉠
> • 어간 받침 'ㄴ, ㅁ' 뒤의 어미의 첫소리 'ㄱ, ㄷ, ㅅ, ㅈ'은 된소리로 발음한다.
>   예 넘고[넘꼬] ⋯⋯⋯⋯⋯⋯⋯⋯⋯ ㉡
> • 관형사형 '-ㄹ' 뒤의 'ㄱ, ㄷ, ㅂ, ㅅ, ㅈ'은 된소리로 발음한다.
>   예 할 수는[할쑤는], 만날 사람[만날싸람] ⋯⋯ ㉢

① '옷고름'이 [온꼬름]으로 발음되는 것은 ㉠에 해당하는 것이겠군.
② '눈짓'이 [눈찓]으로 발음되는 것은 ㉡에 해당하는 것이겠군.
③ '엃다[언따]'를 ㉡의 예로 추가할 수 있겠군.
④ '슬픈 소식[슬픈소식]'으로 보아 ㉢과 달리 관형사형 '-ㄴ' 뒤에서는 된소리되기가 일어나지 않는군.

[14 ~ 15] 다음 글을 읽고 물음에 답하시오.

> **제23항** 받침 'ㄱ(ㄲ, ㅋ, ㄳ, ㄺ), ㄷ(ㅅ, ㅆ, ㅈ, ㅊ, ㅌ), ㅂ(ㅍ, ㄼ, ㄿ, ㅄ)' 뒤에 연결되는 'ㄱ, ㄷ, ㅂ, ㅅ, ㅈ'은 된소리로 발음한다.
> 예 국밥[국빱], 옷고름[옫꼬름], 덮개[덥깨]
>
> **제24항** 어간 받침 'ㄴ(ㄵ), ㅁ(ㄻ)' 뒤에 결합되는 어미의 첫소리 'ㄱ, ㄷ, ㅅ, ㅈ'은 된소리로 발음한다.
> 예 앉고[안꼬], 남다[남따]
> 다만, 피동, 사동의 접미사 '-기-'는 된소리로 발음하지 않는다.
> 예 안기다[안기다], 신기다[신기다]
>
> **제25항** 어간 받침 'ㄼ, ㄾ' 뒤에 결합되는 어미의 첫소리 'ㄱ, ㄷ, ㅅ, ㅈ'은 된소리로 발음한다.
> 예 넓게[널께], 핥다[할따], 훑소[훌쏘], 떫지[떨ː찌]

14 윗글은 표준발음법 규정의 일부이다. 이 규정을 활용하여 해결할 수 있는 질문이 아닌 것은?

① '옆집'은 [엽집]인가요, [엽찝]인가요?
② '물질'은 [물질]이 아니라 왜 [물찔]인가요?
③ '(바닥을) 더듬지'는 [더듬지]가 아니라 [더듬찌]가 맞나요?
④ '(머리를) 감기다'는 [감끼다]가 아니라 왜 [감기다]인가요?

15 윗글을 바탕으로 표준 발음법에 대해 탐구한 내용으로 적절하지 않은 것은?

① '시원한 국수'에서 '국수'는 제23항을 적용하여 [국쑤]로 발음해야겠군.
② '자리에 앉도록'에서 '앉도록'은 제24항을 적용하여 [안또록]으로 발음해야겠군.
③ '아이가 나에게 안기다'에서 '안기다'는 제24항을 적용하여 [안기다]로 발음해야겠군.
④ '여덟과 아홉'에서 '여덟과'는 제25항을 적용하여 [여덜꽈]로 발음해야겠군.

실전 학습 문제

16 다음 표준발음법 수업의 일부이다. ㉠의 사례와 같은 것은?

> **선생님**: '색연필'이 표기와 달리 [생년필]로 들리는 까닭은 두 단계의 음운 변동이 연달아 일어나기 때문이다. 먼저 '색' 뒤에 이어지는 '연'의 첫소리는 자음이 없는 'ㅇ'에 'ㅕ'가 붙은 형태로, 한국어 연쇄 발음 규칙에서 '이, 야, 여, 요, 유' 계열 모음 앞에는 사이음 [ㄴ]이 끼어드는 현상이 작동한다. 이 [ㄴ] 첨가가 이루어지면 '색연필'은 [색년필]이 된다. 이어서 새로 나타난 [ㄴ] 바로 앞에 놓인 받침 'ㄱ'은 'ㄱ, ㄷ, ㅂ'이 'ㄴ, ㅁ' 앞에서 [ㅇ, ㄴ, ㅁ]으로 발음되는 현상인 비음화에 의해 'ㅇ'으로 발음되게 된다. 따라서 ㉠ '색연필'은 [색연필 → 색년필 → 생년필]로 발음하게 된다.

① 눈요기[눈뇨기]
② 식용유[시공뉴]
③ 의견란[의견난]
④ 농업용[농엄농]

17 다음 글에 대한 이해로 적절하지 <u>않은</u> 것은?

> 홑받침이나 쌍받침으로 끝나는 낱말 뒤에 조사를 비롯한 모음으로 시작하는 형식 형태소가 붙으면, 그 받침을 뒷절의 첫소리로 옮겨 소리 내는 것을 ㉠ 연음이라고 한다. 한국어 발음 체계에서 연음은 대표적인 발음의 한 형태이지만, 모든 경우에 적용되는 것은 아니다. 먼저 받침이 'ㅇ'인 형태는 초성에서 발음할 수 없으므로 결합해도 연음되지 않고, 'ㅎ' 받침은 뒤에 모음으로 시작하는 형식 형태소가 올 경우에도 'ㅎ'이 탈락하여 연음되지 않는다. 또 'ㄷ, ㅌ' 받침이 '이'로 시작하는 어미·접미사와 만날 때는 연음보다 구개음화가 우선하여 'ㅈ, ㅊ' 소리로 바뀌어 이어진다.
> 반면, 받침 뒤에 모음 'ㅏ, ㅓ, ㅗ, ㅜ, ㅟ' 가운데 하나로 시작하는 실질 형태소가 올 경우에는 연음 대신 ㉡ 절음이라 하여, 먼저 받침을 그 낱말의 대표음(끝소리 규칙에 따른 음가)으로 바꾼 뒤 뒷절 초성으로 보내어 발음한다. 이처럼 연음과 절음의 구별은 단어 경계를 넘는 자음 이동이나 변화를 규율하여 한국어 발음의 균형과 명료함을 유지하게 해 준다.

① '덮이다'는 ㉠에 해당하고 '덮 위'는 ㉡에 해당한다.
② '앞에'는 ㉠에 해당하고 '앞 아이'는 ㉡에 해당한다.
③ '놓으니'는 ㉠의 예외에 해당하고 '낳았다'는 ㉡에 해당한다.
④ '상황에'는 ㉠의 예외에 해당하고 '헛웃음'은 ㉠, ㉡ 모두 해당한다.

18 다음 글을 읽고 음운 변동 사례에 대한 이해로 적절한 것은?

한국어 화자는 실제로 '국밥을 먹는다'를 [국빠블 멍는다]처럼 발음하곤 한다. 이처럼 표기와는 다르게 음운 단어 안팎에서 소리 체계가 달라지는 현상을 음운 변동이라고 하는데, 그 유형은 크게 네 가지로 나뉜다.

첫째는 교체로, 원래 있던 소리가 다른 소리로 바뀌는 경우다. 예컨대 '낫'의 마지막 자음 'ㅅ'이 [ㄷ]로 발음되면 소리가 교체된 것이다. 둘째는 탈락으로, 본래 있던 음소가 완전히 사라지는 현상이다. '삶'이 [삼]으로 들릴 때 'ㄹ'이 빠진 것이 이에 해당한다. 셋째는 첨가로, 두 음절이나 형태소가 만나면서 새로운 음소가 덧붙는 경우이다. '콩엿'을 [콩녇]으로 발음할 때 두 번째 초성에 [ㄴ]이 추가된 예가 그렇다. 마지막으로 축약은 이웃한 두 음운이 합쳐져 제3의 소리로 바뀌는 현상이다. 즉 'ㅎ'이 뒤의 'ㄱ, ㄷ, ㅂ, ㅈ'과 만나면 격음(ㅋ, ㅌ, ㅍ, ㅊ)으로 합쳐지는 현상을 말하는데, '좋고'를 [조코]로 발음하는 경우를 말한다.

교체의 경우 음운의 수가 그대로이지만, 탈락과 축약에서는 소리가 줄어들고, 첨가에서는 늘어난다. 한 단어 안에서 이러한 변동이 한 번만 일어나기도 하고, 같은 유형이나 서로 다른 유형이 여러 차례 중첩되며 한국어 발음의 유연성을 만든다.

① '신라[실라]'는 교체가 한 번 일어났고, 음운의 개수가 줄었다.
② '급행열차[그팽녈차]'는 첨가가 한 번 일어났고, 음운의 개수가 늘었다.
③ '싫어[시러]'는 탈락이 한 번 일어났고, 음운의 개수가 줄었다.
④ '밭이랑[반니랑]'은 교체 및 첨가가 한 번씩 일어났고, 음운의 개수가 늘었다.

19 다음 글을 이해한 내용으로 적절하지 않은 것은?

자음 동화는 인접한 자음이 서로의 음성적 특징을 닮아 발음이 변하는 현상이다. 한국어에서는 대표적으로 비음화와 유음화가 이에 속하며, 일정한 환경에서 규칙적으로 소리의 교체가 일어난다.

비음화는 받침 'ㄱ, ㄷ, ㅂ'이 뒤따르는 비음 'ㅁ, ㄴ'의 조음 위치로 동화되어 각각 'ㅇ, ㄴ, ㅁ'으로 발음이 전환되는 현상이다. 예컨대 "먹는"의 종성 'ㄱ'은 뒤따르는 비음 'ㄴ'의 영향으로 [멍는]으로 실현된다.

유음화는 비음 'ㄴ'이 유음 'ㄹ'과 맞닿을 때 'ㄹ'의 조음 방식으로 바뀌는 과정이다. 이때 'ㄴ'은 음절의 초성이나 종성 어느 쪽에 있든 상관없이 [ㄹ]로 발음될 수 있다. 예를 들어 '칼날'은 순행적 유음화로 [칼랄], '신라'는 역행적 유음화로 [실라]처럼 발음된다.

그러나 'ㄴ'이 'ㄹ'로 시작하는 한자어 접미사 '란, 량, 력, 론, 료, 례, 령'과 결합할 때는 유음화 대신 'ㄴ'이 그대로 유지되어 [ㄴㄴ]로 발음된다. 이 규정에 따라 '의견란'은 [의견난], '공권력'은 [공꿘녁], '입원료'는 [이붠뇨]로 발음된다.

이처럼 비음화와 유음화는 한국어 음운의 유연성과 규칙성을 보여주며, 동시에 한자어 접미사 등의 형태학적 경계가 음운 규칙 위에 작용하는 예외 양상을 드러낸다.

① 밥물은 [밤물]로 발음한다.
② 물난리는 [물랄리]로 발음한다.
③ 송전량은 [송절량]으로 발음한다.
④ 생산량은 [생산냥]으로 발음한다.

실전 학습 문제

20 다음 글에서 추론한 내용으로 적절하지 <u>않은</u> 것은?

한국어에는 음절 종성에 오랫동안 하나의 자음만 소리 내는 제약이 자리 잡고 있어, 두 자음이 연이어 나타날 때 하나를 버리는 음운 현상이 생긴다. 자음군 단순화는 종성에 '삶', '삶'처럼 겹받침이 있거나, 자음으로 시작하는 문법 형태소가 오는 경우에 일어나, 두 개 중 하나의 자음이 탈락한다. 하지만 뒤이은 형태소가 모음으로 시작하면 종성의 둘째 자음이 다음 음절의 초성으로 옮겨가 '삶이'가 [살기]로 읽히는 것처럼 단순화 현상이 사라진다.

자음군 단순화와 달리 후음 탈락은 동사 어간이 'ㅎ' 받침으로 끝나고 뒤따르는 어미가 모음으로 시작할 때만 적용되어 '넣+어'가 [너어], '닿아[다아]'처럼 'ㅎ'이 완전히 빠지는 특징을 지닌다. 후음 탈락은 연음 규칙이 일반적으로 발현되어야 할 자리에서만 나타나며, 이 현상은 오직 용언 어간에 국한되어 다른 품사나 형태소에서는 발견되지 않는다.

① '삶아'가 [살마]로 발음되는 과정에 자음군 단순화가 발생하지 않는다.
② '앉은'이 [아는]으로 발음되는 과정에 자음군 단순화가 발생한다.
③ '끊었다'가 [끄넏따]로 발음되는 과정에 후음 탈락이 발생한다.
④ '앉으니'가 [안즈니]로 발음되는 과정에 자음군 단순화가 발생하지 않는다.

21 ㉠ ~ ㉢에 들어갈 내용으로 가장 적절한 것은?

한국어에서 음운 현상은 뒤에 오는 형태소의 성격에 따라 다르게 적용된다. 같은 표기라도 뒤에 오는 형태소가 형식 형태소(조사, 접사 등)인지 실질 형태소(명사, 어간 등)인지에 따라 음운 변동이 달라진다. 예를 들어, '논이랑 밭이랑 모두 사들였다'에서 '밭이랑'의 '밭'은 받침 'ㅌ' 뒤에 'ㅣ'로 시작하는 형식 형태소가 붙기 때문에 구개음화가 일어나 ㉠ 으로 발음된다. 반면, '밭의 고랑 사이에 흙을 높게 올려서 만든 두둑한 곳.'의 뜻을 지닌 '밭이랑'의 '이랑'은 '밭'과 '이랑'이 결합하는 과정에서 ㄴ 첨가 및 비음화가 적용되어 ㉡ 으로 발음될 수 있다.

또한 '굳이'에서 실질적 의미를 지니고 있지 않은 모음으로 시작하는 형식 형태소이므로, '굳이'는 구개음화가 일어나 [구지]로 발음된다. 이와 달리 '곧이어'에서 '이어'는 '앞의 말이나 행동 따위에 잇대어'라는 뜻을 지닌 모음으로 시작하는 실질 형태소와 결합했기 때문에, '곧이어'는 ㉢ 로 발음된다. 이처럼 형태소의 성격에 따라 음운 현상이 달라지는 것이 한국어의 특징 중 하나이다.

	㉠	㉡	㉢
①	[바디랑]	[바티랑]	[고디어]
②	[바치랑]	[반니랑]	[고디어]
③	[바티랑]	[바디랑]	[고지어]
④	[바치랑]	[바티랑]	[고지어]

22 다음 글을 활용하여 음운변동을 설명한 것으로 적절한 것은?

한국어에서 음운 변동은 인접한 음운이 서로 영향을 주고받으며 소리가 바뀌는 현상으로, 크게 교체, 탈락, 첨가, 축약 네 가지로 구분된다. 이 중 교체는 한 음운이 다른 음운으로 바뀌는 현상이며, 탈락은 원래 있던 음운이 사라지는 경우, 첨가는 새로운 음운이 추가되는 현상, 축약은 두 음운이 하나로 합쳐지는 현상이다.

한국어 표기에서 받침 부분은 모든 자음을 받침으로 사용할 수 있으나, 소리를 내는 것은 음절 끝소리 규칙에 따라 'ㄱ, ㄴ, ㄷ, ㄹ, ㅁ, ㅂ, ㅇ' 7개의 자음만 소리 낼 수 있다. 그 외 자음이 받침에 올 경우 이들 중 하나로 바뀌어 발음되며, 겹받침처럼 두 개 이상의 자음이 올 경우 자음군 단순화를 통해 하나만 남고 나머지는 탈락한다. 단, 받침 'ㅎ'이 뒤의 예사소리(ㄱ, ㄷ, ㅂ, ㅈ)와 만나면 거센소리(ㅋ, ㅌ, ㅍ, ㅊ)로 합쳐지는 축약 현상이 일어나기도 한다.

한편, 받침 'ㄱ, ㄷ, ㅂ' 뒤에 예사소리가 오면 된소리로 바뀌는 경음화 현상이 발생하는데, 이는 음운이 추가되는 첨가가 아니라 기존 음운이 다른 음운으로 바뀌는 교체에 해당한다.

하나의 단어에서 음운 변동은 하나만 일어나는 경우도 있지만, 여러 음운 변동이 동시에 일어나기도 한다. 예를 들어 '내복약'은 '내복'과 '약'이 합성될 때 '약' 앞에 'ㄴ'이 첨가되고, 이로 인해 '내복'의 받침 'ㄱ'이 뒤의 'ㄴ'에 영향을 받아 비음 'ㅇ'으로 교체되어 최종적으로 [내봉냑]으로 발음된다. 이처럼 첨가와 교체(비음화)가 연속적으로 발생하게 된다.

① '국화꽃[구콰꼳]'의 발음에는 축약만 일어난다.
② '홑이불[혼니불]'의 발음에는 교체와 첨가가 일어난다.
③ '꽃말[꼰말]'의 발음에는 교체가 한 번 일어난다.
④ '숲길[숩낄]'의 발음에는 교체와 첨가가 일어난다.

23 <보기>를 바탕으로 음운 변동 사례에 대해 이해한 내용으로 적절한 것은?

보기

음운 변동이 한 단어 안에서 복합적으로 작용하면 소리의 개수가 늘어나기도, 줄어들기도, 그대로 유지되기도 한다. 예를 들어 '밭일'은 뒤에 모음으로 시작하는 형태소가 붙으면서 먼저 'ㄴ'이 삽입되고, 이어서 종성 'ㅌ'이 'ㄷ'으로 교체된 후 비음화되어 [반닐]로 바뀐다. '숫하다[수타다]'는 교체 다음에 축약이 일어나 음운 수가 감소한다. 마지막으로 '닭는[당는]'은 교체가 두 번 일어나 음운의 개수가 변하지 않는다.

① '샀일[상닐]'은 첨가와 교체가 일어나 음운의 개수가 한 개 늘었다.
② '닭하고[다카고]'는 탈락과 축약이 일어나 음운의 개수가 한 개 줄었다.
③ '색연필[생년필]'은 첨가와 교체가 일어나 음운의 개수가 한 개 늘었다.
④ '없었다[언젇따]'는 음운의 개수가 한 개 늘었다.

24 다음 글을 이해한 내용으로 적절하지 않은 것은?

'ㅎ'은 들숨이 빠져나가는 틈에서 나는 숨소리 계열 자음이라 조음 위치가 모호하다. 이 불분명함 때문에 'ㅎ'은 다른 자음과 이웃할 때 자기 모습을 지키지 못하고 종종 새소리로 바뀌거나 스스로 사라진다. 그래서 같은 철자를 가진 낱말도 환경에 따라 전혀 다른 음가로 나타나는 독특한 변동이 일어난다.

가장 두드러진 변화는 거센소리되기('ㅎ' 축약)이다. 평음 'ㄱ, ㄷ, ㅂ, ㅈ'이 'ㅎ'과 결합하면 한 덩어리로 뭉쳐 'ㅋ, ㅌ, ㅍ, ㅊ'이라는 거센소리로 바뀐다. 'ㅎ(ㄶ, ㅀ)'이 먼저 오는 배열(ㅎ + ㄱ·ㄷ·ㅈ)에서는 어간 뒤 어미가 붙을 때 즉시 축약이 일어나 '낳고[나코]', '않던[안턴]'처럼 발음된다. 반대로 평음이 앞에 있고 'ㅎ'이 뒤 음절 첫소리로 따라붙는 배열(ㄱ, ㄷ, ㅂ, ㅈ + ㅎ)에서는 어근 - 접미사 결합에서 곧바로 '꽂히다[꼬치다]', '밟히다[발피다]'와 같은 거센소리가 형성된다. 이 두 경우 모두 표준발음법 제12항이 명시한 "두 음이 합쳐져 새로운 거센소리로 난다."는 원칙을 따른다. 다만 '평음 - ㅎ' 배열에서도 먼저 다른 변동이 진행된 뒤 축약이 이어지는 예외가 있다. '빛하고'는 종성 'ㅈ'이 음절 끝소리 규칙으로 [ㄷ]으로 바뀐 다음 그 [ㄷ]과 'ㅎ'이 합쳐져 [비타고]가 되고, '닭 하나'는 'ㄺ' 중 'ㄹ'이 자음군 단순화로 탈락한 뒤 남은 'ㄱ'과 'ㅎ'이 합쳐져 [다카나]가 된다.

거센소리되기와 달리, 모음으로 시작하는 형식 형태소가 뒤따를 때는 'ㅎ'이 연음되지 않고 아예 탈락한다. '넣은[너은]', '쌓아[싸아]'처럼 어간 말 'ㅎ'이 흔적 없이 사라지는 현상이다. 이 'ㅎ' 탈락은 예외 없이 적용되어, 같은 환경에서 다른 자음이 보이는 연음 현상이 'ㅎ'에서는 일어나지 않는다.

① '닿다[다타]'는 거센소리되기만 일어나고 다른 음운 변동을 일어나지 않는다.
② '넣는다[넌는다]'에는 'ㅎ' 탈락이 일어난다.
③ '많고 많아'는 [만코 마나]로 발음한다.
④ '귀찮아[귀차나]'에서 일어난 음운 변동은 탈락이다.

25 <보기>를 참고하여 음운 변동 사례에 대해 이해한 것으로 적절하지 <u>않은</u> 것은?

> 보기
>
> 한국어에서 인접한 소리가 자연스럽게 이어지지 못할 때는 값이 달라지는데, 이러한 변화를 네 가지 범주로 묶어 설명한다. 첫째, 교체는 표기에 적힌 음운이 일정 환경을 만나 다른 소리로 바뀌는 현상으로, 음절의 끝소리 규칙, 비음화, 유음화, 된소리되기, 구개음화 등이 여기에 속한다. 대표적으로 '밥물'의 경우 앞 음절 받침 'ㅂ'이 뒤 음절의 비음 'ㅁ'에 동화돼 'ㅁ'으로 바뀌어 [밤물]로 발음된다.
> 둘째, 탈락은 특정 조건에서 음운이 사라지는 현상이다. 자음군 단순화, 'ㅎ' 탈락, 'ㄹ' 탈락, 'ㅡ' 탈락, 동일 모음 탈락 등이 포함되며, 예컨대 '놀-'에 '-는'이 붙어 [노는]으로 발음되는 경우를 말한다.
> 셋째, 첨가는 둘 이상의 형태소가 결합하면서 표기에 없던 소리가 새로 끼어드는 경우이고, 축약은 예사소리 'ㄱ, ㄷ, ㅂ, ㅈ'과 'ㅎ'이 결합하여 'ㅋ, ㅌ, ㅍ, ㅊ'이 되는 것으로 두 음운이 하나로 합쳐지는 과정이다.

① '국물[궁물]'이 발음될 때에는 'ㄱ'이 'ㅁ'의 영향을 받아 'ㅇ'으로 교체되는 현상이 일어난다.
② '낮일[난닐]'이 발음될 때에는 첨가되는 'ㄴ'으로 인해 음운이 교체되는 현상이 일어난다.
③ '흙하고[흐카고]'가 발음될 때에는 탈락과 교체가 일어난다.
④ '물난리[물랄리]'가 발음될 때에는 교체가 두 번 일어난다.

08 형태소와 그 외

1. 형태소

(1) **정의**: 최소 의미 단위, 더 나누면 뜻을 잃어버리는 가장 작은 말의 단위

(2) **분류**

자립성의 유무에 따라	자립 형태소	예 명사, 대명사, 수사, 관형사, 부사, 감탄사
	의존 형태소	예 용언의 어간, 어미, 접사, 조사
의미의 유형에 따라	실질 형태소	예 자립 형태소, 용언의 어간
	형식(문법) 형태소	예 어미, 접사, 조사

2. 형태소 분석의 기준

① 가장 먼저 기준이 되는 것은 의미임 (뜻)
   예 책/상, 꽃/밭, 파/김치, 주름/살

② 문법적인 뜻을 지닌 것도 모두 형태소로 나눔
   - 어간 + 선어말 어미 + 어미   예 먹었다, 가셨다, 오셨다 (오/시/었/다, 먹/었/다, 가/시/었/다)
   - 조사(이/가, 을/를, 의, 에, 에게, 에서 등)   예 철수가 집에 갔다.
   - 접사(접두사, 접미사)   예 풋/사과, 개/살구, 사장/님

3. 음운과 음절

(1) **음운**: 말의 뜻을 구별해 주는 기능을 가진 소리의 가장 작은 단위
   예 • 말[말] / 발[발] / 살[살]
      • 발[발] / 벌[벌] / 볼[볼] / 불[불]

> 🌟 **개념 더하기** 음향과 음성
>
> • 음향: 자연에 존재하는 소리
> • 음성: 인간의 발음 기관을 통해 만들어진 소리

① 분절 음운
   - 자음(19개): ㄱ ㄴ ㄷ ㄹ ㅁ ㅂ ㅅ ㅇ ㅈ ㅊ ㅋ ㅌ ㅍ ㅎ ㄲ ㄸ ㅃ ㅆ ㅉ
   - 모음(21개)
     - 단모음(10개): ㅏ ㅐ ㅓ ㅔ ㅗ ㅚ ㅜ ㅟ ㅡ ㅣ
     - 이중 모음(11개): ㅑ ㅒ ㅕ ㅖ ㅘ ㅙ ㅛ ㅝ ㅞ ㅠ

② 비분절 음운: 소리의 길이, 높이, 세기, 억양

예 눈[眼]/눈:[雪], 말[馬]/말:[言], 밤[夜]/밤:[栗], 성인(成人)/성:인(聖人)

개념 더하기 알아 두어야 할 소리의 장단음

1	상견례[상견녜]	6	결단력[결딴녁]
2	의견란[의:견난]	7	임진란[임:진난]
3	이원론[이:원논]	8	입원료[이붠뇨]
4	공권력[공꿘녁]	9	횡단로[횡단노/휑단노]
5	동원령[동:원녕]	-	-

(2) **음절**: 한 번에 소리 낼 수 있는 소리의 덩어리(최소 발음 단위) 예 [날씨가말가서조타](날씨가 맑아서 좋다.)

① 구조

모음	자음+모음	모음+자음	자음+모음+자음
[아], [어]	[나], [너]	[압], [억]	[강], [산]

② 특징: 우리말을 발음 나는 대로 적었을 때 한 글자가 하나의 음절임

예	발음	음운 수	음절 수	예	발음	음운 수	음절 수
잡히다	[자피다]	1)	2)	국화	[구콰]	3)	4)
이야기	[이야기]	5)	6)	밝은	[발근]	7)	8)
좋고	[조코]	9)	10)	값	[갑]	11)	12)

정답 1) 6   2) 3   3) 4   4) 2   5) 4   6) 3   7) 6
      8) 2   9) 4   10) 2 11) 3 12) 1

08 형태소와 그 외

4. 자음과 모음

(1) 자음(19개): 목청을 통과한 공기의 흐름이 막히거나 구강 통로가 좁아져 목이나 입안에서 장애를 받고 나오는 소리

① 조음 방법에 따른 분류

파열음	공기의 흐름을 일단 막았다가, 터뜨리면서 내는 소리	예 ㅂ, ㄷ, ㄱ
파찰음	파열음과 마찰음의 두 가지 성질을 모두 가지는 소리	예 ㅈ, ㅉ, ㅊ
마찰음	공기를 틈 사이로 내보내 마찰을 일으키면서 내는 소리	예 ㅅ, ㅎ
비음	코로 공기를 내보내면서 내는 소리	예 ㅁ, ㄴ, ㅇ
유음	공기를 그 양옆으로 흘려 내보내면서 내는 소리	예 ㄹ

② 조음 위치에 따른 분류

입술소리(순음)	두 입술 사이	예 ㅂ, ㅃ, ㅍ, ㅁ
혀끝소리(설단음, 치조음)	혀끝과 윗니의 뒷부분 / 윗잇몸	예 ㄷ, ㄸ, ㅌ, ㅅ, ㅆ, ㄴ, ㄹ
센입천장소리(경구개음)	혓바닥과 센입천장 사이	예 ㅈ, ㅉ, ㅊ
여린입천장소리(연구개음)	혀의 뒷부분과 여린입천장 사이	예 ㄱ, ㄲ, ㅋ, ㅇ
목청소리(후음)	목청 사이에서 나는 소리	예 ㅎ

③ 국어의 자음 체계

조음 방법		조음 위치	입술소리 (순음)	혀끝소리 (설단음, 치조음)	센입천장소리 (경구개음)	여린입천장 소리 (연구개음)	목청소리 (후음)
안울림소리	파열음	예사소리	ㅂ	ㄷ		ㄱ	
		된소리	ㅃ	ㄸ		ㄲ	
		거센소리	ㅍ	ㅌ		ㅋ	
	파찰음	예사소리			ㅈ		
		된소리			ㅉ		
		거센소리			ㅊ		
	마찰음	예사소리		ㅅ			ㅎ
		된소리		ㅆ			
울림소리		비음	ㅁ	ㄴ		ㅇ	
		유음		ㄹ			

(2) 모음(21개): 허파에서 나오는 공기가 장애를 받지 않고 순조롭게 나오는 소리

① 단모음(10개)

혀의 앞뒤	앞(전설 모음)		뒤(후설 모음)	
혀의 높이　입술 모양	평순모음	원순모음	평순모음	원순모음
고모음	ㅣ	ㅟ	ㅡ	ㅜ
중모음	ㅔ	ㅚ	ㅓ	ㅗ
저모음	ㅐ		ㅏ	

② 이중 모음(11개): 발음할 때 입술이나 혀가 움직이는 모음으로, 반모음과 단모음이 결합하여 이루어짐
- ㅑ, ㅒ, ㅕ, ㅖ, ㅘ, ㅙ, ㅛ, ㅝ, ㅞ, ㅠ, ㅢ

③ 반모음: 음성의 성질을 보면 모음과 비슷하지만 반드시 다른 모음에 붙어야 발음될 수 있는, 홀로 쓰이지 못하는 모음
- [j]계: ㅑ, ㅕ, ㅛ, ㅠ, ㅒ, ㅖ, ㅢ
- [w]계: ㅘ, ㅝ, ㅙ, ㅞ

08 형태소와 그 외

5. 부정 표현

(1) 부정 표현의 종류

① 의지 부정문
- 짧은 '안' 부정문: 부정 부사 '안'   예 영희는 밥을 안 먹는다.
- 긴 '안' 부정문: '-지 않다'   예 영희는 밥을 먹지 않는다.

② 능력 부정문
- 짧은 '못' 부정문: 부정 부사 '못'   예 영희는 밥을 못 먹는다.
- 긴 '못' 부정문: '-지 못하다'   예 영희는 밥을 먹지 못한다.

③ '말다' 부정문
- 명령문, 청유문에 쓰이는 부정문 → 형용사에서는 사용안함
    - 예 • 안 열어라(×), 못 열어라(×) → 열지 말아라/마라(○)
        • 안 열자(×), 못 열자(×) → 열지 말자

6. 시간 표현

(1) 시제의 종류

① 과거: 사건시가 발화시보다 앞선 시제

② 현재: 사건시와 발화시가 일치하는 시제

③ 미래: 사건시가 발화시보다 나중인 시제

> **개념 더하기** '단절'의 과거 시제 선어말 어미
>
> - 종류: '-았었-/-었었-/-였었-'
> - 의미: 현재와 비교하여 다르거나 단절되어 있는 과거의 사건을 나타내는 어미
>   예 • 차범근은 젊은 시절 축구 선수였었다.
>   • 그녀는 어린 시절 예뻤었는데….

(2) 시간 표현을 실현하는 요소

구분		과거	현재	미래
선어말 어미		-았-, -었-, -였-/ -더- / -았었-, -었었-, -였었-	-ㄴ-, -는-	-겠-, -(으)리-
관형사형 전성 어미	동사	-(으)ㄴ, -던	-는	-(으)ㄹ
	형용사, 서술격 조사	-던	-(으)ㄴ	
시간 부사		어제	지금, 오늘	내일

> **개념 더하기** 절대 시제와 상대 시제
>
> - 절대 시제
>   - 발화시를 기준으로 결정되는 시제
>   - 문장의 종결형에 주로 표시됨
> - 상대 시제
>   - 사건시를 기준으로 결정되는 시제
>   - 관형사형이나 연결형에 주로 표시됨
>   예 어제 공원은 산책하는 사람들로 붐볐다.
>   • 절대 시제: 과거
>   • 상대 시제: (과거에 있어서의) 현재

08 형태소와 그 외

7. 언어의 특징

구분	개념
기호성	어떤 것을 기록한다는 뜻으로, 언어가 기호로써 나타난다는 성질 예 음성: [강] → 음운: ㄱ, ㅏ, ㅇ
자의성	언어의 의미(내용, 대상, 말하려는 바)와 말소리(형식, 소리) 사이에는 필연적인 관계가 없음 예 꽃 - 한국어: 꽃[꼳], 영어: flower[플라워]
사회성	언어는 사회적 약속으로 굳어진 것이므로 개인이 임의로 바꿀 수 없음 예 그는 개를 '깜박이'라고 말했으며, 자전거는 '돌돌이', 신발은 '찍찍이'라고 불렀다. → 사회성을 위반함
역사성	언어가 시간의 흐름에 따라 변화하는 성질. 언어는 시간이 지나면서 생성, 발전, 소멸함 예 • 얼굴: 의미 축소(몸 전체 > 안면(顔面), 낯) • 영감: 의미 확대(정삼품과 종이품의 벼슬아치 > 나이 많은 남자) • 어리다: 의미 이동(어리석다[愚] > 나이가 적다[幼]) • 어엿브다: 의미 이동(불쌍하다 > 예쁘다) • 방송(放送): 의미 이동(죄인을 풀어주다 > 전파를 내보내다)
분절성	• 언어는 음운, 형태소, 단어 등으로 나누어지거나 결합할 수 있음 • 언어는 외부 세계를 반영할 때, 있는 그대로를 반영하지 않고 연속적으로 이루어져 있는 세계를 불연속적인 것처럼 끊어서 표현함 예 무지개 색깔(빨, 주, 노, 초, 파, 남, 보)
추상성	구체적 대상에서 공통적인 요소를 뽑아 일반적인 개념으로 파악하는 것(추상화 과정) 예 진달래, 개나리, 목련 → 꽃
규칙성	언어에는 일정한 규칙인 문법이 있음 예 동생이(주어) 밥을(목적어) 먹는다(서술어). → 국어는 '주어 - 목적어 - 서술어'의 어순을 지닌다.
창조성	전에 없던 것을 처음으로 만드는 성질. 상황에 따라 새로운 말을 만들 수 있음 예 ㄱ, ㅁ: 가무, 가뭄, 구문……

8. 피동과 사동

(1) 피동문과 사동문의 형성

① 피동(당함): -이-, -히-, -리-, -기-, -어지다, -되다, -게 되다 ↔ 능동

② 사동(시킴): -이-, -히-, -리-, -기-, -우-, -구-, -추-, -게 하다, -게 시키다 ↔ 주동

③ 피동문과 사동문

피동문 예	사동문 예
• 시계를 만들게 되었다. • 신발의 끈이 풀어지다. • 영희가 차에 치이다. • 철수는 임금이 깎였다.	• 삼촌이 조카에게 옷을 입게 했다. • 아이가 아버지를 깨웠다. • 누나가 실내 온도를 낮추었다. • 영수가 아이에게 책을 읽히다. • 혜수는 아이에게 밥을 먹였다.

> **개념 더하기** 명사 + 접미사 '되다'
>
> • 명사 + 되다(○)
>   예 저 나무는 건물을 짓는 데 사용되었다.
> • 명사 + 되어지다(×)
>   예 저 나무는 건물을 짓는 데 사용되어졌다.

(2) 능동과 피동

① 능동: 주어가 동작을 제 힘으로 하는 것 예 고양이가 쥐를 물었다.

② 피동: 주어가 다른 주체에 의해서 동작을 당하게 되는 것 예 쥐가 고양이에게 물렸다.

  • 이중 피동은 사용하지 않음
    예
    • 창문이 열려졌다. (×)
    • 그의 넥타이가 풀려졌다. (×)
    • 잊혀진 사람인가요? (×)
    • 쥐가 고양이에게 잡혀지다. (×)

(3) 주동과 사동

① 주동: 주어가 동작을 직접 하는 것 예 아이가 밥을 먹는다.

② 사동: 주어가 다른 대상에게 동작을 하도록 시키는 것 예 어머니가 아이에게 밥을 먹인다.

  • 이중 사동
    - 원칙적으로 이중 사동은 사용하지 않음 예 친구의 눈을 감기고(○) 꿀밤을 때렸다.
                                                                    └─ 감기우고(×)

08 형태소와 그 외

9. 의미 변화의 양상

(1) 의미 확대·축소·이동

구분	개념	예
의미 확대 (의미의 일반화)	어떤 단어의 의미 범주가 넓어지는 것	• 손[手]: 손 → 손 + 노동력 • 겨레: 종친(宗親) → 민족, 동포 • 세수(洗手): 손을 씻다 → 손과 얼굴을 씻다 • 다리: 생물의 다리 → 생물 + 무생물의 다리 • 선생: 교육자 → 교육자 + 존경받을 만한 사람 • 지갑(紙匣): 종이로 만든 것 → 종이, 가죽, 비닐로 만든 것 • 영감(令監): 정3품과 종2품의 벼슬아치 → 중년이 지난 남자
의미 축소 (의미의 특수화)	어떤 단어의 의미 범주가 축소되는 것	• 얼굴: 형체 → 안면 • 놈: 사람 전체 → 남자의 낮춤말 • 뫼(메): 밥, 진지 → 제사 때의 밥 • 계집: 일반적인 여성 → 여성의 낮춤말 • 미인(美人): 남자와 여자에게 다 씀 → 예쁜 여인에게만 씀 • 짐승['즁싱(衆生)'에서 온 말]: 생물 전체 → 사람을 제외한 동물
의미 이동 (의미의 전성)	어떤 단어의 의미 자체가 달라지는 것	• 어엿브다: 불쌍하다 → 예쁘다 • 어리다: 어리석다 → 나이가 적다 • 인정(人情): 뇌물 → 사람 사이의 정 • 두꺼비집: 두꺼비의 집 → 전기 개폐기 • 방송(放送): 죄인을 풀어 주다 → 전파를 내보내다 • 씩씩하다: 장엄하다, 엄숙하다 → 군세고 위엄스럽다

공무원 시험 전문 해커스공무원
gosi.Hackers.com

실전 학습 문제

정답 및 해설 31p

[01 ~ 02] 다음 글을 읽고 물음에 답하시오.

한국어 단어를 가장 작은 의미 단위까지 해체하면 '형태소'에 이른다. 형태소는 두 가지 기준으로 나뉜다. 의미의 성격에 따라 '실질(어휘) 형태소'와 '형식(문법) 형태소'로, 자립성 여부에 따라 '자립 형태소'와 '의존 형태소'로 구별된다.

예문으로 '고기를 먹었다.'를 살펴보자. 우선 이 문장은 세 낱말, 곧 '고기 / 를 / 먹었다'로 이루어져 있다.

먼저 '고기'는 더 쪼개려 해도 '고'나 '기'만으로는 아무 뜻도 생기지 않으므로, 그 자체로 하나의 형태소가 된다. 이는 구체적 대상을 가리키는 실질 형태소이며, 혼자서도 쓰일 수 있으므로 자립 형태소이다.

'먹었다'는 조금 복잡하다. '먹-' 대신 '마시-'나 '잡-'을 넣으면 의미가 달라진다. 즉, '먹-'이 기본 동작 의미를 담당하는 실질 형태소임을 알 수 있다. '-었-'을 '-겠-'으로 바꾸면 시제가 달라지므로 '-었-'은 과거 시제를 표시하는 형식 형태소. 마지막 '-다'를 '-고'나 '-니'로 대체하면 문장의 종결 방식이 바뀌기 때문에 '-다' 역시 형식 형태소, 그중에서도 평서 종결 어미이다. 이처럼 '먹- / -었- / -다' 세 조각이 한 덩어리 어절을 이루지만, 각자 기능은 크게 다르다.

조사 '를'은 명사 뒤에만 붙어 목적어 자리를 표시하며, 홀로 쓰이지 못한다. 따라서 의존 형태소이자 형식 형태소이다.

따라서 이를 정리하면 '고기(자립·실질) / 를(의존·형식) / 먹-(의존·실질) / -었-(의존·형식) / -다(의존·형식)'이다.

01 윗글에 따라 <보기>를 형태소로 분석한 것으로 적절하지 <u>않은</u> 것은?

> 보기
> 나는 한겨울에 수영을 했다.

① '나는'은 자립 형태소와 의존 형태소로 이루어져 있다.
② '한겨울'의 '한-'은 '한창인'의 의미를 지닌 접두사로 의존 형태소에 해당한다.
③ '수영을'의 '을'은 목적격 조사로 의존 형태소에 해당한다.
④ '했다'는 총 두 개의 형태소로 이루어져 있다.

02 윗글을 바탕으로 <보기>의 문장을 이해한 것으로 가장 옳지 <u>않은</u> 것은?

> 보기
> 아버지께서 나에게 선물을 주셨다

① '아버지께서'의 '아버지', '나에게'의 '나'는 모두 자립 형태소에 해당하는 것들이다.
② '아버지께서'의 '께서', '선물을'의 '을', '주셨다'의 '셨'은 모두 하나의 형식 형태소에 해당하는 것들이다.
③ '아버지께서'의 '께서', '나에게'의 '에게', '주셨다'의 '주'는 모두 의존 형태소에 해당하는 것들이다.
④ '아버지께서'의 '아버지', '나에게'의 '나', '주셨다'의 '주'는 모두 실질 형태소에 해당하는 것들이다.

03 다음 글의 내용을 참고하였을 때, 형식 형태소의 개수가 가장 많은 것은?

> 언어를 이루는 최소 의미 단위인 형태소는 기능에 따라 두 부류로 나뉜다. 먼저 명사·동사·형용사처럼 스스로 뜻을 지니고 문장에서 핵심 정보를 담당하는 것은 '실질 형태소'라 부른다. 예컨대 '꽃이 피었다.'에서 '꽃'과 동사 어간 '피-'가 여기에 해당해, 문장의 주된 내용을 전달한다.
> 이에 비해 조사·어미·접사처럼 스스로 의미를 드러내기보다 단어와 단어를 이어 주거나 시제·종결 같은 문법 관계를 표시하는 요소는 '문법 형태소'로 분류된다. 같은 예문에서 주격 조사 '이', 과거를 나타내는 선어말 어미 '-었-', 그리고 종결 어미 '-다'가 그러한 역할을 한다.
> 결국 '꽃이 피었다.'라는 짧은 문장도 꽃 / 이 / 피- / -었- / -다'처럼 다섯 개 형태소로 분석되며, 실질 형태소가 의미적 골격을 세우고 문법 형태소가 그 골격을 결속해 완전한 문장을 완성한다. 두 종류의 형태소를 구분하면 문장을 가장 작은 단위까지 해체해 보고, 더 복잡한 표현이 어떤 방식으로 조립되는지도 체계적으로 파악할 수 있다.

① 나는 학교에도 갔다.
② 어제 저녁은 안 먹었다.
③ 이따 친구와 만날 것이다.
④ 나는 밥을 먹었다.

04 다음 글의 [학습 자료]를 참고하여 [학습 활동]을 수행한 결과로 적절하지 <u>않은</u> 것은?

> [학습자료]
> 언어에서 형태소는 더 쪼개면 의미가 사라지는 최소의 의미 단위이다. 이 단위는 먼저 홀로 어절을 이룰 수 있는지로 갈려, 독립적으로 쓰이면 ⊙ 자립 형태소, 반드시 다른 형태소에 기대야 하면 ⓒ 의존 형태소라 부른다. 또 형태소가 품은 의미의 성격에 따라, 실질적인 의미를 전달하면 ⓒ 실질 형태소, 문법 기능만 표시하면 ⓔ 형식 형태소로 나뉜다.
> 단어란 이러한 형태소 가운데 스스로 독립해 쓰일 수 있는 최소 단위이거나, 자립 형태소 뒤에 붙되 음운적으로 쉽게 떼어낼 수 있는 요소까지 포함한 단위이다.
>
> [학습활동]
> '그가 돌아왔음을 알게 되었다.'를 형태소로 분석하고, 그 특징에 대해 알아봅시다.

① '그', '왔음'은 ⊙에 해당하는 형태소이다.
② '돌-', '알-', '되-'는 ⓒ이면서 ⓒ이라는 공통점이 있다.
③ '가', '을', '-게', '-었-', '-다'는 ⓔ에 해당하는 형태소이다.
④ '가', '을'은 자립하여 쓰일 수 없지만 단어의 자격을 갖는다.

실전 학습 문제

05 <보기>에서 선생님의 질문에 대한 학생의 대답으로 가장 적절한 것은?

> 보기
>
> 뜻을 가진 가장 작은 말의 단위인 형태소는 다음의 두 기준에 따라 자립 형태소와 의존 형태소, 실질 형태소와 형식 형태소로 나눌 수 있습니다.
>
> [홀로 쓰일 수 있는가?]
> 예(yes): 자립 형태소
> 아니요(no): 의존 형태소
>
> [실질적 의미가 있는가?]
> 예(yes): 실질 형태소
> 아니요(no): 형식 형태소
>
> 다음은 '그녀와 밥을 먹었다.'라는 예문을 형태소 단위로 나누고, 위 기준에 따라 분석한 결과입니다.
>
> | 형태소
구분
기준 | 그녀 | 와 | 밥 | 을 | 먹- | -었- | -다 |
> |---|---|---|---|---|---|---|---|
> | 홀로
쓰일 수
있는가? | 예 | 아니요 | 예 | 아니요 | ㉠ | 아니요 | 아니요 |
> | 실질적
의미가
있는가? | 예 | 아니요 | 예 | ㉡ | ㉢ | 아니요 | 아니요 |
>
> ㉠~㉢에 들어갈 대답을 모두 바르게 짝지어 볼까요?

	㉠	㉡	㉢
①	예	예	예
②	예	아니요	예
③	아니요	아니요	아니요
④	아니요	아니요	예

06 다음 글의 내용에 대한 이해로 적절하지 <u>않은</u> 것은?

> 발음 편의를 위해 나란히 놓인 두 소리가 서로 닮아 가는 과정을 '동화'라고 부른다. 한국어 자음 동화 가운데 대표적인 것이 비음화·유음화·구개음화다. 비음화는 파열음 'ㄱ·ㄷ·ㅂ'이 뒤따르는 비음 'ㄴ·ㅁ'의 영향으로 각각 같은 조음 위치의 비음 'ㅇ·ㄴ·ㅁ'으로 바뀌는 현상으로, '국물'이 [궁물]로 발음되는 경우가 여기에 속한다. 유음화는 잇몸소리 비음 'ㄴ'이 유음 'ㄹ'과 인접할 때 조음 방식을 맞춰 'ㄹ'로 변하는 현상으로, '신라'가 [실라]로 소리 나는 것이 한 예다. 결과적으로 두 자음의 조음 방식이 같아져 발화가 한층 원활해진다는 점에서 비음화와 유음화는 동화 현상의 전형적 모습을 보여 준다.
>
> | 조음
방식 \ 조음
위치 | 입술
소리 | 잇몸
소리 | 센입천
장소리 | 여린
입천장
소리 |
> |---|---|---|---|---|
> | 파열음 | ㅂ, ㅍ | ㄷ, ㅌ | | ㄱ, ㅋ |
> | 파찰음 | | | ㅈ, ㅊ | |
> | 비음 | ㅁ | ㄴ | | ㅇ |
> | 유음 | | ㄹ | | |
>
> 종성의 'ㄷ, ㅌ'이 모음 'ㅣ'로 시작되는 조사나 접미사 앞에서 구개음 'ㅈ, ㅊ'으로 발음되는 현상을 구개음화라고 한다. 예컨대 '미닫이'가 [미다지]로 발음되는 것이 이에 해당한다.

① 구개음화는 조음 위치와 조음 방식이 모두 바뀌는 현상이다.
② 구개음화는 동화의 결과로 모음의 소리가 바뀌는 현상이다.
③ '생산량'이 [생산냥]으로 발음되는 것은 비음화의 결과이다.
④ '군락'이 [굴락]으로 발음되는 것은 유음화의 결과이다.

07 <보기>는 국어의 자음을 분류한 표이다. 이를 바탕으로 할 때, 조음 위치와 조음 방법이 모두 바뀌는 음운 변동이 일어난 것은?

조음 방법		조음 위치	입술 소리	혀끝 소리	센입천장 소리	여린입천장 소리	목청 소리
안울림 소리	파열음	예사 소리	ㅂ	ㄷ		ㄱ	
		된소리	ㅃ	ㄸ		ㄲ	
		거센 소리	ㅍ	ㅌ		ㅋ	
	파찰음	예사 소리			ㅈ		
		된소리			ㅉ		
		거센 소리			ㅊ		
	마찰음	예사 소리		ㅅ			ㅎ
		된소리		ㅆ			
울림 소리	비음		ㅁ	ㄴ		ㅇ	
	유음			ㄹ			

① 밥물[밤물]
② 삼륜차[삼눈차]
③ 맏이[마지]
④ 월남[월람]

08 다음 글의 (가)와 (나)에 들어갈 말로 적절한 것은?

음절은 한 번에 소리낼 수 있는 소리의 덩어리를 일컫는다. 여기서 주의해야 할 점은 음절은 표기가 아니라 소리를 기준으로 한다는 점이다. 예를 들어, '하늘이 매우 맑다'라는 문장이 있을 때, 우리는 이 것을 [하느리 매우 막따]라고 발음한다. 이때 '하, 느, 리, 매, 우, 막, 따'가 각각 하나의 음절이다.

음절의 유형은 크게 네 가지로 나눌 수 있다. 첫째, '초성과 중성', '자음과 모음'으로 이루어진 음절로 '사, 구, 느'와 같은 형태가 있다. 둘째, '중성', '모음'으로만 이루어진 음절이 있는데 '아, 우, 워'와 같은 형태로 쓰인다. 세 번째는 '안, 운, 원'처럼 '중성과 종성', '모음과 자음'으로 이루어진 것이고, 마지막으로 '산, 군, 늪'처럼 '초성과 중성과 종성', '자음과 모음과 자음'으로 이루어진 음절도 있다.

'국악'이라는 단어의 음절 유형을 분석하면, 첫째 음절은 (가) 에 해당하고, 둘째 음절은 (나) 에 해당한다.

① (가): '자음+모음'으로 이루어진 음절
  (나): '모음+자음'으로 이루어진 음절
② (가): '자음+모음'으로 이루어진 음절
  (나): '자음+모음+자음'으로 이루어진 음절
③ (가): '자음+모음+자음'으로 이루어진 음절
  (나): '자음+모음'으로 이루어진 음절
④ (가): '자음+모음+자음'으로 이루어진 음절
  (나): '자음+모음+자음'으로 이루어진 음절

실전 학습 문제

09 다음 글을 통해 추론한 것으로 적절한 것은?

> 어떤 사실을 부정하려 할 때 한국어 화자는 서술어에 부정 요소를 덧붙여 긍정문을 뒤집는다. 활용 방식은 크게 두 갈래다. 하나는 서술어 앞에 부정 부사 '안(아니), 못'을 삽입해 곧바로 뜻을 뒤집는 짧은 부정문이고, 다른 하나는 서술어 어간 뒤에 '-지 않다/못하다/말다' 같은 부정 용언을 이어 붙여 완성하는 긴 부정문이다.
>
> 짧은 부정문에서 '안'은 화자의 의지나 단순 부정을, '못'은 주어의 능력 부족·상황적 제약을 드러낸다. 대체로 청자는 능력 부족을 토로한 '못' 표현에 더 우호적으로 반응하는 경향이 있는데, 이는 화자가 사정을 솔직히 밝히고 미래의 실행 가능성을 열어 둔 것으로 받아들이기 때문이다.
>
> 긴 부정문은 '-지 않다, -지 못하다'처럼 보조 용언을 덧붙여 격식을 높인 형식이며, 구어체보다 문어체에서 자주 쓰인다. 명령문·청유문에서는 '-지 말다'가 부정의 의미를 전달한다. "문을 열지 마라", "늦게 다니지 맙시다" 같은 문장이 대표적이다.

① '그는 합격하지 못했다.'는 '못'을 사용하여 부정이 자신의 의지에 의한 것임을 나타낸다.
② '나는 학원에 안 갔다.'는 부정이 자신의 의지에 의한 것임을 나타내는 짧은 부정문이다.
③ '그는 그녀와 친하지 않다.'는 문어체보다 구어체에 더 어울린다.
④ '그는 나와의 약속을 안 지켰다.'는 청자에게 기대감을 줄 수 있는 표현을 사용하고 있다.

10 다음 글에서 추론한 내용으로 적절하지 <u>않은</u> 것은?

> 행위가 일어나는 자리를 두고 보면 한국어 동사는 '주어가 그 일을 직접 하느냐, 아니면 남의 힘으로 그 일을 겪느냐'에 따라 두 갈래로 갈라진다. 주어가 단순히 동작의 대상이 되는 구조를 피동 구문이라 하고, 화자가 다른 행위자를 주어 자리에 세워 어떤 일을 시키는 구조를 사동 구문이라 부른다.
>
> 피동 구문에서는 동작이 주어에게 '가해'지는 느낌이 부각된다. 이를테면 '창문이 바람에 닫혔다.'라고 하면 창문 스스로 움직인 것이 아니라 외부 요인에 의해 닫히는 상황을 묘사한다. 반대로 '교사가 아이를 웃겼다.' 같은 사동문에서는 교사가 웃음의 원인을 제공해 아이로 하여금 웃음 행동을 하게 만든다. 이렇게 문맥상 동작의 주체와 대상이 위치를 달리하기 때문에, 두 형식은 똑같은 사건을 다른 초점으로 재구성해 보여 준다.
>
> 형태 측면에서는 피동사와 사동사가 '-이-, -히-, -리-, -기-' 같은 동일 접미사를 공유해 겉모양만 보고는 구별이 쉽지 않다. '보다'에서 파생된 '보이다'가 좋은 예인데, 상황에 따라 "경치가 잘 보인다"처럼 피동으로도, "학생들에게 모범을 보이다"처럼 사동으로도 읽힌다. 따라서 이러한 동사는 형태보다는 '누가 행동을 했고, 누가 그 영향을 받았는가'라는 의미 관계를 통해서만 정확히 판별할 수 있다.

① 피동사이면서 사동사인 접미사가 존재한다.
② '나무가 잘렸다.'는 피동문이다.
③ '엄마가 나에게 밥을 먹였다.'는 사동문이다.
④ '그는 멀리서도 잘 보인다.'는 사동문이다.

11 다음 글을 바탕으로 <보기>를 이해한 내용으로 적절하지 <u>않은</u> 것은?

> 한국어 화자가 어떤 사실이나 행위를 부정하려면 서술어에 부정 요소를 덧붙여 긍정문을 뒤집는다. 여기서 쓰이는 부정어는 '안', '못', 그리고 '말다' 세 갈래이며, 문장 전체 길이에 따라 부정문은 짧은 형식과 긴 형식으로 다시 갈린다. '안'은 서술어 바로 앞에 부사형으로 붙인 짧은 부정문과, 어간 뒤에 '-지 않다'나 '-지 아니하다'를 붙이는 긴 부정문 모두를 만들 수 있다. 의미 면에서 '안' 부정문은 단순히 사실을 뒤집는 해석과, 주어가 의도적으로 행위를 거부하는 해석 두 가지가 공존한다. 주어에게 의지가 있다고 판단되는 동사일 때는 두 읽기가 모두 열리지만, 형용사가 서술어이거나 무의지 주어일 때는 단순 부정으로만 이해된다.
>
> '못' 부정문 역시 짧은 형식(부사 '못')과 긴 형식('-지 못하다')을 모두 허용하지만, 기본적으로 주체의 능력 결핍이나 외적 제약을 드러내는 데 초점이 맞춰져 있다. 그래서 의지와 무관한 심리 상태를 표현하는 서술어에는 잘 쓰이지 않는다. 형용사와 결합하는 경우는 거의 없지만, 긴 부정문으로 "운동장이 넓지 못하다."처럼 기대치에 미치지 못함을 표현할 때만 예외적으로 등장한다. 나아가 '못' 부정문이 능력 부족을 토로하는 데서 발전해 "그 일은 제가 못 합니다."처럼 완곡한 거절이나 강한 거부 의사를 드러내는 데에도 자주 활용된다.
>
> '말다' 부정문은 명령문과 청유문을 부정할 때 전담 형태로 쓰인다. 구조는 항상 '-지 말다'이고, 이 때문에 짧은 부정문 형태가 따로 존재하지 않는다. 형용사는 대체로 명령이나 청유의 서술어가 될 수 없어서 '-지 말다'와 함께 쓰기 어렵지만, 바람·기원을 나타내는 문맥에서는 '행복이 사라지지 말기를 바란다.'처럼 제한적으로 허용되기도 한다.

> **보기**
> **태희**: 전학 온 학교가 ㉠ 마음에 들지 않아. ㉡ 이 학교에서는 잘 지내지 못할 것 같아.
> **상훈**: 처음이라서 그런 거 아닐까?
> **태희**: 반 애들이 무서워 보여서 ㉢ 말도 못 걸겠어.
> **영택**: ㉣ 선입견 가지지 말고 네가 먼저 다가가 봐.

① ㉠의 '안' 부정문은 '긴 부정문' 형태로 실현되어 단순 부정을 나타낸다.
② ㉡의 '못' 부정문은 '짧은 부정문' 형태로 실현되어 능력 부족에 의한 것임을 나타낸다.
③ ㉢의 '못' 부정문은 '짧은 부정문' 형태로 실현되어 능력 부족에 의한 것임을 나타낸다.
④ ㉣은 명령문을 부정하기 위해 '말다'를 사용했다.

실전 학습 문제

12 다음 글을 이해한 내용으로 적절하지 않은 것은?

행위를 누가 주도하느냐에 따라 한국어 문장은 두 가지 상(態)으로 갈린다. 주어가 스스로 행동을 일으키면 능동 구문, 타인이나 외력에 의해 그 행동을 겪기만 하면 피동 구문이다. 능동형을 피동형으로 전환하면 원래 목적어가 새 주어로 올라서고, 능동 주어는 '-에게/-에' 같은 부사격 조사를 달아 부사어 자리로 물러난다.

현대국어의 피동 표현 방식은 크게 파생적 피동과 통사적 피동으로 나뉜다. 파생적 피동은 능동사 어간 뒤에 접미사 '-이-, -히-, -리-, -기-' 가운데 하나를 붙여 새 어휘를 만드는 형식이다. '누르다 → 눌리다'처럼 접미사가 붙는 과정에서 어간이 불규칙적으로 변형되기도 한다. 다만 모든 동사가 이 접미사를 받을 수 있는 것은 아니다. 어간 끝 모음이 'ㅣ'인 '던지다, 지키다' 류, 상호 행위를 뜻하는 '만나다, 싸우다' 류, 지각·정신 작용 동사 '알다, 배우다' 류 등은 접미사 결합이 거의 불가능하다.

두 번째 방식은 어간에 보조적 연결 어미 '-아/-어'를 붙인 뒤 보조 동사 '지다'를 덧붙이는 '-아/-어지다' 구성이다. 이것을 통사적 피동이라 부른다. 같은 형식이 형용사에 붙을 때는 '좁다 → 좁아지다'처럼 단순히 상태가 변함을 말할 뿐 수동 의미는 나타나지 않는다는 점이 파생적 피동과 구별된다.

① '(속도가) 빨라지다'는 용언의 어간에 '-아지다'가 결합하여 피동의 의미를 나타낸다.
② '(꼬리가) 잡히다'는 동사 어간 '잡-'에 피동 접미사 '-히-'가 결합하여 피동사로 파생되었다.
③ '바람이 창문을 열었다.'가 피동문으로 바뀔 때에는 '바람'이 부사어가 된다.
④ '그가 배를 밀었다.'가 피동문으로 바뀔 때에는 '배'가 주어가 된다.

13 밑줄 친 ⊙의 예로 적절한 것은?

언어는 닫힌 목록을 가진 체계가 아니라 언제든 새로운 내용을 만들어 낼 수 있는 개방적인 장치다. 그 덕분에 우리는 지금 눈앞에 있는 사람이나 물건만이 아니라, 용이나 불사조, 귀신처럼 현실에 없는 상상의 존재부터 사랑·연민·평화 같은 추상적 개념, 더 나아가 의문·제시·실효성 같은 학술적 관념까지 무한히 표현하고 논의할 수 있다. 그렇다고 언어가 바깥세상을 그대로 복사해 두는 것은 아니다. 실제 세계는 이어져 있는 연속체지만, 말을 할 때 우리는 그 연속체를 잘게 잘라 낱낱의 단위로 묘사한다. 이렇게 현실을 구획해 끊어 놓는 성질을 ⊙ 언어의 분절성이라 부른다.

① 얼굴을 '이마, 뺨, 턱'으로 구분해 말한다.
② 우리 국호를 우리는 '대한민국'으로, 북한은 '남조선'으로 부른다.
③ '어리다'는 과거에 '어리석다'의 뜻으로 쓰였지만, 오늘날에는 '나이가 적다'의 뜻으로 쓰인다.
④ 달리기, 농구, 축구 등의 공통점을 추출하여 '운동'이라고 한다.

14 다음 글의 내용을 <보기>에 적용하는 심화 학습을 하고자 할 때, 적절하지 <u>않은</u> 내용은?

언어가 그것의 음성, 문자 기호를 가지고 있다는 특징을 언어의 기호성이라고 한다. 문자는 언어의 중요한 기호 중 하나로, 각 글자와 단어는 특정한 의미를 나타내기 때문에 문자는 상징적이며 기호적인 언어로써의 역할을 수행한다. 이렇게 약속된 기호 덕분에 사회 구성원들은 추상적 개념을 눈에 보이는 형태나 들리는 소리로 바꾸어 서로 주고받을 수 있다. 예를 들어 '밤'이 글자 기호 'ㅂ + ㅏ + ㅁ'으로 구성되는 것은 언어의 기호성에 해당한다. 그러나 그 대응이 본질적으로 필연적인 것은 아니다.

한국어에서 '가방'이라고 부르는 존재를 영어 화자는 'bag'이라 하고, 프랑스어 화자는 'valise'라 하는 식으로 언어마다 음형이 달라질 수 있다. 이런 '언어의 자의성'은 하나의 의미가 여러 음성 형식과 연결되거나, 하나의 음성 형식이 여러 의미로 확장되는 현상을 낳는다.

또한 언어는 개인이 마음대로 고쳐 쓸 수 없다는 점에서 사회성을 띤다. 단어·문법·발음 등은 공동체의 합의가 뒷받침되어야 유지·변화할 수 있으며, 개인이 독자적으로 바꾸면 소통이 무너진다.

그럼에도 언어는 고정된 체계가 아니라 시간에 따라 끊임없이 모습을 바꾼다. 소리가 달라지고 의미가 넓어지거나 좁아지며, 새 단어가 태어나고 오래된 표현이 사라진다. 이런 언어의 역사성 덕분에 언어는 시대의 변화와 함께 호흡하며 문화의 흔적을 고스란히 품을 수 있다.

보기

(상황: 한국어 교사인 영희와 한국어 수강생인 미국인 존의 대화)
존: (꽃을 보며) 'flower'는 한국어로 뭐라고 하나요?
영희: 'flower'는 한국어로 '꽃'이라고 합니다. '꽃'을 이용해서 다양한 표현을 해 볼까요?
존: '꽃이 피다', '꽃이 있다', '꽃이 예쁘다'…

① 과거의 '꽃'이 지금의 '꽃'과는 다른 의미를 가지고 있었다면 이는 언어의 역사성과 관련이 있다.
② '꽃'은 여러 음성 형식과 연결된다.
③ '꽃이 피다'는 [꼬치피다]로 발음해도 되고 [꼬티피다]로 발음해도 된다.
④ 대화에 나온 예시에서 언어의 자의성을 찾을 수 있다.

실전 학습 문제

15 다음 글의 [A]를 바탕으로 추론한 내용으로 적절하지 <u>않은</u> 것은?

소쉬르는 시간이 모든 것을 바꿔 놓듯 언어도 예외일 수 없다고 보았다. 실제로 한 사회를 오랫동안 관찰해 보면 새로운 낱말이 생겨나기도 하고 어떤 말은 사라지기도 하며, 이미 있는 단어조차 뜻이나 모양이 조금씩 달라진다.

먼저 의미 변화부터 살펴보면, 단어가 가리키는 범위가 넓어지는 '확대' 현상과 반대로 폭이 좁아지는 '축소', 그리고 전혀 다른 의미로 자리를 옮기는 '이동'이 있다. '손'은 본래 사람의 신체 일부만을 가리켰으나 '손이 모자라다'에서처럼 노동력까지 포함하는 넓은 개념으로 확장되었고, '놈'은 옛날에는 그저 '사람'이란 뜻이었지만 지금은 남성을 낮잡아 이르는 표현으로 의미 범위가 줄어들었다. 또 '어리다'는 중세국어에서 '어리석다'를 뜻했는데 오늘날에는 '나이가 적다'는 뜻으로 이동했다.

형태 쪽에서도 변화는 끊임없다. 중세국어 음운 'ㆍ, ㅿ, ㅸ'은 시간이 흐르면서 각각 'ㅏ·ㅡ', 'ㅅ·ㅈ', 'ㅗ·ㅜ' 등으로 바뀌거나 소실되었고, 그에 따라 관련 단어의 철자와 발음도 변형되었다. 음운 변화와 별도로, 말뜻이나 활용형이 비슷한 다른 단어에 끌려 달라지는 '유추'도 형태 변화를 촉진한다. '과거에 '오다'의 명령형은 '오다'에만 결합하는 명령형 어미 '-너라'가 결합한 '오너라'였으나, 사람들이 일반적인 명령형 어미인 '-아라'가 쓰일 것이라고 유추하여 사용한 결과 현재에는 '-아라'가 결합한 '와라'도 쓰인다.

[A] 이처럼 언어는 시간 속에서 의미와 형태를 쉼 없이 바꿔 나가며 역사성을 드러낸다. 동시에 같은 대상을 언어마다 다른 소리로 부르는 자의성, 사회 구성원이 공유한 약속이어서 개인이 함부로 고칠 수 없는 사회성, 그리고 연속된 세계를 '빨강·주황…'처럼 잘게 갈라 표현할 수 있는 분절성도 함께 지닌다.

① 경계가 뚜렷하지 않은 강을 '상류, 중류, 하류'로 구분하는 것은 언어의 분절성의 예시겠군.
② '크다'라는 말소리가 '(몸이) 크다', '(새싹이 점점) 크다' 등 다양한 의미에 대응하는 것은 말소리와 의미 관계가 필연적이지 않음을 보여준다.
③ '물'이라는 대상을 영어로 'water'라고 말하는 것은 언어가 갈라 표현할 수 있는 분절성을 지니기 때문이다.
④ 발음을 정해진 대로만 해야 하는 것은 언어의 사회성에 따른 결과이다.

16 다음 글에 따라 학습 과제를 수행한 결과로 적절하지 않은 것은?

[학습 내용]
한국어 문장에서 주체가 스스로 행동을 일으키면 이를 능동이라 하고, 그 주체가 타인의 힘에 의해 그 행동을 겪을 때는 피동이라 한다. 피동 의미를 나타내려면 주로 타동사 어간 뒤에 '-이-, -히-, -리-, -기-' 같은 접미사나 '-되다'를 붙여 새로운 피동 동사를 파생시키는 방식을 쓴다.

[학습 과제]
다음의 어근 목록을 활용하여 피동문을 만드시오.
열- / 보- / 물- / 먹-

① 문이 바람에 열렸다.
② 숨겨 놓은 비상금이 눈에 보였다.
③ 자다가 모기에게 물렸다.
④ 엄마가 나에게 감기약을 먹였다.

17 <보기>를 바탕으로 '사동(使動)'에 대해 학습하였다. ㉠ ~ ㉣에 해당하는 예로 적절하지 않은 것은?

한국어에서는 동사·형용사 어간 뒤에 '-이-, -히-, -리-, -기-, -우-, -구-, -추-' 같은 접미사를 붙여 새 동사를 파생하거나, 본용언에 ㉠ 연결 어미 '-게'를 더한 뒤 '하다'를 보조용언으로 이어 주어 ㉡ '남에게 어떤 일을 시키다'는 뜻을 표시한다. 드물게는 ㉢ 접미사가 두 번 겹쳐져 '채우다(차- + -이- + -우- + -다)'같은 이중 사동 형태도 나타난다. 한편 '먹이다(사육하다)', '울리다(소리가 나다)'처럼 겉으로는 ㉣ 사동 접미사를 지녔으나 '시킨다'는 의미가 희미해져 일반 동사로 굳어 버린 어휘도 있어, 형태만 보고 사동성을 단정하기 어려운 예외가 존재한다.

① ㉠: 엄마가 나에게 쓰레기를 버리게 했다.
② ㉡: 방문이 갑자기 닫혔다.
③ ㉢: 놀아달라는 동생을 겨우 재웠다.
④ ㉣: 농부들은 우리에서 가축들을 먹인다.

실전 학습 문제

18 밑줄 친 부분에 주목하여 <보기>의 ㉠ ~ ㉣을 탐구한 내용으로 적절하지 <u>않은</u> 것은?

> 보기
> ㉠ 나는 <u>읽은</u> 책을 다시 읽었다.
> ㉡ 우리는 <u>내일</u> 놀러 갈 것이다.
> ㉢ 넌 집에 들어오면 <u>혼났다</u>.
> ㉣ 그녀는 어렸을 적에는 우리 동네에서 가장 <u>예뻤었다</u>.

① ㉠을 보니, 동사는 관형사형 어미 '-(으)ㄴ'을 통해 과거에 일어난 일을 나타내는군.
② ㉡을 보니, 시간 부사어를 사용하여 미래를 나타내고 있군.
③ ㉢을 보니, 선어말 어미 '-았-'은 과거의 상황을 나타내는군.
④ ㉣을 보니, 선어말 어미 '-었었-'은 현재와는 다른 단절된 과거를 나타내는군.

19 다음 글에서 추론한 내용으로 적절하지 <u>않은</u> 것은?

> 단어를 이루는 최소 의미 단위인 형태소는 실제 발음될 때 주변 소리 환경에 따라 겉모습이 달라질 수 있다. 이러한 여러 발음형을 '이형태'라 부르며, 하나의 형태소가 조건에 따라 다른 양상으로 실현된 결과물이다. 예컨대 주격 조사에서 자음으로 끝나는 체언 뒤에는 '이'가, 모음으로 끝나는 체언 뒤에는 '가'가 붙는데, '닭이'와 '고양이가'가 그 예다. 두 조사 '이'와 '가'는 같은 기능을 수행하지만 앞말 음운 구조가 다를 때 서로 교체되어 나타난다. 이처럼 음운 환경이 달라질 때 형태가 바뀌면 음운론적 이형태라 하고, 음운 환경과 무관하게 일정 형태가 굳어져 나타나면 형태론적 이형태라 한다.
> 이형태가 성립하려면 두 가지 조건이 필요하다. 첫째, 서로 겹치지 않는 상보적 분포를 가져야 한다. 즉 '이'와 '가'처럼 동일한 자리에 동시에 나타나지 않아야 한다. 둘째, 의미가 완전히 동일해야 한다. 기능이나 뜻이 조금이라도 다르면 별개의 형태소가 되기 때문이다. 결국 이형태는 같은 의미를 지닌 형태소가 상보적 분포 속에서 음상만 달리하여 드러나는 현상이라 할 수 있다.

① '함께 걷다'와 '함께 걸었다'에서 '걷-'과 '걸-'은 이형태 관계에 있다.
② '쏘았다'와 '쑤었다'에서 '-았-'과 '-었-'은 이형태 관계에 있다.
③ '아버지께서'와 '어머니께'에서 '께서'와 '께'는 이형태 관계에 있다.
④ '학교를'과 '학원을'에서 '를'과 '을'은 이형태 관계에 있다.

20 다음 글을 읽은 독자의 반응으로 적절하지 않은 것은?

국어학자마다 '단어'의 경계를 설정하는 방식이 달랐다. 주시경을 비롯한 개화기 문법가는 "내가 밥을 먹었다"를 여섯 덩어리, 곧 '내 / 가 / 밥 / 을 / 먹 / 었다'로 쪼갰다. 반면 한글 맞춤법 제정 작업에 참여했던 최현배 등은 '-었-'과 같은 어미를 독립 단위로 보지 않아 '내 / 가 / 밥 / 을 / 먹었다' 다섯 덩어리로 분석했다. 또, 이숭녕 같은 역사 문법가는 조사까지 제외해 '내가 / 밥을 / 먹었다'의 세 묶음만을 인정했다.

차이는 '가, 을' 같은 조사를 단어로 인정할지 여부에서 비롯된다. 조사는 실질적인 의미를 지니지 않고 앞 체언과 뒤 성분의 문법적 관계를 표시하는 형식 형태소이다. 그럼에도 주시경·최현배 계열은 조사를 단어로 간주했다. 조사 앞에 놓이는 체언이 스스로 자립성을 지니기 때문이다. '밥'은 혼자서도 쓰일 수 있고, 그 뒤에 '을'이 붙어도 둘 사이에 '만'처럼 다른 어휘가 끼어들 수 있어 경계가 명확하다. 반대로 '-었-'은 의존 형태소 '먹-'에 붙어야만 드러나므로, 분리성이 없는 내부 요소로 처리된다.

결국 단어를 나누는 핵심 기준은 자립성뿐 아니라 '경계에 다른 단어가 끼어들 수 있는가'라는 분리성 여부다. '국밥'처럼 내부가 갈라지지 않는 합성어는 단어 내부 분리성이 없고, '밥 / 을'처럼 조사 앞뒤는 분리가 가능해 각각 하나의 단어로 볼 수 있다는 것이다.

① 같은 문장에 대해 주시경은 항상 최현배보다 많은 단어로 이루어져 있다고 판단할 것이다.
② '김밥'은 '김'과 '밥' 사이에 다른 말이 끼어들 수 없으니 단어로 보아야 한다.
③ 역사 문법가들은 '그와 함께 집으로 갔다.'라는 문장이 네 단어로 이루어져 있다고 분석할 것이다.
④ 한글 맞춤법 제정에 참여했던 학자들은 역사 문법가들과 달리 조사를 단어로 인정하였다.

21 다음 글에서 추론한 내용으로 적절하지 않은 것은?

화자가 질문 형식으로 메시지를 전할 때 그 물음이 요구하는 반응 방식에 따라 의문문은 세 유형으로 갈린다. 먼저 '누구, 언제, 어디, 무엇, 어떻게, 왜'와 같은 의문사를 포함해 상세한 정보를 청자로부터 끌어내려는 형식이 설명 의문문이다. 다음으로 의문사 없이 "예/아니요" 식의 단순 긍·부정 답변만 확인하면 되는 문장은 판정 의문문이라 한다. 마지막으로, 표면은 질문이지만 실제로는 대답을 기대하지 않으면서 감탄·비판·명령 같은 화자의 태도를 강조하는 용도로 쓰이는 경우가 있는데, 이를 수사 의문문이라 규정한다. 일반적으로 의문문의 전형적 모습은 설명 의문문으로 간주되며, "어제 뭐했어?"가 이에 속한다. 반면 "준비됐어?"처럼 '네'나 '아니요'로 끝나는 물음은 판정 의문문, "내가 이것도 못해줄 것 같아?"처럼 답을 요구하지 않고 화자의 감정을 드러내는 표현은 수사 의문문에 해당한다.

① "내가 이 정도로 흔들릴 줄 알아?"는 수사 의문문이다.
② "너 어제 학교에 왔었어?"는 판정 의문문이다.
③ "어쩌다 이렇게 된 거니?"는 수사 의문문이다.
④ "너도 내가 잘못한 거라고 생각해?"는 판정 의문문이다.

실전 학습 문제

22 다음 글을 바탕으로 <보기>의 ㉠ ~ ㉣을 수정한 방법으로 적절하지 <u>않은</u> 것은?

언어에서 '형태소'란 더는 쪼갤 수 없는 의미 단위를 가리킨다. 형태소는 홀로 띄어 쓸 수 있는지 여부에 따라 두 갈래로 나뉜다. 명사·부사처럼 다른 요소의 도움 없이 독립적으로 쓰일 수 있으면 자립 형태소, 조사·접사·어간·어미처럼 단독으로는 기능하지 못하고 다른 말에 기대어 나타나면 의존 형태소다.

홀로 쓰일 수 있는 자립 형태소들은 모두 실질 형태소가 되는데, 의존 형태소 중에 활용어의 변하지 않는 부분인 어간은 홀로 사용할 수는 없더라도 실질적인 뜻을 담고 있으므로 실질 형태소에 속한다는 것에 유의해야 한다. 반면, 어간을 제외한 '조사·접사·어미' 등의 의존 형태소는 자립 형태소에 붙어 문장 성분 등을 나타내는 문법적 역할을 하는 문법 형태소로 분류된다.

'오늘은 아침을 먹었다.'라는 예문을 분석하면 다음과 같이 분류할 수 있다.

구분	자립 형태소	의존 형태소
실질 형태소	오늘, 아침	먹-
문법 형태소		은, 을, -었-, -다

보기

- '그는 침대에 곤히 누웠다.'

구분	자립 형태소	의존 형태소
실질 형태소	그,	㉠ 침대, ㉡ 곤히
문법 형태소	㉢ -었-	에, ㉣ 눕-, -다

① ㉠은 실질적 의미를 나타내는 실질 형태소이면서, 자립하여 쓰일 수 있으므로 자립 형태소로 제시해야 한다.

② ㉡은 자립하여 쓰일 수 없으므로 의존 형태소이지만, 실질적 의미를 나타내지 않으므로 문법 형태소로 제시해야 한다.

③ ㉢은 문법 형태소이지만, 자립하여 쓰일 수 없으므로 의존 형태소로 제시해야 한다.

④ ㉣은 자립하여 쓰일 수 없으므로 의존 형태소이고, 어간이므로 실질 형태소로 제시해야 한다.

[23 ~ 24] 다음 글을 읽고 물음에 답하시오.

시제란 화자가 서 있는 '지금'이라는 시점을 기준으로 사건이 이미 지나갔는지, 한창 진행 중인지, 혹은 앞으로 닥쳐올 일인지를 표시하는 시간적 장치다. 한국어에서는 이러한 시간 차이를 과거·현재·미래 세 갈래로 구분하며, 선어말 어미나, 관형사형 어미, 그리고 '어제·지금·내일' 같은 시간 부사를 통해 시제를 드러낸다.

절대 시제는 말하는 순간(발화시)을 좌표로 삼아 사건이 그 이전인지, 동시에 일어나는지, 이후인지 판정하는 방식이다.

예를 들어 '나는 지금 운동을 한다.'에서는 '한다'가 발화 시점과 일치해 현재 시제가 된다. 또 '어제 눈이 내렸다.'에서는 선어말 어미 '-었-'과 시간 부사 '어제'가 사건시가 발화시보다 앞섰음을 나타내므로 과거 시제가 된다. 그리고 '곧 그가 올 것이다.'에서는 '곧'과 '-ㄹ'이 사건시가 발화시 뒤에 있음을 알리며 미래 시제를 형성한다.

그러나 한 문장에 서술어가 둘 이상 들어가면 기준 시점이 발화시가 아닌 다른 사건시로 이동하는데, 이를 상대 시제라고 한다.

예를 들어 '나는 어제 숙제를 하는 동생을 도와주었다.'에서 주절의 시제 '도와주었다'는 과거지만 관형사절의 시제 '하는'은 현재이다. 하지만 주절과 연결하여 보면, 관형사절은 주절이 가리키는 '어제'를 기준으로 현재인 시점에 이루어진 행위이다. 즉 관형사절의 시제는 발화시가 아니라 주절 사건시와의 상대적 관계로 결정된다.

23 윗글을 이해한 내용으로 가장 적절한 것은?

① 절대 시제는 발화시와 사건시의 관계를 통해 시제를 판단한다.
② 상대 시제는 관형사절의 사건시를 기준으로 시제를 판단한다.
③ 절대 시제에서 시제는 선어말 어미를 통해서만 판단할 수 있다.
④ 문장이 두 개 이상의 서술어로 이루어져 있고 각 절의 시제가 다르다면 절대 시제를 사용해야 한다.

24 윗글에 따라 <보기>의 밑줄 친 부분의 시제를 옳게 설명한 것은?

보기
우리는 힘들어하시는 선생님을 위로한다.

① 절대 시제로는 과거, 상대 시제로는 현재
② 절대 시제나 상대 시제 모두 과거
③ 절대 시제로는 현재, 상대 시제로는 과거
④ 절대 시제나 상대 시제 모두 현재

실전 학습 문제

25. 다음 글에서 추론한 내용으로 적절하지 않은 것은?

한국어 화자는 시간을 표현하는 '시제'를 '지금'이라는 발화 순간을 축으로 삼아 사건이 어느 시점에 놓여 있는지를 가늠한다. 이때 시제는 사건이 이미 지나갔으면 과거, 바로 겹치면 현재, 아직 오지 않았으면 미래라는 세 범주로 나눌 수 있다.

대표적 과거 선어말 어미 '-았/-었/-였-'은 기본적으로 발화시보다 사건이 먼저 일어났음을 가리킨다. 현재 시제는 '그가 공원에 간다.'와 같이 동사 어간에 현재 선어말 어미 '-ㄴ다/-는다'를 붙일 수 있지만, 형용사에는 '하늘이 푸르다'와 같이 어간 뒤에 별도의 형태 변화가 없이 사용한다. 즉, 형용사는 어간 + 어미의 기본형이 현재 시제의 형태로도 그대로 사용되는 것이다. 미래를 나타내는 형식 미래 선어말 어미 '-겠-' 혹은 '-(으)ㄹ 것-'을 통해 나타낼 수 있다. 미래 시제는 순수하게 앞날의 사건을 가리키는 기능을 넘어 화자의 추측이나 의지·계획까지 담아낼 수 있다. 예를 들어 '이 정도면 충분하겠다.'와 같이 추측을 나타내거나 '이번에는 반드시 이기겠다.'처럼 의지를 나타내는 경우가 그러하다.

① '아이들이 뛰어다닌다'는 '-ㄴ다'의 현재 선어말 어미를 사용한 현재 시제이다.
② '그녀는 이미 도착했겠다'는 미래에 일어날 일을 나타낸다.
③ '사고는 이미 마무리했습니다'의 '였'은 과거의 의미를 나타낸다.
④ '오늘 영희가 평소보다 예쁘다'는 현재 시제를 나타낸다.

26. 다음 글을 이해한 내용으로 적절하지 않은 것은?

한국어 화자는 누군가에게 행위를 시키거나 어떤 상태 변화를 유발한 사실을 서술할 때 '사동' 구조를 활용한다. 이러한 사동 의미는 두 가지 형식으로 만들어지는데, 하나는 동사·형용사 어근 뒤에 '-이-, -히-, -리-, -기-, -우-, -구-, -추-' 같은 접미사를 붙여 새 동사를 파생시키는 방식이고, 다른 하나는 본용언에 연결어미 '-게'를 붙인 뒤 '하다'를 덧붙여 통사적으로 사동을 표현하는 방식이다.

사동의 도입은 주동문의 서술어에 따라 문장 성분 배열과 서술어 자릿수를 바꾼다. 우선 형용사나 자동사가 서술어인 주동문을 사동문으로 전환하면, 원래 주어는 목적어 자리로 내려가고 새 주어가 등장한다. ㉠ '얼음이 녹는다.'를 ㉡ '아이들이 얼음을 녹인다.'로 바꾼 예에서 볼 수 있듯이, 단일 주어만 필요하던 한자리 술어가 주어·목적어 두 자리를 요구하는 서술어로 확장된다.

반면 타동사를 포함한 주동문을 사동문으로 만들 때는 주동문의 주어가 부사어로 이동하고, 목적어는 그대로 유지되며 새 주어가 앞에 나타난다. ㉢ '내가 밥을 먹었다.'를 ㉣ '어머니께서 나에게 밥을 먹이셨다.'로 재구성된다.

① 주동문 ㉢을 사동문 ㉣로 바꿀 때 서술어가 필요로 하는 문장 성분의 개수가 늘어난다.
② 주동문 ㉢을 사동문 ㉣로 바꿀 때 목적어는 그대로 유지된다.
③ 주동문을 사동문으로 바꿀 때, 항상 새로운 주어가 나타난다.
④ 주동문 ㉠의 주어는 사동문 ㉡에서도 주어로 나타난다.

공무원 시험 전문 해커스공무원
gosi.Hackers.com

2026 대비 최신개정판

해커스공무원
신민숙 쉬운국어
문법 강화 200제

개정 3판 3쇄 발행 2026년 1월 5일
개정 3판 1쇄 발행 2025년 7월 4일

지은이	신민숙
펴낸곳	해커스패스
펴낸이	해커스공무원 출판팀
주소	서울특별시 강남구 강남대로 428 해커스공무원
고객센터	1588-4055
교재 관련 문의	gosi@hackerspass.com
	해커스공무원 사이트(gosi.Hackers.com) 교재 Q&A 게시판
	카카오톡 플러스 친구 [해커스공무원 노량진캠퍼스]
학원 강의 및 동영상강의	gosi.Hackers.com
ISBN	979-11-7404-231-6 (13710)
Serial Number	03-03-01

저작권자 ⓒ 2025, 신민숙
이 책의 모든 내용, 이미지, 디자인, 편집 형태는 저작권법에 의해 보호받고 있습니다.
서면에 의한 저자와 출판사의 허락 없이 내용의 일부 혹은 전부를 인용, 발췌하거나 복제, 배포할 수 없습니다.
이 책의 내용 중 일부는 국립국어원이 제공하는 '표준국어대사전'을 참고하였습니다.

공무원 교육 1위,
해커스공무원 gosi.Hackers.com

① 해커스공무원

- 해커스공무원 국어 7년 연속 1위 신민숙 선생님의 본 교재 인강(교재 내 할인쿠폰 수록)
- 해커스 스타강사의 **공무원 국어 무료 특강**
- 정확한 성적 분석으로 약점 극복이 가능한 **합격예측 온라인 모의고사**(교재 내 응시권 및 해설강의 수강권 수록)
- 필수어휘와 사자성어를 편리하게 학습할 수 있는 **해커스 매일국어 어플**

[공무원 교육 1위 해커스공무원] 한경비즈니스 2024 한국품질만족도 교육(온·오프라인 공무원학원) 1위
[해커스공무원 국어 7년 연속 1위] 해커스공무원 국어 온라인 단과 강좌 매출액 기준(2018.01.01.~2024.12.31.)

5천 개가 넘는
해커스토익 무료 자료!

대한민국에서 공짜로 토익 공부하고 싶으면 해커스토익 Hackers.co.kr 검색

RC 정수진　　RC 이상길

토익 강의

베스트셀러 1위 토익 강의 150강 무료 서비스,
누적 시청 1,900만 돌파!

토익 실전 문제

토익 RC/LC 풀기, 모의토익 등
실전토익 대비 문제 제공!

LC 한승태　　RC 김동영

최신 특강

2,400만뷰 스타강사의
압도적 적중예상특강 매달 업데이트!

고득점 달성 비법 무료

토익 고득점 달성팁, 파트별 비법,
점수대별 공부법 무료 확인

*미션 달성 시

가장 빠른 정답까지!

615만이 선택한 해커스 토익 정답!
시험 직후 가장 빠른 정답 확인

[5천여 개] 해커스토익(Hackers.co.kr) 제공 총 무료 콘텐츠 수(~2017.08.30)
[베스트셀러 1위] 교보문고 종합 베스트셀러 토익/토플 분야 토익 RC 기준 1위(2005~2023년 연간 베스트셀러)
[1,900만] 해커스토익 리딩 무료강의 및 해커스토익 스타트 리딩 무료강의 누적 조회수(중복 포함, 2008.01.01~2018.03.09 기준)
[2,400만] 해커스토익 최신경향 토익적중예상특강 누적 조회수(2013-2021, 중복 포함)
[615만] 해커스영어 해커스토익 정답 실시간 확인서비스 PC/MO 방문자 수 총합/누적, 중복 포함(2016.05.01~2023.02.22)

더 많은
토익무료자료 보기 ▶

2026 대비 최신개정판

해커스공무원

신민숙
쉬운국어

문법 강화
200제

정답 및 해설

해커스공무원

2026 대비 최신개정판

해커스공무원
신민숙
쉬운국어
문법 강화 200제

정답 및 해설

01 품사

실전 학습 문제
p. 22

01	02	03	04	05
③	③	④	②	②
06	07	08	09	10
③	③	②	③	④
11	12	13	14	15
④	②	③	③	①
16	17	18	19	20
②	②	①	②	③
21	22	23	24	25
③	③	④	③	①

01　　　　　　　　　정답 ③

정답 해설
③ '사는'은 용언이 활용할 때 어간과 어미의 형태가 규칙적인 규칙 활용 용언이다. '살다'의 'ㄹ'은 'ㄴ, ㄹ, ㅂ, ㅅ, 오'로 시작하는 어미 앞에서 규칙적으로 탈락한다.

오답분석
① '주웠다'는 '줍다'의 어간 '줍-'과 '-었-'이 만나 'ㅂ'이 'ㅜ'로 교체되는 불규칙 활용 용언이다.
② '지었다'는 '짓다'의 어간 '짓-'과 '-었-'이 만나 'ㅅ'이 탈락하는 불규칙 활용 용언이다.
④ '올랐다'는 '오르다'의 어간 '오르-'와 '-았-'이 만나 '르'가 'ㄹㄹ'로 소리나는 불규칙 활용 용언이다.

02　　　　　　　　　정답 ③

정답 해설
③ '조그맣다'는 '조그매(조그맣- + -이)', '조그매서(조그맣- + -아서)'와 같이 형태가 바뀌는데 이는 제시문의 '파랗다'와 같이 어간과 어미의 형태가 모두 바뀌는 'ㅎ' 불규칙이 나타난다.

오답분석
① '마시다'는 '마시니, 마시고'로 활용되는데 이는 어간과 어미의 형태가 모두 바뀌지 않는 경우이다.
② '공부하다'는 '공부하여(공부하- + -어)'와 같이 바뀌는데, 이는 제시문의 '하다'와 같이 어미 '-어가 '-여'로 바뀌는 유형이다.
④ '낫다'는 '나아서, 나아, 나으니'와 같이 형태가 바뀌는데, 이는 제시문의 '긋다'와 같이 어간의 'ㅅ'이 탈락하는 유형이다.

03　　　　　　　　　정답 ④

정답 해설
④ '지었다'는 '짓다'의 어간 '짓-'이 모음으로 시작하는 어미와 만나면 'ㅅ'이 탈락하는 불규칙 활용 용언이다.

오답분석
① '컸네'는 '크다'의 어간 '크-'에 모음으로 시작하는 어미가 붙어 'ㅡ'가 탈락하는 규칙 활용 용언이다.
② '먹은'은 '먹고, 먹으니, 먹어서'와 같이 활용할 때 어간과 어미가 모두 변하지 않는 규칙 활용 용언이다.
③ '사는'은 '살다'의 어간 '살-'의 'ㄹ'이 '-ㄴ, -ㄹ, -ㅂ, -ㅅ, -오'로 시작하는 어미 앞에서 탈락하는 규칙 활용 용언이다.

04　　　　　　　　　정답 ②

정답 해설
② ⊙ 껐다(규칙 활용): '끄다'의 어간 '끄-'에 모음으로 시작하는 어미 '-어' 나 '-었' 등이 붙으면 'ㅡ'가 탈락한다. 이는 국어의 일반적인 음운 규칙으로 설명할 수 있으므로 ⊙에 해당한다.
ⓒ 물어보았다('ㄷ' 불규칙 활용): '묻다'의 어간 '묻-'에 모음으로 시작하는 어미 '-어나 -었' 등이 붙어 활용하면 어간의 'ㄷ'이 'ㄹ'로 불규칙하게 바뀌게 되므로, 즉 국어의 일반적인 음운 규칙으로 설명할 수 없으므로 ⓒ의 예로 적절하다.

오답분석
① ⊙ 이르다('러' 불규칙 활용): '이르다'의 어간 '이르-'에 모음으로 시작하는 어미 '-어가 붙으면 '어가 '러'로 바뀐다. 이는 국어의 일반적인 음운 규칙으로 설명할 수 없으므로 ⓒ에 해당한다.
ⓒ 그었다('ㅅ' 불규칙 활용): '긋다'의 어간 '긋-'에 모음으로 시작하는 어미 '-어가 붙어 활용하면 어간의 'ㅅ'이 탈락하여 어간이 불규칙하게 바뀌므로 ⓒ의 예로 적절하다.
③ ⊙ 사느냐(규칙 활용): '살다'의 어간 '살-'에 끝 자음 'ㄹ'이 '-ㄴ, -ㄹ, -ㅂ, -ㅅ, -오' 앞에서 떨어진다. 이는 국어의 일반적인 음운 규칙으로 설명할 수 있으므로 ⊙의 예로 적절하다.
ⓒ 먹는(규칙 활용): '먹다'의 어간 '먹-'에 어떠한 어미가 붙어서 활용해도 어간과 어미의 형태가 바뀌지 않으므로 ⊙의 예다.
④ ⊙ 들어봐('ㄷ' 불규칙 활용): '듣다'의 어간 '듣-'에 모음으로 시작하는 어미 '-어가 붙어 활용하면 어간의 'ㄷ'이 'ㄹ'로 변하여 어간이 불규칙하게 바뀌므로 ⓒ의 예에 해당한다.
ⓒ 하얘졌다('ㅎ' 불규칙 활용): '하얗다'의 어간 '하얗-'에 모음으로 시작하는 어미 '-아'가 붙어 활용하면 어간과 어미가 모두 불규칙하게 바뀌므로 ⓒ의 예로 적절하다.

05　　　　　　　　　정답 ②

정답 해설
② '묻어'는 '일을 드러내지 아니하고 속 깊이 숨기어 감추다.'의 의미를 지닌 단어로 '묻고, 묻어, 묻게, 묻으며'의 형태로 규칙 활용을 한다.

오답분석
① '몰라'는 '모르-'의 '르'가 모음 어미 앞에서 'ㄹㄹ' 형태로 바뀌는 '르' 불규칙 활용을 한다.
③ '걸으면서'는 'ㄷ'이 모음 어미 앞에서 'ㄹ'로 바뀌는 'ㄷ' 불규칙 활용을 한다.
④ '구웠다'는 '굽-'의 'ㅂ'이 모음 어미 앞에서 'ㅗ/ㅜ'로 바뀌는 'ㅂ' 불규칙 활용을 한다.

06 정답 ③

정답 해설
③ '놀다'는 어간 '놀-' 뒤에 'ㄴ'으로 시작하는 어미가 붙으면 'ㄹ'이 탈락하는 규칙 활용을 한다.

오답분석
① '흘러'는 '르'가 모음 어미 앞에서 'ㄹㄹ' 형태로 바뀌는 '르' 불규칙 활용을 한다.
② '이었다'는 'ㅅ'이 모음 어미 앞에서 탈락하는 'ㅅ' 불규칙 활용을 한다.
④ '물었다'는 'ㄷ'이 모음 어미 앞에서 'ㄹ'로 바뀌는 'ㄷ' 불규칙 활용을 한다.

07 정답 ③

정답 해설
③ '까맣다'는 '까매(까맣- + -이)', '까매서(까맣- + -아서)'와 같이 활용하므로 ㉠과 같이 어간과 어미의 형태가 모두 바뀌는 경우이다.

오답분석
① '달리다'는 '달리니, 달리고'와 같이 어간과 어미의 형태가 모두 바뀌지 않는 경우이다.
② '노력하다'는 '노력하여(노력하- + -어)'와 같이 어미의 형태만 바뀌는 경우이다.
④ '짓고'는 '지어서, 지으니'와 같이 어간의 형태만 바뀌는 경우이다.

08 정답 ②

정답 해설
② '없다'는 형용사이고, '크다, 있다, 밝다'는 모두 동사이다.
- 크다: '키가 엄청 크다'의 '크다'는 '몸의 길이가 자라다.'라는 의미이므로 동사이다.
- 밝다: '아침이 밝다.'의 '밝다'는 '밤이 지나고 환해지며 새날이 오다'의 의미이므로 동사이다.
- 있다: '며칠만 있으면'의 '있다'는 '얼마의 시간이 경과하다.'의 의미이므로 동사이다.

09 정답 ③

정답 해설
③ '직장에 계속 있어라'의 '있다'는 '어떤 사람이 직장에 계속 다니다.'의 의미를 지닌 동사이다.

오답분석
① '전망이 밝다'의 '밝다'는 '예측되는 상황이 긍정적이고 좋다.'의 의미를 지닌 형용사이다.
② '큰 인물'의 '크다'는 '사람의 됨됨이가 뛰어나고 훌륭하다.'의 의미를 지닌 형용사이다.
④ '없다'는 '어떤 것이 존재하지 않는 상태이다.'의 의미를 지닌 형용사이다.

10 정답 ④

정답 해설
④ '다섯'은 뒤에 조사 '이'와 결합하여 있으므로 수사이다.

오답분석
①②③ '둘째, 세, 한두'는 체언 '줄, 시간, 마디'를 수식하는 관형사이다.

11 정답 ④

정답 해설
④ '학교에서 미술 대회를 개최하였다.'는 '학교가 미술 대회를 개최하였다.'로 바꾸는 것도 가능하므로 이때의 '에서'는 단체 명사 뒤에 쓰이는 주격 조사이다.

오답분석
① '이여'는 어떤 대상을 부를 때 쓰는 호격 조사이다.
② '도'는 체언 뒤에서 다시 그 위에 더한다는 의미를 가진 보조사이다.
③ '커녕'은 '어떤 사실을 부정하는 것은 물론 그보다 덜하거나 못한 것까지 부정함'의 뜻을 나타내는 보조사이다.

12 정답 ②

정답 해설
② '막히다'는 '(도로가) 막히는구나'와 같이 '-는구나'와 결합하는 것이 자연스러우며, '막힌다'와 같이 현재 시제 선어말 어미가 사용될 수 있기 때문에 형용사가 아닌 동사이다.

오답분석
① '사랑하다'는 '-는구나, -는다'와 결합 가능하므로 동사이다.
③ '늙다'는 '-는구나, -는다'와 결합 가능하므로 동사이다.
④ '밝다'는 '밤이 지나고 환해지며 새날이 오다.'의 의미일 경우에는 동사이지만, '밝은 빛'과 같이 '불빛 따위가 환하다, 빛깔의 느낌이 환하고 산뜻하다.'의 의미를 지니는 경우에는 형용사로 쓰이는 통용어이다.

13 정답 ③

정답 해설
③ '부족하다'는 필요한 양이나 기준에 미치지 못해 충분하지 않은 '상태'를 나타내고, 현재 시제 선어말 어미 '-는-/-ㄴ-'을 결합한 형태인 '부족한다'로 활용하지 않으므로 형용사이다.

오답분석
①②④ '늙는다', '줄었다', '경청한다'는 동사이다.

14 정답 ③

정답 해설
③ '늙다'는 '사람이나 동물, 식물 등이 나이를 많이 먹다'라는 뜻으로, 동사로만 쓰인다. 따라서 품사 통용의 예로 잘못 제시되었다.

오답 분석
① '형과 같이'의 '같이'는 '함께'의 의미이므로 '부사', '바보같이'의 '같이'는 '정도'의 의미이므로 '조사'이다.
② '늦게 지다'의 '늦게'는 '정해진 때보다 지나다.'의 의미인 '늦다'의 활용형이므로 '형용사', '수업에 늦었다'의 '늦다'는 '기준이 되는 때보다 뒤져 있다.'의 의미이므로 '동사'이다.
④ '학교에서뿐만'의 '뿐'은 체언 '학교' 뒤에 쓰였으며, 조사끼리는 붙여써야 하므로 '조사', '웃기만 할 뿐'의 '뿐'은 용언의 관형사형인 '할' 뒤에 쓰였으므로 '의존 명사'이다.

15 정답 ①

정답 해설
① '설마'는 문장 전체를 수식하는 '과연, 제발'과 같은 문장 부사이다.

오답 분석
② '모든'은 체언 '인력'을 수식하는 관형사이다.
③ '아무'는 체언 '옷'을 수식하는 관형사이다.
④ '그'는 체언 '모습'을 수식하는 관형사이다.

16 정답 ②

정답 해설
② '긴장, 듯, 아침, 노래'는 명사, '누워, 기진맥진한, 부르고'는 동사, '가, 처럼, 부터'는 조사, '오래오래'는 부사이다. 그러나 '즐겁게'는 형용사 어간 '즐겁-'에 부사형 어미 '-게'가 붙은 구성으로 '즐겁구나'와 같이 활용이 가능하기 때문에 '형용사'이다.

17 정답 ②

정답 해설
② '거기 가면 조용히 있어라.'에서 '있어라.'는 '(상태)를 유지하라'의 의미를 지니고 있으면서 명령형으로 활용하였을 때 쓰임이 자연스러우므로 '있어라'의 기본형 '있다'의 품사는 형용사가 아닌 동사이다. 따라서 ②의 추론은 적절하지 않다.

오답 분석
① '그는 아파트가 3채가 있다.'의 '있다'는 '아파트'에 대한 '소유'의 의미를 가지고 있으면서 '있어라'와 같이 활용할 수 없으므로 '형용사'이다.
③ '선생님께서는 교무실에 계신다.'의 '계신다'는 '교무실'에 대한 '소재'의 의미를 가지고 있다. 또한 제시문 끝에서 동사 '있다'의 높임 표현은 '계시다'임을 알 수 있으므로, 이때 '계신다'는 동사이다.
④ '선생님께서는 나이 어린 아드님이 있으시다.'의 '있으시다'는 '아드님(자식)'에 대한 '소유'의 의미를 가지고 있다. 또한 제시문 끝에서 형용사 '있다'의 높임 표현은 '있으시다'임을 알 수 있으므로, 이때 '있으시다'는 형용사이다.

18 정답 ①

정답 해설
① '밝는다'는 '밝- + -는- + -다'로 분석된다. 어간에 현재 시제 선어말 어미 '-는'이 결합하였으므로 ⑦의 '밝다'는 동사에 해당한다. 참고로 '밝다'는 동사와 형용사로 모두 쓸 수 있는데, ⑦의 '밝다'는 '밤이 지나고 환해지며 새날이 온다'의 의미로, 시간의 변화에 따라 환해진다는 '작용'을 나타내는 동사이다.

오답 분석
② '챙겨라'는 '챙기- + -어라'로 분석된다. 어간에 명령형 어미 '어라'가 결합하였으므로 '챙기다'는 동사가 된다.
③ '버렸다'는 '가지거나 지니고 있을 필요가 없는 물건을 내던지거나 쏟거나 하다.'의 의미이다. 대상의 동작을 나타내는 단어이므로 동사에 해당한다.
④ 어간 '부지런하-'에 청유형 어미 '-자'가 붙은 '부지런하자'는 비문법적인 문장으로, 청유형 어미가 결합하지 못하는 '형용사'이다. 참고로 ②은 '우리 항상 부지런하게 지내자' 등으로 써야 올바른 문장이 된다.

19 정답 ③

정답 해설
③ '잘할 뿐'의 '뿐'은 어미 뒤에 붙어 앞에 오는 말을 제한하는 의존 명사로, 앞말과 띄어 써야 한다.

오답 분석
① '계획대로'의 '대로'는 체언 뒤에 붙어 앞에 오는 말에 근거함을 나타내는 보조사로, 앞말과 붙여 써야 한다.
② '너만큼'의 '만큼'은 체언 뒤에 붙어 앞말과 비슷한 정도임을 나타내는 조사로, 앞말과 붙여 써야 한다.
④ '쥐꼬리만큼도'의 '만큼'은 '앞말과 비슷한 정도나 한도임'의 의미를 지닌 조사로 앞말과 붙여 써야 한다.

20 정답 ③

정답 해설
③ 2문단에 따르면 2인칭 대명사 '당신'은 아주 높은 분에게는 거의 쓰지 않지만 '당신'은 2인칭 대명사뿐만 아니라 3인칭 재귀 대명사로도 쓰임을 알 수 있다. '할아버지는 당신의 추억을 자주 이야기하신다.'에 쓰인 '당신'은 '할아버지'를 가리키는 3인칭 재귀 대명사이므로, 잘못된 표현이라고 볼 수 없다.

오답 분석
① 1문단에 따르면 '너, 너희'와 같이 같은 등급의 높임을 나타내는 대명사라도 청자의 단수, 복수에 따라 표현이 달라짐을 알 수 있다.
② 4문단에 따르면 우리 국어에는 아주 높임의 2인칭 대명사가 발달되어 있지 않기 때문에 친족 호칭이나 직함 등을 사용하여 상대를 높이는 것이 일반적임을 알 수 있다.

④ 1문단에 따르면 '자네'는 연배가 있는 사람이 친분이 있는 동년배나 손아랫사람에게 사용하는 2인칭 대명사로, '당신'보다는 낮고 '너'보다는 높은 말이다. 따라서 친분이 있는 사람을 대접하기 위해 '자네'를 사용할 수 있음을 알 수 있다.

21
정답 ③

정답해설

③ 3문단에 따르면 부사는 예외적으로 명사를 수식하기도 한다. '아주 바쁘다, 아주 멋지다'와 같이 '아주'는 용언을 수식하는 부사이지만, '아주 부자'처럼 명사를 수식하기도 한다.

오답분석

① '빠른'은 '빠르다'의 어간 '빠르-'에 관형사형 전성 어미 '-ㄴ'이 결합한 용언의 활용형으로, 품사는 형용사이다. '빠른'은 '빠르다, 빠르니, 빠르고, 빠르며'와 같이 활용하여 형태 변화가 가능하므로 관형사로 볼 수 없다.

② 3문단에 따르면 부사는 보조사와 결합할 수 있다. '세월이 너무도 빠르게 가는구나.'에서 '너무도'는 부사 '너무'에 보조사 '도'가 결합하여 형용사 '빠르게'를 수식하고 있으므로 부사이다. 따라서 '너무'가 체언이라는 진술은 적절하지 않다.

④ '새 옷이 그에게 매우 멋지게 어울린다.'에는 관형사 '새'만 존재한다. 참고로 '멋지게'는 '멋지다, 멋지고, 멋지니, 멋지며'와 같이 활용하는 용언으로 품사는 형용사이다.

22
정답 ③

정답해설

③ (가)~(다)에 들어갈 말로 가장 적절한 것은 'ㄴ-ㄷ-ㄱ'이다.

- (가): (가)에는 화자 자신과 청자를 가리키는 의미로 사용된 '우리'가 들어가야 함을 알 수 있다. 이때 "우리 이번에는 꼭 합격하자."의 '우리'는 화자와 청자(다은)를 함께 지칭하는 표현이다. 따라서 (가)에 들어갈 말로 적절한 것은 'ㄴ'이다.
- (나): (나)에는 화자가 자기보다 높지 않은 사람을 상대하여 자기를 포함한 여러 사람을 가리키며, 청자가 포함되지 않는 의미로 사용된 '우리'가 들어가야 함을 알 수 있다. "우리는 너와 하고 싶은 일이 정말 많아"의 '우리'는 화자가 포함된 여러 사람을 가리키며 청자('너')를 배제한 표현이다. 따라서 (나)에 들어갈 말로 적절한 것은 'ㄷ'이다.
- (다): (다)에는 화자가 자기보다 높지 아니한 사람을 상대하여 어떤 대상이 자기와 친밀한 관계임을 나타내는 의미로 사용된 '우리'가 들어가야 함을 알 수 있다. 이때 "우리 형은 학교에서 가장 공부를 잘한다."의 '우리'는 화자 ('나')가 '형'이라는 대상이 자신과 친밀한 관계임을 나타내기 위해 사용한 표현이다. 따라서 (다)에 들어갈 말로 적절한 것은 'ㄱ'이다.

23
정답 ④

정답해설

④ '무슨'은 '무엇인지 모르는 일'의 뜻을 가진 관형사이고, '온갖'은 활용의 형태를 지니고 있지 않기 때문에 형용사가 아니라 '이런저런 여러 가지의'의 의미를 지닌 관형사이다.

오답분석

① '모든'은 '빠짐이나 남김이 없이 전부의'의 뜻을 나타내는 관형사이고, '그'는 앞에서 이미 이야기한 대상을 가리키는 관형사이다. 1문단에 따르면 관형사는 관형어에 포함되므로 '모든'과 '그'는 모두 관형사이자 관형어라고 할 수 있다.

② '큰'은 '키가 크다'에서 알 수 있듯 서술성이 있는 형용사의 관형사형이고, '다른'은 '입장 다르다'에서 알 수 있듯 서술성이 있는 형용사의 관형사형이다.

③ '이'는 말하는 사람에게 가까이 있는 대상을 가리키는 관형사이고, '멋진'은 '건축물이 멋지다'에서 알 수 있듯 서술성이 있는 형용사의 관형사형이다.

24
정답 ③

정답해설

③ '비교적 편리하다'의 '비교적'은 용언 '편리하다'를 수식하고 있으므로 부사이고, '비교적 상품 가치가 떨어진다'의 '비교적'도 용언 '떨어진다'를 수식하고 있으므로 부사이다. 둘 다 부사의 사례를 들고 있기 때문에 품사통용의 예시로 적절하지 않다.

오답분석

① '원래 계획에 맞게 진행하기로 했다.'의 '원래'는 조사 '의'와 결합할 수 있으므로 명사이다. 반면 '성민이는 원래 그런 사람이다.'의 '원래'는 용언 '그렇다'를 수식하므로 부사이다.

② '아침이 밝아 온다.'의 '밝다'는 '밤이 지나고 환해지며 새날이 오다'의 의미로 쓰인 동사이다. 반면 '그는 잠귀가 밝다'의 '밝다'는 '감각이나 지각의 능력이 뛰어나다.'의 의미로 쓰인 형용사이다.

④ '여섯이'의 '여섯'은 뒤에 조사가 붙은 수사이다. 반면 '여섯 번째'의 '여섯'은 단위성 의존 명사 '번'을 수식하는 수 관형사이다.

25
정답 ①

정답해설

① '그의 공연이 바로 지금 시작한다.'의 '지금'은 용언 '시작한다'를 수식하고 있으므로 부사이다. 따라서 '바로'는 부사를 수식하는 부사이다.

오답분석

② 2문단에 따르면 앞 문장과 뒤 문장을 이어주는 접속 부사는 문장 부사에 속한다. 따라서 '하지만'은 접속 부사이면서 동시에 문장 부사이다.

③ '안'은 '일어나다'를 수식하는 부정 부사. '완전히'는 '틀리다'를 수식하는 성상 부사이다. 따라서 '안'과 '완전히'는 모두 성분 부사이다.

④ 2문단에 따르면 말하는 이의 태도를 나타내는 부사는 양태 부사이다. '결코'는 화자인 '그'의 태도를 나타내므로 양태 부사이다.

02 문장 성분

실전 학습 문제
p. 40

01	02	03	04	05
①	②	③	②	③
06	07	08	09	10
④	②	②	④	③
11	12	13	14	15
①	②	④	①	④
16	17	18	19	20
③	③	①	①	③
21	22	23	24	25
④	②	④	③	③

01 정답 ①

정답 해설
① '그것은 사실이 아니다.'의 '사실이'는 '아니다'라는 서술어 앞에 있으므로 문장 내에서 보어이다.

오답 분석
② '예쁜 영희는 성격도 좋다.'에서 서술어의 주체인 '영희는' 문장 내에서 주어이다.
③ '선생님도 내 의견에 동의했다.'에서 서술어의 주체인 '선생님도'는 문장 내에서 주어이다.
④ '반에서 나만 공부했다.'에서 서술어의 주체인 '나만'은 문장 내에서 주어이다.

02 정답 ②

정답 해설
② '조용히'는 '진행되고 있다'를 수식하는 부속 성분(부사어)이다.

오답 분석
① '사과만'은 서술어 '먹는다'의 대상이기 때문에 주성분(목적어)이다. 목적격 조사 '을' 대신에 보조사 '만'이 결합되었다.
③ '국어를'은 서술어 '한다'의 대상이기 때문에 주성분(목적어)이다.
④ '수빈아'는 '체언 + 호격조사'가 결합한 형태이므로 다른 성분과는 직접적인 관련이 없는 독립 성분(독립어)이다.

03 정답 ③

정답 해설
③ ㄴ의 '가위로', ㄷ의 '대회에서'는 모두 부속 성분(부사어)이다. 그러므로 ㄴ에만 부속 성분이 존재한다는 말은 적절하지 않다.

오답 분석
① ㄱ의 '민수는', ㄴ의 '소윤이가', ㄷ의 '명수가'는 문장에서 주어이다.
② ㄱ은 주성분[주어(민수) + 보어(학생) + 서술어(아니다)], ㄴ은 주성분[주어(소윤), 목적어(색종이), 서술어(잘랐다)]과 부속 성분[부사어(가위로)]으로 이루어져 있다.
④ ㄷ에는 ㄱ, ㄴ과 달리 독립 성분 '와(독립어)'가 존재한다.

04 정답 ②

정답 해설
② '빠르게'는 서술어를 꾸며주는 부사어로 부속 성분에 해당하여 생략해도 문장이 완결된다.

오답 분석
① '많다'는 문장의 서술어로 주성분이다.
③ '얼음이'는 문장의 보어로 주성분이다.
④ '아버지가'는 문장의 주어로 주성분이다.

05 정답 ③

정답 해설
③ '헌'은 관형사이며, 관형사가 관형어의 역할을 하는 경우이다.

오답 분석
① '본'은 동사 '보다'의 어간에 관형사형 어미가 붙어 관형어의 역할을 한다.
② '영희'는 관형격 조사 '의'가 생략되어 명사가 '책'을 수식하는 관형어 역할을 한다.
④ '본', '영희', '헌'은 모두 '책'을 수식하는 관형어이다.

06 정답 ④

정답 해설
④ '반장이'는 서술어 '되었다' 앞에 있으므로 주어가 아니라 보어이다.

오답 분석
① '빵'은 목적격 조사 '을'이 생략된 형태로 목적어이다.
② '학교에서는' 명사 '학교'와 부사격 조사 '에서'가 결합한 형태로 부사어이다.
③ '예쁜'은 뒤에 명사 '꽃'을 수식하는 관형어이다.

07 정답 ②

정답 해설
② 문장 성분에 관한 설명이 옳은 것은 ⓒ, ⓔ, ⓗ으로, 답은 ②이다.
　ⓒ '다툼이 싸움으로 되었다.'의 문장 성분은 '주어(다툼이), 부사어(싸움으로), 서술어(되었다)'이다. '되다, 아니다' 앞에 오는 체언에 보격 조사 '이/가'가 붙으면 보어이지만 체언에 부사격 조사 '으로'가 붙으면 부사어가 된다.

ⓔ '체언 + 호격 조사(아/야/이여)'의 형태도 독립어에 해당한다.
  예 민중이여, 궐기하라.
ⓑ 부사어는 관형어나 다른 부사어를 수식하기도 한다.
  예 • 아주 새 옷이다. (부사어 '아주'가 관형어 '새'를 수식)
     • 매우 빨리 간다. (부사어 '매우'가 부사어 '빨리'를 수식)

오답분석

㉠ 문장의 객체 역할을 하는 것은 주어이다.(x) → 문장의 주체 역할을 하는 것은 주어이다. (O): 3문단에서 '주어는 '무엇이'에 해당하는 말로 문장의 주체 역할을 한다고 하였으므로 주어는 문장의 주체 역할을 한다는 것을 알 수 있다.

㉢ 주어는(x) → 서술어는(O): 8문단에서 일부 동사나 형용사(서술어)는 특정 부사어 없이는 문장이 완결되지 않는다고 하였으므로, 성격에 따라 필요한 문장 성분의 숫자가 다른 것은 서술어이다.

㉣ 주어, 서술어, 목적어, 부사어는(x) → 주어, 서술어, 목적어, 보어는(O): 2문단을 통해 주성분에 속하는 것은 주어, 서술어, 목적어, 보어이며 부사어는 부속 성분에 속한다는 것을 알 수 있다.

08 정답 ②

정답해설

② 'ⓒ 여긴다(여기다)'는 주어, 목적어, 부사어를 필수적으로 요구하는 세 자리 서술어이므로 밑줄 친 서술어에 대한 설명으로 가장 적절한 것은 ②이다.

• 주어(그는) + 목적어(나를) + 관형어(자신의) + 필수적 부사어(오른팔로) + 서술어(여긴다)

오답분석

① 'ⓐ 읽었다(읽다)'는 주어, 목적어를 필수적으로 요구하는 두 자리 서술어이다.

③ 'ⓒ 되었다(되다)'는 주어, 보어를 필수적으로 요구하는 두 자리 서술어이다.

④ 'ⓓ 탔다(타다)'는 주어, 목적어를 필수적으로 요구하는 두 자리 서술어이다.

09 정답 ④

정답해설

④ ㄹ의 '입다'는 '~이/가 ~을/를 입다'의 형태로 쓰이며, 주어와 목적어를 필요로 하는 두 자리 서술어이다.

오답분석

① ㄱ의 '맛있다'는 '~이/가 ~맛있다'의 형태로 쓰이며, 주어만을 필요로 하는 한 자리 서술어이다.

② ㄴ의 '보다'는 '~이/가 ~을/를 보다'의 형태로 쓰이며, 주어와 목적어를 필요로 하는 두 자리 서술어이다.

③ ㄷ의 '보내다'는 '~이/가 ~을/를 ~에 보내다'의 형태로 쓰이며, 주어와 목적어, 부사어를 필요로 하는 세 자리 서술어이다.

10 정답 ③

정답해설

③ 정부 관계자의 생각은 나와는 아주 달라: '다르다'는 주어와 필수적 부사어를 요구하는 두 자리 서술어이다. 제시된 문장에서 서술어 '다르다'가 필수적으로 요구하는 문장 성분은 '생각은(주어)'과 '나와(필수적 부사어)'이다. 따라서 ③은 서술어의 자릿수가 잘못 제시되었다.

오답분석

① 신뢰는 마치 보석과도 같단다: '같다'는 두 자리 서술어이다. 제시된 문장에서 서술어 '같다'가 필수적으로 요구하는 문장 성분은 '신뢰는(주어)'과 '보석과도(필수적 부사어)'이다.

② 영수는 어제 이사로 녹초가 됐다: '되다'는 두 자리 서술어이다. 제시된 문장에서 서술어 '되다'가 필수적으로 요구하는 문장 성분은 '영수는(주어)'과 '녹초가(보어)'이다.

④ 영섭이가 바닷가 우체통에 엽서를 넣었다: '넣다'는 세 자리 서술어이다. 제시된 문장에서 서술어 '넣다'가 필수적으로 요구하는 문장 성분은 '영섭이가(주어)', '우체통에(필수적 부사어)', '엽서를(목적어)'이다.

11 정답 ①

정답해설

① '에서'를 주격 조사 '이/가'로 대체할 수 있거나 단체를 나타내는 명사 뒤에 붙을 때에는 앞말이 주어임을 나타내는 '주격 조사'이다. 따라서 '정부가'로 바꾸어도 의미가 달라지지 않으므로 '정부에서는 주어이다.

오답분석

② '박물관에서는' 문장 내에서 장소를 나타내고 있으므로 부사어이다.

③ '공원에서는' 문장 내에서 장소를 나타내고 있으므로 부사어이다.

④ '정상에서는' 문장 내에서 장소를 나타내고 있으므로 부사어이다.

12 정답 ②

정답해설

② '예쁘게'가 생략되어도 '지현이가 옷을 만들었다.'처럼 문장이 성립한다. 따라서 '예쁘게'는 부사어이지만 문장의 성립에 반드시 필요한 부사어라고는 하기 어렵다.

오답분석

① '토끼와'는 부사어이지만 이를 생략하면 '그녀의 생김새는 닮았다.'와 같이 문장이 성립하기 어렵기 때문에 필수적 부사어이다.

③ '그에게는' 부사어이지만 이를 생략하면 '아버지는 친절을 베풀었다.'와 같이 문장이 성립하기 어렵기 때문에 필수적 부사어이다.

④ '친구와'는 부사어이지만 이를 생략하면 '유진이는 편의점에서 마주쳤다.'와 같이 문장이 성립하기 어렵기 때문에 필수적 부사어이다.

13 정답 ④

정답해설

④ '주름잡다'는 '주름을 잡다'와 같은 관계를 가지므로 '목적어 + 서술어'의 형태를 띈다.

오답분석

① '담쌓고(담쌓다)'는 '담'과 '쌓다'가 결합하여 '관계나 인연을 끊다'의 새로운 의미를 지닌다.
② '손잡고(손잡다)'는 '손을 잡다'와 같은 관계를 가지므로 '목적어 + 서술어'의 형태를 띤다.
③ '마음속'은 '마음'과 '속'이 결합하여 본래의 의미를 유지하고 있다.

14 정답 ①

정답해설
① '여섯'은 뒤에 오는 의존 명사 '명'을 수식하는 수 관형사이다.

오답분석
② '영희를'은 명사 '영희'에 목적격 조사 '를'이 결합한 형태이며, 서술어 '좋아한다'의 목적어로 쓰였다.
③ '얼음이'는 명사 '얼음'에 보격 조사 '이'가 결합한 형태이며, 서술어 '되었다'의 보어로 쓰였다.
④ '빨리'는 부사이며, 그 자체로 서술어 '뛰어갔다'를 수식하는 부사어로 쓰였다.

15 정답 ④

정답해설
④ '세차게'는 '세차- + -게'의 형태로 '세차서, 세차고' 등과 같이 활용을 하는 형용사이며, 문장 성분은 부사어이다.

오답분석
① '우와'는 다른 품사와는 독립적인 관계인 감탄사이고 문장 내에서 독립언으로 쓰였다.
② '새'는 명사 '신발'을 수식하는 관형사로, 문장 내에서 관형어로 기능한다.
③ '아주'는 부사로 관형어 '예쁜'을 수식한다. 따라서 관형어를 수식하는 부사어로 쓰였다.

16 정답 ③

정답해설
③ '엄청'은 뒤에 오는 부사어 '많이'를 수식하고, '많이'는 뒤에 오는 서술어 '오다'를 수식하는 부사이다. 따라서 '엄청'이 '오다'를 수식한다는 내용은 적절하지 않다.

오답분석
① '오후에'와 '노래방에'를 보면 '-에'는 시간적·공간적 의미를 모두 나타낼 수 있음을 알 수 있다.
② 부사 '오래'는 형용사 '있다'를 수식하고 부사 '일찍'은 동사 '나오다'를 수식한다.
④ '집으로'는 '뛰어갔다'를 수식하면서 장소의 의미를 더하는 부사어이다.

17 정답 ③

정답해설
③ '영수야'는 '체언 + 호격 조사'의 형태를 지닌 독립어이다.

오답분석
① 2문단을 보면 용언 앞에 쓰이는 '안/못'은 부사어라고 하였기 때문에 '먹는다' 앞에 쓰인 '못'은 부사어이다.
② 2문단 '의성어와 의태어는 모두 부사어에 속한다.'를 통해 의태어인 '부슬부슬'은 부사어임을 확인할 수 있다.
④ 2문단 '과연, 설마'와 같이 문장 전체를 수식하는 부사어도 존재한다는 설명을 통해 볼 때, '결코'는 문장 전체인 '그런 일은 없을 것이다'를 수식하는 부사어임을 추론할 수 있다.

18 정답 ①

정답해설
① 제시문에 의하면 필수적 부사어는 문장에서 반드시 필요한 부사어이고, 서술어가 어떤 성분을 요구하는지, 해당 부사어가 빠지면 문장이 부자연스러운지를 바탕으로 필수적 부사어를 찾아내야 한다. 서술어 '빛나다'는 주어라는 한 가지 문장 성분만을 요구하고, 부사어 '열의로'가 빠져도 문장이 자연스러우므로 ㉠이 포함되어 있지 않은 것은 ①이다.

오답분석
② 서술어 '유명하다'는 주어, 필수적 부사어라는 두 가지 성분을 요구한다. 여기서는 '사과로'가 빠지면 문장이 부자연스럽기 때문에 '사과로'는 필수적 부사어이다.
③ 서술어 '삼다'는 주어, 목적어, 필수적 부사어라는 세 가지 성분을 요구한다. 여기서는 '사위로'가 빠지면 문장이 부자연스럽기 때문에 '사위로'는 필수적 부사어이다.
④ 서술어 '다르다'는 주어와 필수적 부사어라는 두 가지 성분을 요구한다. 여기서는 '언니와'가 빠지면 문장이 부자연스럽기 때문에 '언니와'는 필수적 부사어이다.

19 정답 ①

정답해설
① 체언 '마실'에 목적격 조사 '을'이 결합한 구성이므로 ㉠에 해당하는 예로 볼 수 없다.

오답분석
② 체언 '여행'에 '이미 어떤 것이 포함되고 그 위에 더함'의 뜻을 나타내는 보조사인 '도'가 결합한 구성이므로 ㉠에 해당하는 예로 볼 수 있다.
③ 체언 '박람회'가 단독으로 쓰여서 목적어의 역할을 하고 있으므로 ㉡에 해당하는 예로 볼 수 있다.
④ 하나의 길, 또는 같은 길을 뜻하는 체언 '한길'과 '다른 것으로부터 제한하여 어느 것을 한정함'을 나타내는 보조사 '만', 목적격 조사 '을'이 결합한 구성이므로 ㉢에 해당하는 예로 볼 수 있다.

20 정답 ③

정답 해설

③ 제시문에 의하면 필수적 부사어는 문장에서 반드시 필요한 부사어이고, 서술어가 어떤 성분을 요구하는지, 해당 부사어가 빠지면 문장이 부자연스러운지를 바탕으로 필수적 부사어를 찾아내야 한다. 서술어 '좋아하다'는 주어, 목적어라는 두 가지 문장 성분만을 요구하고, 부사어 '엄청'이 빠져도 문장이 자연스러우므로 ㉠의 사례가 포함되어 있지 않다.

오답분석

① 서술어 '다르다'는 주어, 필수적 부사어라는 두 가지 성분을 요구하고, 부사어 '예전과'가 빠지면 문장이 부자연스럽기 때문에 '예전과'는 필수적 부사어이다.

② 서술어 '유명하다'는 주어, 필수적 부사어라는 두 가지 성분을 요구하고, 부사어 '닭갈비로'가 빠지면 문장이 부자연스럽기 때문에 '닭갈비로'는 필수적 부사어이다.

④ 서술어 '여기다'는 주어, 목적어, 필수적 부사어라는 세 가지 성분을 요구하고, 부사어 '전부로'가 빠지면 문장이 부자연스럽기 때문에 '전부로'는 필수적 부사어이다.

21 정답 ④

정답 해설

④ '넓다'는 주어(운동장이)만을 필요로 하는 한 자리 서술어이지만 ①, ②, ③에 쓰인 서술어는 주어 외에 또 하나의 문장 성분을 필요로 하는 두 자리 서술어이다.

오답분석

① 몽타주가 실물과 같았다: '같다(같았다)'는 '~이/가 ~와/과 같다'의 형태로 쓰이며 주어(몽타주)와 필수적 부사어(실물과)를 모두 필요로 하는 두 자리 서술어이다.

② 민수는 학생이 아니다: '아니다'는 '~는 ~이/가 아니다'의 형태로 쓰이며 주어(민수는)와 보어(학생이)를 모두 필요로 하는 두 자리 서술어이다.

③ 선생님이 수업 종을 울렸다: '울렸다'는 '~이/가 ~을/를 울렸다'의 형태로 쓰이며 주어(선생님이)와 목적어(종을)를 모두 필요로 하는 두 자리 서술어이다.

22 정답 ②

정답 해설

② '그 남자는 생각보다 착하다.'라는 문장에서 '그'는 '남자'를 수식하는 관형어, '생각보다'는 '착하다'를 수식하는 부사어로 기능한다. 따라서 부속 성분의 두 가지 종류인 관형어와 부사어가 모두 포함되어 있다.

오답분석

① '아이쿠, 내가 그 사람한테 속았구나.'라는 문장의 '아이쿠'는 문장 내의 다른 성분들과 직접적인 관련이 없는 독립어이다. '내(나)'는 주격 조사 '가'와 함께 사용된 주어이고, '속았구나'는 주어의 동작을 서술하는 서술어이다. '사람한테'는 명사 '사람'과 부사격 조사 '한테'가 결합된 부사어이고, '그'는 명사인 '사람'을 꾸며주는 관형어이다. 따라서 독립어, 주어, 관형어, 부사어, 서술어의 문장 성분으로 이루어진 문장이다.

③ '우리 형은 학교 대표가 되었다.'에서 '대표가'는 보어이며, 보어는 주성분에 해당한다.

④ 문장의 골격이 되는 성분은 주성분이다. 부속 성분은 주성분을 꾸며 뜻을 더해주는 성분이고 독립 성분은 다른 문장 성분과 직접적인 관련이 없는 성분이므로 이들이 없어도 문법적으로 올바른 문장이 될 수 있다.

23 정답 ④

정답 해설

④ '변하다'는 주어, 부사어가 필수적인 두 자리 서술어이다. 따라서 부사어인 '얼음으로'를 추가하는 것이 적절하다.

오답분석

① '되다'는 주어, 보어가 필수적인 두 자리 서술어이다. 따라서 '-이/가'에 해당하는 보어를 추가하여 '결국 철수가 반장이 되었다'와 같이 수정되어야 한다. '우리 반에서는'은 부사어로 '되다'가 필요로 하는 문장 성분이 아니다.

② '주다'는 주어, 목적어, 부사어가 필수적인 세 자리 서술어이다. '할아버지가 선물을 주셨다.'에서는 '-에게'의 부사어가 생략되었으므로, '할아버지가 손주들에게 예쁜 선물을 주셨다.'와 같이 수정하는 것이 올바르다. '예쁜'은 관형어로 '주다'가 필요로 하는 문장 성분이 아니다.

③ '보내다'는 주어, 목적어, 부사어가 필수적인 서술어이다. 따라서 '-을'에 해당하는 목적어와 '-에'에 해당하는 부사어를 모두 추가해서 '협회가 선수들을 대회에 보냈다'와 같이 수정되어야 한다. 그러나 '협회가 선수들을 보냈다'는 필수적 부사어가 누락되었기 때문에 올바르게 수정한 문장이 아니다.

24 정답 ③

정답 해설

③ ⓒ은 '부사어(오늘) + 부사어(뉴스에) + 관형어(나온) + 주어(보도는) + 보어(사실이) + 서술어(아니다)'로 구성되어 있다. 따라서 주성분은 '보도는, 사실이, 아니다'로 3개, 부속 성분은 '오늘, 뉴스에, 나온'으로 3개이다.

오답분석

① '형을'은 서술어의 동작 대상이 되는 목적어이고, '보도는'은 서술어 '아니다'의 주체가 되는 주어이다.

② '엄마가'는 주어, '형을'은 목적어, '혼냈다'는 서술어이므로 모두 주성분이다.

④ '거짓말한'은 '형'을 꾸며주는 관형어이고, '나온'도 '보도'를 꾸며주는 관형어이다.

25 정답 ③

정답 해설

③ '넓은 운동장에서 조회가 있었다.'의 '있다'는 주어만을 필요로 하는 한 자리 서술어이다. 따라서 ㉠에 해당하지 않는다.

오답분석

① '그 사람의 말은 언제나 진실이 아니다.'의 '아니다'는 주어와 보어를 필요로 하는 두 자리 서술어이다.

② '선생님이 나를 칠판 앞으로 불렀다.'의 '부르다'는 주어와 목적어를 필요로 하는 두 자리 서술어이다.

④ '나는 어제 무서운 공포 영화를 보았다'의 '보다'는 주어와 목적어를 필요로 하는 두 자리 서술어이다.

03 단일어, 파생어, 합성어

실전 학습 문제
p. 60

01	02	03	04	05
③	②	④	④	③
06	07	08	09	10
②	①	③	③	①
11	12	13	14	15
④	②	①	②	④
16	17	18	19	20
③	②	②	④	②
21	22	23	24	25
②	④	④	③	④

01 정답 ③

정답 해설

③ 덮- + 밥: 용언의 어간 '덮-'과 명사 '밥'이 관형사형 어미 '-은' 없이 결합한 비통사적 합성어이다.
- 깜깜- + 절벽: 부사 '깜깜'이 명사 '절벽'을 꾸며주는 비통사적 합성어이다.
- 붙- + 잡다: 용언의 어간 '붙-'과 용언 '잡다'가 연결 어미 '-고/어' 없이 결합한 비통사적 합성어이다.

오답분석

① 본받다: 명사 '본'과 용언 '받다'가 결합함으로 목적격 조사 '을'이 생략된 목적어 + 서술어의 형태를 지닌 통사적 합성어이다.
- 논밭: 명사 '논'과 명사 '밭'이 결합한 통사적 합성어이다.
- 덮- + 밥: 용언의 어간 '덮-'과 명사 '밥'이 관형사형 어미 '-은' 없이 결합한 비통사적 합성어이다.
② 앞서다: 명사 '앞'과 용언 '서다'의 결합으로 부사격 조사 '에'가 생략된 부사어 + 서술어의 형태를 지닌 통사적 합성어이다.
- 잘하다: 부사 '잘'과 용언 '하다'가 결합한 통사적 합성어이다.
- 가난하다: 명사 '가난'과 접미사 '-하다'가 결합한 파생어이다.
④ 부르짖다: 용언의 어간 '부르-'와 어간 '짖다'가 연결 어미 '-고' 없이 결합한 비통사적 합성어이다.
- 공부하다: 명사 '공부'와 접미사 '-하다'가 결합한 파생어이다.
- 그만두다: 부사 '그만'과 용언 '두다'가 결합한 통사적 합성어이다.

02 정답 ②

정답 해설

② '우짖다', '검푸르다'는 비통사적 합성어이나, '어린이', '안팎'은 통사적 합성어이다.

오답분석

① • 등산(登 + 山) : 서술어 '오르다'와 부사어 '산에'가 결합하여 우리말 어순과 다르므로 비통사적 합성어이다.
- 입학(入 + 學): 서술어 '들어가다'와 목적어 '학교를'이 결합하여 우리말 어순과 다르므로 비통사적 합성어이다.
- 높푸르다: '높(다)'의 어간과 용언 '푸르다'가 결합된 비통사적 합성어이다.
- 뛰- + 놀다: 용언의 어간 '뛰-'와 용언 '놀다'가 연결 어미 없이 결합된 비통사적 합성어이다.
③ • 산들바람: 부사 '산들'과 명사 '바람'이 결합한 비통사적 합성어이다.
- 꽃감: 용언의 어간 '꽂-'과 명사 '감'이 결합한 통사적 합성어이다.
- 부슬비: 부사 '부슬'과 명사 '비'가 결합한 비통사적 합성어이다.
- 촐랑새: 부사 '촐랑'과 명사 '새'가 결합한 비통사적 합성어이다.
④ • 감- + 발: 용언의 어간 '감-'과 명사 '발'이 결합한 비통사적 합성어이다.
- 덮- + 밥: 용언의 어간 '덮-'과 명사 '밥'이 결합한 비통사적 합성어이다.
- 늦- + 잠: 용언의 어간 '늦-'과 명사 '잠'이 결합한 비통사적 합성어이다.
- 굶- + 주리다: 용언의 어간 '굶-'과 용언 '주리다'가 결합한 비통사적 합성어이다.

03 정답 ④

정답 해설

④ '용언의 연결형'이란 용언의 어간에 연결 어미가 있는 형태를 말한다. 그런데 '넓둥글다'는 용언의 어간 '넓-'이 연결 어미 없이 용언 '둥글다'와 결합한 비통사적 합성어이므로 통사적 합성어의 예로 적절하지 않다.

오답분석

① '된장찌개'는 명사 '된장'과 명사 '찌개'가 결합한 통사적 합성어이다.
② '작은집'은 용언의 관형사형 '작은'과 명사 '집'이 결합한 통사적 합성어이다.
③ '철들다'는 명사 '철'과 용언 '들다'가 결합하여 '주어 + 서술어'의 구조를 가지는 통사적 합성어이다.

04 정답 ④

정답 해설

④ 합성어는 '맛있다, 춘추, 볶음밥, 새해, 높푸르다'로 모두 5개이다.
- 맛있다: '맛(명사) + 있다(형용사)'가 결합한 합성어 혹은 '맛(이) + 있다'의 주어 + 서술어가 결합한 합성어이다.
- 춘추: 춘(春: 봄) + 추(秋: 가을)'가 결합한 합성어이다.
- 볶음밥: 명사 '볶음'과 '밥'의 결합으로, '볶(볶다: 동사) + 음(접미사) + 밥(명사)'이 결합한 합성어이다.
- 새해: '새(관형사) + 해(명사)'가 결합한 합성어이다.
- 높푸르다: '높(높다: 형용사) + 푸르다(형용사)'가 결합한 합성어이다.

오답분석
- 치솟다: '치(접두사) + 솟다(동사)'가 결합한 파생어이다.
- 날고기: '날(접두사) + 고기(명사)'가 결합한 파생어이다.
- 맏아들: '맏(접두사) + 아들(명사)'이 결합한 파생어이다.

05 정답 ③

정답 해설
③ '공부방'은 명사 '공부'와 명사 '방'이 결합된 합성어이다.

오답분석
① '군말'의 '군-'은 '가외로, 더한, 덧붙은'의 뜻을 더하는 접두사이다.
② '막일'의 '막-'은 '거친, 품질이 낮은'의 뜻을 더하는 접두사이다.
④ '짓밟았다'의 '짓-'은 '마구, 함부로, 몹시'의 뜻을 더하는 접두사이다.

06 정답 ②

정답 해설
② '넘어뜨렸다'는 동사 '넘어'와 접미사 '-뜨리다'가 결합한 파생어로 '넘어뜨리다'는 동사이다. 그러므로 이때의 '-뜨리다'는 앞말의 품사 '넘다(동사)'를 바꾸지 못하는 한정적 접미사이다.

오답분석
① '지우개'는 '지우-(동사)'와 접미사 '-개'가 결합한 파생어로 '지우개'가 명사가 되기 때문에 이때의 '-개'는 앞말의 품사를 바꾸는 지배적 접미사에 속한다.
③ '영원히'는 '영원(명사)'과 접미사 '-히'가 결합한 파생어로 '영원히'는 부사가 되기 때문에 이때의 '-히'는 앞말의 품사를 바꾸는 지배적 접미사에 속한다.
④ '높이'는 '높-(형용사)'과 접미사 '-이'가 결합한 파생어로 '높이'는 명사가 되기 때문에 이때의 '-이'는 앞말의 품사를 바꾸는 지배적 접미사에 속한다.

07 정답 ①

정답 해설
① 동사 '먹다'와 사동 접미사 '-이-'가 결합한 파생어로, '먹이다'는 동사이기 때문에 '-이-'는 앞말의 품사를 바꾸는 역할을 하지 않는 한정적 접미사 속한다.

오답분석
② '낮추다'는 형용사 '낮다'와 사동 접미사 '-추-'가 결합한 파생어로, 동사가 되기 때문에 '-추-'는 앞말의 품사를 바꾸는 지배적 접미사 속한다.
③ '신비롭다'는 명사 '신비'와 접미사 '-롭다'가 결합한 파생어로 형용사가 되기 때문에 이때의 '-롭다'는 앞말의 품사를 바꾸는 지배적 접미사에 속한다.
④ '거절당하다'는 명사 '거절'과 접미사 '-당하다'가 결합한 파생어로 '거절당하다'는 동사가 되기 때문에 이때의 '-당하다'는 앞말의 품사를 바꾸는 지배적 접미사에 속한다.

08 정답 ③

정답 해설
③ <보기>의 설명을 정리하면 다음과 같다.

	종류	의미	예시
단어	단일어	• 하나의 어근으로 이루어진 말 • 어근: 단어에서 실질적 의미를 나타내는 중심 부분	바다, 놀다
	파생어	• 어근과 접사의 결합으로 이루어진 말 • 접사: 어근에 붙어 그 뜻을 더하는 부분	군살, 멋쟁이
	합성어	어근과 어근이 결합한 말	달빛, 뛰놀다

'입보다'는 '입-', '보다'로 나눌 수 있는데, '입보다'는 '입게 보다'라는 의미이므로 '입-'이 '입다'에서 온 말인 것을 짐작할 수 있다. 따라서 '입-'은 어간, '보다'는 어간 + 어미의 형태이므로, '입보다'는 합성어이다. 그러나 '알바가지'는 '바가지'와 접두사 '알-'로 나눌 수 있는데, 이때 '알'은 '작은'의 의미를 지닌 접두사이므로 '알바가지'는 파생어이다.

오답분석
① '엿보다'는 접두사 '엿-'과 '보다'의 결합으로 '남이 보이지 아니하는 곳에 숨거나 남이 알아차리지 못하게 하여 대상을 살펴보다.'의 의미로 쓰이는 파생어이므로 적절한 설명이다.
② '집게'는 '집-'와 '도구'의 의미를 지닌 접미사 '-게'의 결합이다. 따라서 '집게'는 어근과 접사의 결합인 파생어이다. 그리고 '오리고기'는 어근 '오리'와 어근 '고기'가 결합한 합성어이므로 적절하다.
④ '개먹'은 접사 '개-'와 '벼루에 물을 붓고 갈아서 글씨를 쓰거나 그림을 그릴 때 사용하는 검은 물감'의 의미를 지닌 명사 '먹'의 결합이고, '맛깔'은 명사 '맛'과 '상태' 또는 '바탕'의 뜻을 더하는 접미사 '-깔'의 결합이다. 두 단어 모두 접사(접두사 개-, 접미사 -깔)가 쓰인 파생어이므로 적절하다.

09 정답 ③

정답 해설
③ '손목'은 어근 '손'과 어근 '목'이 결합된 합성어이므로 어근과 접사로 이루어진 파생어라는 설명은 적절하지 않다.

오답분석
① '소리꾼'은 어근 '소리'와 접사 '-꾼'으로 이루어진 파생어이므로 적절하다.
② '믿음'은 어근 '믿-'과 접사 '-음'으로 이루어진 파생어이므로 적절하다.
④ 사전 표제어의 붙임표는 직접 구성 요소를 나타내므로 적절하다.

10 정답 ①

정답 해설
① ㉠ 신비(명사) → 신비롭다(형용사): 형용사 파생 접사 '-롭다'가 붙어 품사가 달라졌으므로 ㉠의 예로 적절하다.
ⓒ 깔-(용언의 어간) + 판(명사): 용언의 어간이 연결 어미 없이 명사와 결합한 비통사적 합성어이므로 ⓒ의 예로 적절하다.

오답분석
② 표(명사) → 목표(명사): 품사가 달라지지 않았으므로 ㉠의 예로 적절하지 않다.
  ⓒ 튀-(용언의 어간) + 밥(명사): 용언의 어간이 연결 어미 없이 명사와 결합한 비통사적 합성어이므로 ⓒ의 예로 적절하다.
③ ㉠ 건강(명사) → 건강하다(동사): 동사 파생 접미사 '-하다'가 붙어 품사가 달라졌으므로 ㉠의 예로 적절하다.
  ⓒ 등(명사) + 지다(동사): 체언과 용언의 순서로 결합된 형태로 중간에 조사를 넣으면 '등(을) 지다'의 형태가 되어 목적어 + 서술어의 구조를 지니기 때문에 통사적 합성어이다. ⓒ의 예로 적절하지 않다.
④ ㉠ 거절(명사) → 거절당하다(명사): 동사 파생 접미사 '-당하다'가 붙어 품사가 달라졌으므로 ㉠의 예로 적절하다.
  ⓒ 공감(명사) + 대(명사): 명사와 명사가 결합한 통사적 합성어이므로 ⓒ의 예로 적절하지 않다.

11 정답 ④

정답해설
④ '똑같다'는 부사 '똑'과 용언 '같다'가 결합한 통사적 합성어이며, '뛰놀다'는 용언의 어간과 용언이 결합한 비통사적 합성어이다.

오답분석
① '기어가다'는 용언의 연결형과 용언이 결합한 통사적 합성어이지만, '되팔다'는 '도로'의 뜻을 더하는 접두사 '되-'와 동사 '팔다'가 결합한 파생어이다.
② '밀걸레'는 용언의 어간 '밀-'과 명사 '걸레'가 결합한 비통사적 합성어이고, '논밭'은 명사와 명사가 결합한 통사적 합성어이다.
③ '앞뒤'는 명사와 명사가 결합한 통사적 합성어이나, '첫사랑'도 용언의 관형사형과 명사가 결합한 통사적 합성어이므로 적절하지 않다.

12 정답 ②

정답해설
② '건널목'은 용언의 관형사형(어간 + 관형사형 전성어미) '건너 + ㄹ'이 명사 '목'과 결합한 통사적 합성어이다.

오답분석
① '먹을거리'는 용언의 관형사형인 '먹- + -을'이 명사 '거리'와 결합한 통사적 합성어이므로 적절하다.
③ '산길'은 명사 '산'과 명사 '길'이 결합한 합성 명사로 적절하다.
④ '웃음꽃'은 '웃음'과 '꽃'이 결합한 합성 명사로, 적절하다.

13 정답 ①

정답해설
① 무더위: '물(명사) + 더위(명사)'의 구성으로 합성어이다. 참고로 파생어나 합성어일 때, 앞말이 'ㄹ'로 끝나고 뒤에 'ㄴ, ㄷ, ㅅ, ㅈ'로 시작하는 단어가 결합하는 경우에는 'ㄹ' 탈락이 되는 경우가 많다.

오답분석
② 지게꾼: '지게(명사) + 꾼(접미사)'의 구성으로 파생어이다.
③ 신비롭다: '신비(명사) + 롭다(접미사)'의 구성으로 파생어이다
④ 강밥: '강(접두사) + 밥(명사)'의 구성으로 파생어이다.

14 정답 ②

정답해설
② 시나브로는 '모르는 사이에 조금씩 조금씩'의 의미를 지닌 하나의 어근으로 이루어진 단일어이다.

오답분석
① 일몰(日沒): 일(日, 날 **일**) + 몰(沒, 떨어질 **몰**)의 결합으로 한자어를 풀이하면 '해가 지다'의 의미가 된다. 이는 '주어 + 서술어'의 구조를 지닌 것으로 합성어에 해당한다.
③ 걸림돌: '걸림(명사) + 돌(명사)'의 구성으로 합성어이다. 참고로, '-ㅁ'의 경우 단어가 홀로 존재할 때에는 파생 접미사로 취급한다.
④ 까막까치: '까막(까마귀, 명사) + 까치(명사)'의 구성으로 합성어이다.

15 정답 ④

정답해설
④ 특정한 뜻을 더하는 접사가 어근 앞에 붙어 새말을 만드는 단어 형성 방식은 접두사에 의한 파생을 의미한다. 이때 '애-'는 '작은'의 뜻을 더하는 접두사로, 어근 '호박' 앞에 붙어 '애호박'을 만든다.

오답분석
①②③ 모두 실질적인 의미를 갖는 어근들끼리 만나 형성된 합성어이다.
• '산나물'은 명사 '산'과 명사 '나물'이 결합한 형태의 합성어이다.
• '논밭'은 명사 '논'과 명사 '밭'이 결합한 형태의 합성어이다.
• '새해'는 관형사 '새'와 명사 '해'가 결합한 형태의 합성어이다.

16 정답 ③

정답해설
③ 3문단 3~4번째 줄에 따르면, '㉠ 지배적 접사'는 어근의 품사를 바꾸는 접사이다. '높다랗다'는 형용사 '높다'의 어근 '높-'에 형용사 파생 접미사 '-다랗다'가 결합한 형태이다. 이때 형용사 어근에 형용사 파생 접미사가 결합하여 품사는 변하지 않았으므로 '-다랗다'는 한정적 접사이다. 따라서 ㉠의 예에 해당하지 않는다.

오답분석
① 길이: 형용사 '길다'의 어근 '길-'에 명사 파생 접미사 '-이'가 결합한 것으로, 품사가 형용사에서 명사로 바뀐 예에 해당한다.
② 낮추다: 형용사 '낮다'의 어근 '낮-'에 동사 파생 접미사 '-추-'가 결합한 것으로, 품사가 형용사에서 동사로 바뀐 예에 해당한다.
④ 날개: 동사 '날다'의 어근 '날-'에 명사 파생 접미사 '-개'가 결합한 것으로, 품사가 동사에서 명사로 바뀐 예에 해당한다.

17 정답 ②

정답해설
② '숫 + 염소'에서 '숫-'은 '수컷'의 뜻을 더하는 접두사이므로 '숫염소'는 ⓒ이 아닌 ⓒ의 사례에 해당하는 예시이다.

18 정답 ②

정답해설
② '그는 춘추에 비해 매우 젊어 보인다.'의 '춘추'는 '나이'를 높여 이르는 말로 융합 합성어이다.

오답분석
① '손수건'은 '손'이 '수건'을 꾸미는 구조이므로 종속 합성어이다.
③ '위아래'는 '위'와 '아래'가 대등하게 결합한 구조이므로 대등 합성어이다.
④ '손발'은 '손'과 '발'이 대등하게 결합한 구조이므로 대등 합성어이다.

19 정답 ④

정답해설
④ '군것질'은 접두사 '군-'이 명사 '것-'에 파생한 명사 '군것'에 비하의 의미를 지닌 접미사 '-질'이 결합한 파생어로 합성어가 아니다.

오답분석
① '고기잡이'는 명사 '고기'와 '잡다'에 명사 파생 접미사 '-이'가 결합한 파생어가 합성된 것이다. 즉, [고기 + (잡- + -이)]와 같이 구성된 합성어이다. 따라서 ⓒ과 같은 짜임의 단어이다.
② '턱걸이'는 명사 '턱'과 '걸다'에 명사 파생 접미사 '-이'가 결합한 파생어가 합성된 것이다. 즉, [턱 + (걸- + -이)]와 같이 구성된 합성어이다. 따라서 ⓒ과 같은 짜임의 단어이다.
③ '병따개'는 명사 '병'과 '따다'에 명사 파생 접미사 '-개'가 결합한 파생어가 합성된 것이다. 즉, [병 + (따- + -개)]와 같이 구성된 합성어이다. 따라서 ⓒ과 같은 짜임의 단어이다.

20 정답 ②

정답해설
② ㄱ. '팔다리'는 '팔'과 '다리'를 아울러 이르는 말이므로 대등 합성어이다.
ㄴ. '첫사랑'은 '첫'이 '사랑'을 수식하므로 종속 합성어이다.
ㄷ. '피땀'은 무엇을 이루기 위하여 애쓰는 노력과 정성을 비유적으로 이르는 말이므로 융합 합성어이다.
ㄹ. '앞뒤'는 '앞'과 '뒤'를 아울러 이르는 말이므로 대등 합성어이다.

21 정답 ②

정답해설
② • '넘어뜨리다'는 동사 '넘다'의 활용형 '넘어'와 접미사 '-뜨리다'의 결합으로, 파생어에 해당한다.
• '새해'는 관형사 '새'와 명사 '해'의 결합으로, 합성어에 해당한다.

오답분석
① • '첫사랑'은 '맨 처음의'를 뜻하는 관형사 '첫'과 명사 '사랑'의 결합으로, 합성어에 해당한다.
• '시뻘겋다'는 '매우 짙고 선명하게'의 뜻을 더하는 접두사인 '시-'와 형용사인 '뻘겋다'의 결합으로, 파생어에 해당한다.
③ • '빨래터'는 명사 '빨래'와 명사 '터'의 결합으로, 합성어에 해당한다.
• '풋사과'는 '덜 익은 상태'의 뜻을 더하는 접두사인 '풋-'과 명사인 '사과'의 결합으로, 파생어에 해당한다.
④ • '눈물'은 명사 '눈'과 명사 '물'의 결합으로, 합성어에 해당한다.
• '사냥꾼'은 명사 '사냥'과 '어떤 일을 전문적으로 하는 사람'을 의미하는 접미사 '-꾼'의 결합으로, 파생어에 해당한다.

22 정답 ④

정답해설
④ ⓔ의 '꿈'은 서술성이 없고 관형어 '느낌이 좋지 않은'의 수식을 받으므로 '-ㅁ'은 접미사이다.

오답분석
① 제시문에 따르면, 파생 명사는 관형어의 수식을 받는다. ⓒ의 '얼음'은 관형어 '시원한'의 수식을 받으므로 파생 명사이며, 이때 '-음'은 접미사이다.
② 제시문에 따르면, 동사의 명사형은 서술성이 있으며 부사어의 수식을 받는다. ⓒ의 '얼음'은 주어를 서술하고 부사어 '꽁꽁'의 수식을 받으므로 동사 '얼다'의 명사형이며, 이때 '-음'은 명사형 어미이다.
③ ⓒ의 '춤'은 주어를 서술하지 않고 '멋진 춤'과 같이 관형어의 수식을 받을 수 있으므로 파생 명사이고, '춤₂'는 주어를 서술하고 '잘 춤으로써'와 같이 부사어의 수식을 받을 수 있으므로 동사의 명사형이다. 따라서 '춤₁'의 '-ㅁ'은 접미사, '춤₂'의 '-ㅁ'은 명사형 어미이다.

23 정답 ④

정답해설
④ 합성어는 어근과 어근의 결합으로 이루어지는데, '햇감자'는 접두사 '햇-'과 어근 '감자'가 결합하였으므로 파생어이다. 또한 '산지기'는 어근 '산'과 접미사 '-지기'가 결합하였으므로 파생어로, '-지기'는 '그것을 지키는 사람'의 뜻을 더하는 접미사이다.

오답분석
① '놀이터'는 '-이터'가 존재하지 않고 '놀이'와 '터'만 존재하며 의미상으로도 '놀이 + 터'의 분석이 자연스럽기에 직접 구성 성분을 '놀이'와 '터'로 분석하여 합성어로 판단하는 것이 적절하다.
② 1문단의 '복합어는 어근과 어근의 결합으로 이루어진 합성어와, 어근과 접사의 결합으로 이루어진 파생어를 아울러 이르는 말'이라는 내용에서 알 수 있다.
③ '비웃음'은 '어떤 사람, 또는 그의 행동을 터무니없거나 어처구니없다고 여겨 얕잡거나 업신여기다. 또는 그런 태도로 웃다.'라는 말인 '비웃다'의 어근 '비웃-'이 존재하고 의미상으로도 '비웃 + 음'의 분석이 자연스럽다. 따라서 어근 '비웃-'과 접미사 '-음'이 결합한 파생어로 분류한다.

24　정답 ③

정답 해설
③ 2~3문단에 따르면, 서술성이 있고 부사어의 수식을 받으면 명사형 전성 어미 '-(으)ㅁ'이 결합한 용언의 활용형이고, 서술성이 없고 관형어의 수식을 받으면 명사 파생 접미사 '-(으)ㅁ'이 결합한 명사이다. ③의 '그림'은 '그리- + -ㅁ'으로 분석되며, 관형어 '유명한'의 수식을 받으면서 서술성이 없으므로 ㉠과 같이 명사 파생 접미사 '-ㅁ'이 결합하였다.

오답 분석
①②④ 모두 명사형 전성 어미가 결합하였다.
- 시끄러움: '시끄럽- + -음'으로 분석된다. '굉장히 시끄러움'과 같이 부사의 수식을 받을 수 있으면서, '아이들이 시끄럽다.'와 같이 서술성을 가지고 있다. 따라서 이때의 '-음'은 명사형 전성 어미이다.
- 끓음: '끓- + -음'으로 분석된다. '빠르게 끓음'과 같이 부사어의 수식을 받을 수 있으면서, '물이 끓다.'와 같이 서술성을 가지고 있다. 따라서 이때의 '-음'은 명사형 전성 어미이다.
- 반짝임: '반짝이- + -ㅁ'으로 분석된다. '매우 반짝임'과 같이 부사의 수식을 받을 수 있으면서, '별이 낮에도 반짝이다.'와 같이 서술성을 가지고 있다. 따라서 이때의 '-ㅁ'은 명사형 전성 어미이다.

25　정답 ④

정답 해설
④ '잠'은 부사어 '충분히'의 수식을 받고 서술성이 있으므로 동사 '자다'의 명사형이 되고 품사는 그대로 동사이다.

오답 분석
① 용언의 명사형은 서술하는 기능이 유지되고 부사어의 수식을 받을 수 있고, 파생 명사는 서술하는 기능이 없지만 관형어의 수식을 받을 수 있다는 내용에서 알 수 있다.
② '꿈'은 관형어 '나무에서 떨어지는'의 수식을 받고 서술성이 없으므로 품사는 명사이다.
③ '달리기'는 부사어 '빠르게'의 수식을 받고 서술성이 있으므로 동사이다.

04 홑문장과 겹문장

실전 학습 문제
p. 74

01	02	03	04	05
③	③	④	③	③
06	07	08	09	10
③	④	④	②	②
11	12	13	14	15
④	③	①	③	③
16	17	18	19	20
④	④	③	④	④
21	22	23	24	25
③	②	③	④	②

01　정답 ③

정답 해설
③ '수만 명의 관객들이 공연장을 가득 채웠다'에서 주어는 '관객들이'이고 서술어는 '채웠다'로 각각 1개이므로 홑문장에 해당한다.

오답 분석
① '날이 추워지면 방한용품이 잘 팔린다.'는 '날이 추워지다'와 '방한용품이 잘 팔린다'가 연결 어미 '-지면'을 통해 종속적으로 이어진 문장이다.
② '철수가 먹다'에 관형사형 어미 '-은'이 붙어 '마라탕'을 수식하고 있으므로 '철수가 먹은'은 관형절로 안긴문장이다.
④ '영수는 너무 배가 고프다'에서 주어는 '영수는, 배가'로 2개이고, 서술어는 '고프다'이므로 '배가 고프다'가 서술절로 안긴문장이다.

02　정답 ③

정답 해설
③ '우리가 돌아오다'에 관형사형 어미 '-ㄴ'이 붙어 '사실'을 꾸며주는 관형절을 안은문장이다. ①, ②, ④는 모두 부사절을 안은문장이므로 문장의 짜임새가 다른 것은 ③이다.

오답 분석
① '나는 형과 다르다'에 부사형 어미 '-이'가 붙어 '잘한다'는 서술어를 수식하는 부사절을 안은문장이다.
② '내가 집중하다'에 부사형 어미 '-도록'이 붙어 서술어 '배려하다'를 수식하는 부사절을 안은문장이다.
④ '소리도 없다'에 부사형 어미 '-이'가 붙어 서술어 '다가왔다'를 수식하는 부사절을 안은문장이다.

03   정답 ④

정답 해설

④ '그가 돌아왔다'에 '-음'이 붙어 주어의 역할을 하고 있으므로 명사절을 안은문장이다.

오답분석

① '발에 불이 나다'에 '도록'이 붙어 '뛰었다'를 꾸며주고 있으므로 부사절을 안은문장이다.
② '철수는 키가 크다'는 '주어 + 주어 + 서술어'의 구성이므로 '키가 크다'라는 서술절을 안은문장이다.
③ '그가 거짓말을 했다'에 '는'이 붙어 '사실'을 수식하고 있으므로 관형절을 안은문장이다.

04   정답 ③

정답 해설

③ '다리가 떨리도록'은 '다리가 떨리다.'라는 문장에 부사형 어미 '-도록'이 결합하여 서술어 '뛰었다'를 수식하기 때문에 부사절로 볼 수 있다.

오답분석

① '(수빈이가) 예쁜'은 관형사형 전성 어미 '-ㄴ'을 사용한 관형절로 '수빈이'를 수식하고 있다.
② '그가 합격했다는'은 관형사형 전성 어미 '-는'을 사용한 관형절로 '말'을 수식하고 있다.
④ '내가 앞장서겠다'의 문장이 인용격 조사 '고'와 결합하여 인용절로 안긴문장이다.

05   정답 ③

정답 해설

③ 〈보기〉에서 제시한 ⊙ '부사절'을 포함한 안은문장은 ③이다. '친구가 놀러올 수 있도록'은 문장 '친구가 놀러오다'의 서술어 '놀러오다'에 부사형 전성 어미 '-도록'이 붙어 '정리하다'를 수식하는 부사절이다.

오답분석

① 철수와 나는 빨리 뛰었다: 부사 '빨리'가 부사어로 사용된 문장이다.
② 예쁜 친구가 전학 왔다: 관형절 '예쁜'이 관형어로 기능하는 문장이다.
④ 학원에서 공부를 했다: 체언 '학원'에 조사 '에서'가 붙어 '학원에서'가 부사어로 사용된 문장이다.

06   정답 ③

정답 해설

③ '나가고 싶다'는 '본용언 + 보조용언'의 형태로, '본용언 + 보조용언'은 하나의 서술어로 보기 때문에 ③은 홑문장이 된다. ①, ②, ④는 겹문장이며 그중에서도 안은문장이다.

07   정답 ④

정답 해설

④ ④는 종속적으로 이어진 문장이고, ① ~ ③은 안은문장이므로 문장의 구성이 다른 것은 ④이다. ④는 '운동을 매일 한다'와 '건강이 안 좋다'가 '-는데도(-는데 + 도)'로 이어진 문장으로, 앞 절이 뒤 절의 조건이 된다.

오답분석

① 관형사형 전성 어미 '-는'을 이용해 '꽃이 피는'이 관형절로 안긴문장이다.
② 관형사형 전성 어미 '-ㄴ'을 이용해 '내가 산'이 관형절로 안긴문장이다.
③ '-음'을 이용해 '영희가 시험에 합격했음'이 명사절로 안긴문장이다.

08   정답 ④

정답 해설

④ '그녀는 민호가 좋다고 말했다'는 '-고'를 통해 다른 사람의 말을 인용한 인용절로 안긴문장이다.

오답분석

① '소리도 없이'의 부사절을 안은문장이다.
② '-라고'의 형성 방법을 통해 '내일도 해는 뜬다'는 인용절을 안은문장이다.
③ '장을 본'이라는 관형절을 안은문장이다.

09   정답 ②

정답 해설

② 밑줄 친 '소리도 없이'는 부사형 전성 어미 '-이'가 붙어 부사어의 기능을 하는 부사절이다. ②의 '그녀가 행복하도록'도 부사형 전성 어미 '-도록'이 붙어 부사어의 기능을 하는 부사절로 같은 형태의 문장이다.

오답분석

① '가람이가 한'은 관형사형 전성 어미 '-ㄴ'이 붙어 '거짓말'을 수식하는 관형절이다.
③ '머리가 아프다'가 인용격 조사 '고'를 통해 인용되어 있는 인용절이다.
④ '술이 빈'은 관형사형 전성 어미 '-ㄴ'이 붙어 '잔'을 수식하고 있는 관형절이다.

10 정답 ②

정답 해설

② ⓐ의 '소리 소문 없이'는 '소리와 소문이 없다'에 '-이'가 붙어 '떠났다'를 수식하고 있으므로 부사어의 기능을 한다. 그러나 ⓑ에는 부사어의 역할을 하는 안긴문장이 없다.

오답 분석

① ⓑ에는 '반에서 1등 했음'이라는 명사절이 조사 '-을'과 결합하여 문장 내에서 목적어의 역할을 하고 있지만 ⓐ에는 목적어 기능을 하는 안긴문장이 없다.
③ ⓐ에는 '징계를 받은'이 '직원'을 꾸미고 있고, ⓒ에는 '어제 본'이 '영화'를 꾸미고 있다. 따라서 두 문장 모두 관형어의 기능을 하는 안긴문장을 가지고 있다.
④ ⓒ에는 '상영 시간이 매우 길었다'가 안은문장에서 서술어의 역할을 하고 있으나, ⓐ와 ⓑ에는 서술어의 기능을 하는 안긴문장이 없다.

11 정답 ④

정답 해설

④ ⓒ: 명사절 '성공하기'가 조사 '가'와 결합하여 주어로 쓰였다.

오답 분석

① ㉠: 명사절 '만기가 다가오기'가 조사와 결합하지 않고 '전'을 수식하는 관형어로 쓰였다.
② ㉡: 명사절 '혼자 하기'가 조사 '에'와 결합하여 부사어로 쓰였다
③ ㉢: 명사절 '황금 보기'가 조사 '를'과 결합하여 목적어로 쓰였다.

12 정답 ③

정답 해설

③ '앞에 나서서 이야기하기를 꺼려했다.'와 같이 '-를'을 사용할 수 있으므로 '앞에 나서서 이야기하기'는 조사와 결합하지 않고 목적어로 쓰였다.

오답 분석

① 명사절 '그가 거짓말했음'에 주격 조사 '이'가 결합하여 문장에서 주어로 쓰였다.
② 명사절 '식당에 가기'는 '전'을 수식하므로 관형어로 쓰였다.
④ 명사절 '내일 만나기'는 부사격 조사 '로'와 결합하여 부사어로 쓰였다.

13 정답 ①

정답 해설

① '그가 학교에 빨리 도착했다.'에서 주어는 '그가'이고, 서술어는 '도착했다'로 주어와 서술어가 각각 1개인 홑문장에 해당한다.
※ 홑문장, 겹문장의 구분은 서술어의 개수에 따라 구분할 수 있다. 단, 서술어가 한 개일지라도 '주어 + 주어 + 서술어'의 형태를 지닌 경우에는 서술절로 안긴문장에 해당하며 이때에는 겹문장에 속한다.

② '이 문제는 접근이 어렵다'에서 주어는 '문제는'과 '접근이'로 2개이고, 서술어는 '어렵다'이므로 '접근이 어렵다'가 서술절로 안긴문장이다.
③ '지우개가 낙서가 잘 지워진다'에서 주어는 '지우개가'와 '낙서가'로 2개이고, 서술어는 '지워진다'이므로 '낙서가 잘 지워진다'가 서술절로 안긴문장이다.
④ '바지가 가격이 비싸다'에서 주어는 '바지가'와 '가격이'로 2개이고, 서술어는 '비싸다'이므로 '가격이 비싸다'가 서술절로 안긴문장이다.

14 정답 ③

정답 해설

③ '철수가 장관이 되다'는 '주어 + 보어 + 서술어'의 구성으로 주어와 서술어의 관계가 한 번인 홑문장이다.
※ '되다', '아니다'는 반드시 보충해주는 말인 '보어'를 필요로 하기 때문에 서술어로 제시되어 자릿수를 묻거나 문장의 짜임새를 물을 때 유의해야 한다.

오답 분석

① '대운이는 발이 매우 크다'는 '주어 + 주어 + (부사어) + 서술어'의 구성으로 '발이 크다'가 주어 '대운이는'의 전체 서술어가 되기 때문에 서술절로 안긴문장이 된다.
② '우리 강아지는 털이 곱다'는 '(관형어) + 주어 + 주어 + 서술어'의 구성으로 '털이 곱다'가 서술절로 안긴문장이다.
④ '모든 물건이 질이 낮다'는 '(관형어) + 주어 + 주어 + 서술어'의 구성으로 '질이 낮다'가 서술절로 안긴문장이다.

15 정답 ③

정답 해설

③ ㉡의 홑문장 '내가 소리를 질렀다.'가 안긴문장 '내가 지른'이 될 때 '소리'가 생략되었다.

오답 분석

① ㉠의 홑문장 '철수가 합격하다.'는 안은문장의 목적어로 기능한다.
② ㉠, ㉡의 홑문장이 안긴문장이 될 때 어미가 '-기', '-ㄴ'으로 변화하였다.
④ ㉢의 홑문장 '머리가 좋다'는 '나는 머리가 좋다'에서 서술어로 기능한다.

16 정답 ④

정답 해설

④ 제시문과 (4)의 예시를 통해 알 수 있듯이 어미뿐만 아니라 조사를 통해서도 절이 안은문장의 성분이 될 수 있음을 알 수 있다.

오답 분석

① (1)의 명사절은 목적어로 쓰이고 있고, (2)의 명사절은 주어로 쓰이고 있다.
② (2)의 명사절은 '그가 오지 않았다'에 '-음'이 붙어서 만들어졌음을 알 수 있다.

③ (3)의 부사절은 '나갔다'를 수식하고 있고 (4)의 인용절은 '말했다'를 수식하고 있다. 따라서 부사절과 인용절은 모두 서술어를 수식함을 알 수 있다.

17   정답 ④

정답 해설
④ '나는 일을 했고 그는 놀았다.'는 안은문장이 아니라 이어진 문장이다.

오답 분석
① '[(멋진) 옷을 입은] 철수를 보았다'로 분석할 수 있다. 이때 관형절은 두 번 나타난다.
② '그는 (집이 많다)'에서 '집이 많다'가 서술어 역할을 하므로 겹문장이다.
③ '그는 (말도 없이) 집에 갔다'에서 '말도 없이'는 부사어 기능을 하는 부사절이다.

18   정답 ③

정답 해설
③ '우리는 어제 학교로 돌아왔다.'는 주어 '우리는'과 서술어 '돌아왔다'가 한 번만 나타나는 홑문장이다.

오답 분석
① '가을이 오다'와 '곡식이 익는다'가 종속적으로 이어진 문장이다.
② 부사절 '소리도 없이'를 안은문장이다.
④ 관형절 '우리가 돌아온'을 안은문장이다.

19   정답 ④

정답 해설
④ '햄버거를 먹었다'와 '감자튀김도 먹었다'는 두 문장의 순서를 바꾸어도 의미에 변화가 일어나지 않으므로 대등하게 이어진 문장이다.

오답 분석
① '친구가 멋지다'에 관형사형 전성 어미 '-ㄴ'이 붙은 관형절을 안은문장이다.
② '지각하지 않다'가 '뛰어갔다'의 의도를 나타내므로 종속적으로 이어진 문장이다.
③ '그 둘이 함께 있다는'이 '소식'을 꾸며주므로 관형절을 안은문장이다.

20   정답 ④

정답 해설
④ '공연장에 빨리 가는 사람도 있고 아닌 사람도 있다.'는 '공연장에 빨리 가는 사람'과 '그렇지 않은 사람'을 대조하는 문장으로 대등하게 이어진 문장, 즉 ㉠에 해당한다. 따라서 종속적으로 이어진 문장이 아니다.

21   정답 ③

정답 해설
③ (내가 본) 영화는 (인기가 많다.): ㉢의 관형절 '내가 본'과 서술절 '인기가 많다'가 안긴문장이다. 각각 관형어와 서술어의 역할을 하므로 ㉢은 주어의 기능을 하는 명사절을 가지고 있지 않다.

오답 분석
① 그는 (매너가 좋다.): ㉠의 '매너가 좋다'는 '그는 매너가 좋다'에서 서술어 기능을 하는 서술절이다.
② 철수는 자리에서 (미동도 없이) 공부한다.: ㉡의 '미동도 없이'는 서술어 '공부한다'를 수식하는 부사절이다.
④ 그녀는 (그가 돌아오기)를 바란다.: ㉣의 '그가 돌아오기'는 '-를'과 결합하여 목적어로 쓰이는 명사절이다.

22   정답 ②

정답 해설
② '예쁜'이 관형사절이다. 관형사절을 풀어보면 '영희가 예쁘다'이므로 주어가 생략된 관계 관형사절이다.

오답 분석
① '두 남녀가 헤어지는'이 관형사절이다. 관형사절을 풀어보면 '두 남녀가 헤어지다'이므로 동격 관형사절이다.
③ '어제 갔던'이 관형사절이다. 관형사절을 풀어보면 '어제 마트에 갔다'이므로 부사어가 생략된 관계 관형사절이다.
④ '영섭이가 이미 알고 있던'이 관형사절이다. 관형사절을 풀어보면 '영섭이가 사실을 이미 알고 있다.'이므로 목적어가 생략된 형태이며, '영섭이가 이미 알고 있던'이 '사실'을 수식하는 형태이기 때문에 관계 관형사절에 속한다.

23   정답 ③

정답 해설
③ ㉢ '그가 결석했다는'은 '그가 결석했다 = 사실'의 구성을 보이는 동격 관형절이고 '결석했다'와 같이 원래 문장의 종결 어미인 '-었다'가 그대로 유지된다.

오답 분석
① ㉠의 '어제 도서관에서 빌린'은 '어제 책을 도서관에서 빌리다'와 같이 수식을 받는 체언인 '책'이 관형절의 한 성분으로 쓰일 수 있는 관계 관형절이며, 관형사형 전성 어미 '-ㄴ'이 쓰였으므로 원래 문장의 종결 어미가 유지되지 않는다. 참고로, 원래 종결 어미의 유지 여부를 판단하는 것은 동격 관형절이다.
② ㉡의 '내가 들었던'은 '내가 소문을 듣다'와 같이 수식을 받는 체언인 '소문'이 관형절의 한 성분으로 쓰일 수 있는 관계 관형절이며, 관형사형 전성 어미 '-던'이 쓰였으므로 원래의 종결 어미가 유지되지 않는다.
④ ㉣의 '범죄자를 목격했다는'은 '범죄자를 목격했다 = 신고'의 구성을 보이는 동격 관형절이며, '목격했다'와 같이 원래 문장의 종결 어미인 '-었다'가 그대로 유지된다.

24 정답 ④

정답 해설
④ '그가 성장하다'가 관형사절이다. 생략된 말이 없으므로 동격 관형사절이다.

오답 분석
① 관형사절을 풀어보면 '그에게 어제 말을 듣다'이다. '말을'이 생략되었으므로 목적어가 생략된 관계 관형사절이다.
② 관형사절을 풀어보면 '작년에 축구 경기를 보다'이다. '축구 경기를'이 생략되었으므로 목적어가 생략된 관계 관형사절이다.
③ 관형사절을 풀어보면 '모두가 회의에 참석하다'이다. '회의에'가 생략되었으므로 부사어가 생략된 관계 관형사절이다.

25 정답 ②

정답 해설
② 관형사절 '그 둘이 헤어졌다는'은 '소문'을 수식하고 있으며, 생략된 단어가 없으므로 동격 관형사절이다.

오답 분석
① 안긴문장 '영화관에서 영화를 보는'은 '사람들'을 수식하고 있다. 이때 피수식 체언인 '사람들'과 안긴문장 내의 생략된 성분이 주어로 동일하므로, '영화관에서 영화를 보는'은 관계 관형사절이다.
③ 관형사절 '어제 간 식당은'을 풀면 '어제 식당에 가다'이다. 이때 피수식 체언과 수식 용언은 부사어-서술어 관계를 이룬다.
④ 관형사절 '외계인이 있을지도 모른다는'은 '생각'과 의미상 동격 관계에 있으므로 동격 관형사절이다.

05 높임법

실전 학습 문제   p. 90

01	02	03	04	05
③	④	③	④	③
06	07	08	09	10
④	④	③	③	②
11	12	13	14	15
②	②	④	②	②
16	17	18	19	20
④	②	③	②	③
21	22	23	24	25
①	②	②	④	③

01 정답 ③

정답 해설
③ ㉠ 조사 '께서'를 사용하여 문장의 주체인 아버지를 높이는 주체 높임법의 문장이다.
㉡ 높임의 특수 어휘 '뵙다'를 사용하여 문장의 대상인 선생님을 높이는 객체 높임법의 문장이다.
㉢ 조사 '께서'와 선어말 어미 '-시-'를 사용하여 문장의 주체인 형님을 높이는 주체 높임법과 해요체를 사용하여 청자를 높이는 상대 높임법이 함께 사용된 문장이다.

02 정답 ④

정답 해설
④ '-시-'를 통해 주체인 '어머니'를 높이고 있고 '병환'을 통해 객체인 '할머니'를 높이고 있지만 종결 어미 '-어'를 사용하여 청자는 낮추고 있다.

오답 분석
① ㉠은 '하셨어'에서 종결 어미 '-어'를 사용하여 청자인 형을 낮추는 상대 높임이 실현되고 있다.
② ㉠은 '하셨어'에서 선어말 어미 '-시-'를 사용하여 주체인 아버지를 높이고 있다.
③ ㉡은 특수 어휘 '병환'을 사용하여 객체인 할머니를 높이고 있다.

03 정답 ③

정답 해설
③ 객체 높임이 실현된 문장은 총 3개이다.
- 어머니께서 할아버지께 드릴 선물을 사셨다: 객체인 '할아버지'를 조사 '께'와 '드리다'로 높이고 있다.
- 시험 범위가 어디인지 선생님께 여쭤보자: 객체인 '선생님'을 조사 '께'와 '여쭈다'로 높이고 있다.

- 회장님을 드디어 뵙게 되어 기쁩니다: 객체인 '회장님'을 '뵙다'로 높이고 있다.

오답분석
- 할머니, 오늘 주무시고 가세요?: 주체인 '할머니'를 '주무시다'를 통해 높이고 있으며 '하십시오'체를 통해 청자인 '할머니'를 높이고 있다.
- 아직도 할아버지께서는 고향에 계시오?: 주체인 '할아버지'를 조사 '께서'와 '계시다'를 통해 높이고 있다.
- 할머니는 우리를 보면 인자하게 웃어주신다: 주체인 '할머니'를 주체 높임 선어말 어미 '-시-'를 통해 높이고 있다.

04　　　　　　　　　　　　　　　　　　　정답 ④

정답해설
④ '주셨다'의 주체는 '어른들'이므로 주체 높임이 쓰이고 있다.

오답분석
① 목적어가 나타내는 대상인 '할머니'를 높여 '뵙고'를 썼으므로 객체 높임이다.
② 부사어가 나타내는 대상인 '친척분들'을 높여 '께'를 썼으므로 객체 높임이다.
③ 부사어가 나타내는 대상인 '할머니랑 친척분들'을 높여 '드리다'를 썼으므로 객체 높임이다.

05　　　　　　　　　　　　　　　　　　　정답 ③

정답해설
③ '아버지께서 몸이 편찮으시다'는 주체인 '아버지'가 높임의 대상이므로 '아버지의 몸'을 높이는 주체 간접 높임이다. 주체 높임이란 서술어 동작의 행위자인 주어를 높이는 것을 이른다. 주격 조사 '께서', 주체 높임 선어말 어미 '-(으)시-', 주체 높임 동사 '주무시다, 계시다, 잡수시다' 등으로 실현한다.

오답분석
①②④ 각각 객체인 '할아버지, 어머니, 할머니'를 높이는 객체 높임이 실현된 문장이다.

06　　　　　　　　　　　　　　　　　　　정답 ④

정답해설
④ '선생님, 철수가 한 일이에요'라는 문장에서는 청자인 '선생님'을 '해요체'를 통해 높이는 상대 높임법만 사용되었으므로 ㉢의 예로 적절하지 않다.

오답분석
① '어머니께서 진지를 드셨다.'는 주체인 '어머니'를 조사 '께서'와 높임의 특수 어휘 '진지, 드시다'를 통해 높이는 주체 높임이 실현되었다.
② '아버지께서는 팀원들과 함께 회사 정원에 계신다.'는 주체인 '아버지'를 조사 '께서'와 높임의 특수 어휘 '계시다'를 통해 높이는 주체 높임이 실현되었다.
③ '나는 어제 할머니를 찾아뵙고 인사를 드렸다.'는 객체인 '할머니'를 높임의 특수 어휘 '뵙다'와 '드리다'를 통해 높이는 객체 높임이 실현되었다.

07　　　　　　　　　　　　　　　　　　　정답 ④

정답해설
④ '아버지께서 나에게 용돈을 주셨다.'는 문장에서 조사 '께서'와 선어말 어미 '-시-'를 통해 주어인 '아버지'를 높이고, 부사어인 '나'는 높이고 있지 않으므로 [주체+], [객체-]로 분석한 것은 옳으나, 아주낮춤 표현인 '해라체'를 사용하고 있으므로, [상대-]가 되어야 한다.

08　　　　　　　　　　　　　　　　　　　정답 ③

정답해설
③ ㉢에서는 주체인 이모를 높이기 위해 '주다'에 선어말 어미 '-시-'가 결합한 '주셨습니다'라는 표현을 사용하고 있다. 따라서 '객체'인 이모를 높이고 있다고 설명하는 것은 적절하지 않다.

오답분석
① ⓐ에서는 주체인 이모를 높이기 위해 '이모께서는', '주셨습니다'라는 표현을 사용하고 있다.
② ⓑ에서는 객체인 할머니를 높이기 위해 '모시다'의 활용형 '모시고'를 사용하고 있다.
④ ⓓ에서는 객체인 이모를 높이기 위해 특수한 어휘인 '뵈다'의 활용형 '뵈러'를 사용하고 있다.

09　　　　　　　　　　　　　　　　　　　정답 ③

정답해설
③ ㄷ. '선생님께서는 저를 많이 배려해 주신다.'와 '(저는) 선생님에게 감사인사를 드리고 싶습니다.'가 이어진 문장이다. 앞 문장에서는 주체인 '선생님'을 조사 '께서'와 선어말 어미 '-시-'를 통해 높이고 있고, 뒤 문장에서는 객체인 '선생님'을 특수 어휘 '드리다'를 통해 높이고 있으며, '하십시오체'를 사용하여 청자를 높이고 있다.
ㄹ. 주체인 '아버지'를 조사 '께서'와 선어말 어미 '-시-'를 통해 높이고 있고, 객체인 '할아버지'를 '모시다'를 통해 높이고 있으며, '해요체'를 사용하여 청자를 높이고 있다.

오답분석
ㄱ. 선어말 어미 '-(으)시-'와 같은 주체 높임 표현이 없으므로 주체인 '우리'를 높이고 있지 않고, 조사 '께'와 서술어 '뵈다, 뵙다, 여쭈다, 여쭙다, 드리다, 모시다'를 통해 서술의 객체를 높이는 표현도 없기 때문에 객체 높임법도 사용되지 않았다. 또한 격식체 중 반말체인 '해라체'를 사용하고 있으므로 청자인 '철수'도 높이고 있지 않다.
ㄴ. 선어말 어미 '-(으)시-'와 같은 주체 높임 표현이 없으므로 생략된 주체를 높이고 있지 않다. 서술어 '드리다'를 통해 서술의 객체를 높이는 표현을 사용했기 때문에 객체 높임법은 사용되었다. 격식체 중 반말체인 '해체'를 사용하고 있으므로 생략된 청자를 높이고 있지 않다.

10　　　　　　　　　　　　　　　　　　　정답 ②

정답해설
② '사장님께서 우리 할머니를 뵈러 직접 우리집에 찾아오셨어.'는 주어인 '사장님'을 조사 '께서'와 '찾아오셨어'의 '-시-'를 통해 높였으므로 [주체+], 목적어 '할머니를'을 '뵈러'를 통해 높였으므로 [객체+], 화자인 나보다 청자가 낮아 존댓말을 사용하고 있지 않고 있기 때문에 [상대-]이다.

11 정답 ②

정답 해설

② '영섭이는 고모님께 용돈을 드렸다.'는 객체인 '고모'를 조사 '께서'와 높임의 특수 어휘 '드리다'를 통해 높인 것으로 객체 높임법이 사용되었음을 알 수 있다.

12 정답 ②

정답 해설

② 1문단에 따르면, 주체 높임은 문장에서 주체를 높이는 것으로, 주격 조사나 어미, 특수 어휘를 통해 실현되고, 객체 높임은 문장에서 객체를 높이는 것으로, 특수 어휘나 부사격 조사를 통해 실현된다. 또한, 2문단에 따르면, 상대 높임은 종결 어미로 실현되는데, '하십시오체', '해요체', '하오체'에만 높임의 의도가 포함된다. 따라서 ㉠에 들어갈 문장은 주체 높임, 객체 높임이 모두 쓰이면서 상대 높임 중 '하십시오체', '해요체', '하오체'가 쓰인 문장이어야 한다. '선생님께서 철수 어머님을 찾아뵙고 자초지종을 설명하셨습니다.'에서 주체 높임은 '선생님께서'의 주격 조사 '께서'와 '설명하셨습니다'의 선어말 어미 '-으시-'를 통해 실현되었다. 객체 높임은 특수 어휘 '뵙다(뵙고)'를 통해 실현되었으며, 상대 높임은 '설명하셨습니다'에서 높임의 의미가 포함된 '하십시오체'를 통해 실현되었다.

오답 분석

① 어머니, 아버지 다 드시면 일어날게요: 주체 높임은 특수 어휘와 선어말 어미 '-시-'를 사용한 '드시면(드시다)'을 통해 실현되었으며, 상대 높임은 '일어날게요'에서 '해요체'를 통해 실현되었다. 그러나 객체 높임은 쓰이지 않았다.

③ 할아버지께서 할머니를 모시고 가신다.: 주체 높임은 '할아버지께서'의 주격 조사 '-께서'와 '가신다'의 선어말 어미 '-시-'를 통해 실현되었다. 객체 높임은 특수 어휘 '모시고(모시다)'를 통해 실현되었다. 그러나 상대 높임은 쓰이지 않았다.

④ 아버지께서 산책을 하십니다: 주체 높임은 '아버지께서'의 주격 조사 '-께서'와 '하십니다'의 선어말 어미 '-시-'를 통해 실현되었다. 상대 높임은 '하십니다'에서 높임의 의미가 포함된 '하십시오체'를 통해 실현되었다. 그러나 객체 높임은 쓰이지 않았다.

13 정답 ④

정답 해설

④ ㉡에서는 주체인 아버지를 높이기 위해 조사 '께서'가 사용되었다. 하지만 ㉢에서의 아버지는 주체가 아니라 객체이다. 이때 객체인 아버지를 높이기 위해 조사 '께'가 사용되었다.

오답 분석

① ㉠에서는 객체인 부장님을 높이기 위해 특수 어휘 '뵙다'를 사용하였다.

② ㉡에서는 주체인 아버지를 높이기 위해 조사 '께서'가, 객체인 할머니를 높이기 위해 특수 어휘 '모시다'가, 청자를 높이기 위해 하십시오체의 종결 어미 '-습니다'를 사용하였다.

③ ㉠과 ㉢에서는 해요체의 '-어요'를 종결 어미로 사용하여 청자를 높이고 있다.

14 정답 ②

정답 해설

② '대희야'는 부르는 말로 독립어에 속하는 말로, '대희'라는 이름을 부를 수 있는 것은 화자에 비해 높은 사람이 아님을 확인할 수 있고, 이에 서술어의 종결 어미 '-어'로 반말체를 사용하고 있는 것은 적절한 표현이다. 또한 주어인 '선생님께서'를 주격 조사 '께서', 선어말 어미 '-시-'(하시었어/하셨어)를 사용하여 주체 높임법을 적절하게 사용하고 있다.

오답 분석

① 과장님께서 초조하신지 제게 시간을 여쭈어보셨어요(×) → 과장님께서 초조하신지 제게 시간을 물어보셨어요(○): '여쭈다'는 윗사람에게 쓸 수 있는 말이다. '여쭈다'로 자신을 높이고 있으므로 적절하지 못하다.

※ 여쭈다: 웃어른에게 말씀을 올리다. 웃어른에게 인사를 드리다.(=여쭙다)

③ 지금부터 초빙 강사님의 말씀이 계시겠습니다(×) → 지금부터 초빙 강사님의 말씀이 있으시겠습니다(○): 간접 높임법의 경우에 '있다'(형용사)는 '있으시다'로 실현된다.

④ 고객님이 주문하신 커피 나오셨습니다(×) → 고객님이 주문하신 커피 나왔습니다(○): '-시-'를 남용하는 것은 바른 경어법이 아니다. 고객을 존대하려는 의도에서 나온 표현이지만 불필요하게 '-시-'를 넣은 경우이다.

15 정답 ②

정답 해설

② 고객님, 주문한 음식 나오셨습니다(×) → 고객님, 주문한 음식 나왔습니다(○): '나오셨습니다'는 음식을 높인 표현으로 높임 표현이 과하게 사용된 사례에 해당한다. '나왔습니다'로 수정해야 한다.

오답 분석

① 선생님, 이 문제 여쭈어봐도 될까요?(○): 생략된 부사어 '선생님께'를 높이는 객체 특수 어휘 '여쭈다'를 사용하고 있기 때문에 객체 높임법이 사용된 옳은 표현이다.

③ 불편 사항 있으시면 언제든 불러주세요(○): '있으시다'는 고객님의 불편사항을 간접적으로 높여 고객님을 높이는 간접 높임이다.

④ 선생님께서 지금 너 찾으셔(○): '찾으셔'는 '찾으시어'의 준말로 주체인 '선생님'을 선어말 어미 '-시-'를 사용하여 높이고 있다.

16 정답 ④

정답 해설

④ ㉣에서 화자인 직원은 특수 어휘 '드리다'를 활용하여 서술의 객체인 어머니와 딸을 높임으로써 객체 높임을 실현하고 있다.

오답 분석

① ㉠을 듣는 이는 분식집 직원이며, 화자인 딸은 종결 어미 '-요'를 활용하여 대화의 상대, 즉 듣는 이를 높임으로써 상대 높임을 실현하고 있다.

② ㉡의 주체는 '손님'이며, 화자인 직원은 선어말 어미 '-시-'를 활용하여 서술의 주체, 즉 문장의 주어를 높임으로써 주체 높임을 실현하고 있다. 또, 종결 어미 '-요'를 사용하여 대화의 상대를 높이고 있다.

③ ⓒ에서 '께서'를 통해 주체인 어머니를 높이는 주체 높임을 실현하고 있고 종결 어미 '-요'를 통해 대화의 상대를 높이는 상대 높임을 실현하고 있다.

17 정답 ②

정답 해설
② '께서'는 주체를 높일 때 사용하는 조사이다. 따라서 ㉠은 조사를 사용하여 주체 높임을 실현하고 있다.

오답 분석
① ㉠은 '가셨다'에서 종결 어미 '-습니다'를 사용하여 상대 높임을 실현하고 있다.
③ ⓒ은 '드려라'에서 종결 어미 '-(아/어)라'를 사용하여 상대 높임을 실현하고 있다.
④ ⓒ은 조사 '-께'와 특수 어휘 '드리다'를 사용하여 객체인 '선생님'을 높이고 있다.

18 정답 ③

정답 해설
③ ⓒ은 문장의 목적어가 지시하는 대상, 즉 서술의 객체인 '할머니'를 높이기 위해 특수 어휘 '모시다'를 사용하고 있다. '말씀'은 서술의 주체인 '부모님'을 높이기 위해 사용한 특수 어휘이다.

오답 분석
① '-어라'는 격식체에서 상대방을 아주 낮출 때 사용하는 명령형 종결 어미이다. ㉠은 듣는 이 '정윤'을 낮추기 위해 해라체 종결 어미 '-어라'를 사용한 것이다.
② ㉠은 부사격 조사 '께'를 사용하여 문장의 부사어가 지시하는 대상 즉 서술의 객체인 '할아버지'를 높이고 있다.
④ '-습니다'는 격식체에서 상대방을 아주 높일 때 사용하는 평서형 종결 어미이다. ⓒ은 듣는 이 '고모님'을 높이기 위해 하십시오체 종결 어미 '-습니다'를 사용한 것이다.

19 정답 ②

정답 해설
② ㄴ의 주어인 '학생'은 화자에게 높임의 대상이 아니지만, 화자는 수업이라는 공적인 담화 상황을 고려하여 '학생'에 대한 높임을 실현하고 있다. 제시문에서 주체가 높임의 대상이 아니더라도 높이기도 한다고 하였으므로 적절한 문장이다.

오답 분석
① ㄱ의 화자는 어머니의 신체인 '귀'에 대한 높임을 '-시-'로 실현함으로써 '어머니'를 간접적으로 높이고 있다.
③ ㄷ에서는 선어말 어미 '-시-'를 사용하여 주체인 '선생님'을 직접적으로 높이고 있다.
④ ㄹ은 방송이라는 공적 담화의 객관성을 고려해 '대통령'을 높이지 않고 있다.

20 정답 ③

정답 해설
③ 종결 어미 '-습니다'를 통해 상대를 높이고 있고 조사 '-께서'와 선어말 어미 '-시-'를 통해 주체인 '아버지'를 높이고 있다.

오답 분석
① 종결 어미 '-어요'가 붙은 형태이므로 상대를 높였음을 확인할 수 있으나, 주체인 동생은 높이고 있지 않다.
② 종결 어미 '-어요'가 붙은 형태이므로 상대를 높였음을 확인할 수 있으나, 주체인 영희는 높이고 있지 않다.
④ 조사 '-께서'와 선어말 어미 '-시-'를 사용해 주체인 '어머니'를 높였음을 확인할 수 있으나, 종결 어미 '-어'를 사용하여 상대는 낮추고 있다.

21 정답 ①

정답 해설
① '께서'와 '-시-'를 사용하여 문장의 주체인 '고객님'을 직접 높인 주체 높임법에 해당하므로 밑줄 친 내용의 예로는 적절하지 않다.

오답 분석
② '약'은 높임의 대상이 아니므로 '약 처방 나갑니다'로 표현해야 한다.
③ '음식'은 높임의 대상이 아니므로 '주문하신 음식 나왔습니다'로 표현해야 한다.
④ '(제품의) 재고'는 높임의 대상이 아니므로 '없습니다'로 표현해야 한다.

22 정답 ②

정답 해설
② [A] 주어가 나타내는 대상인 주체를 높이는 표현(주체 높임)이 사용되지 않은 문장을 가리킨다. ㄱ은 문장의 부사어가 나타내는 대상(객체)인 '선생님'을 높이기 위해 '께'를 사용하였으므로 객체 높임 표현이 사용된 문장이다.

[B] 주체 높임 표현은 사용됐지만, 문장의 목적어나 부사어가 나타내는 대상인 객체를 높이는 표현(객체 높임)은 사용되지 않은 문장을 가리킨다. ㄷ은 주체인 '어머니'를 높이기 위해 '께서'와 '계신다'를 활용했지만 객체 높임은 나타나지 않는다.

[C] 주체 높임 표현과 객체 높임 표현이 모두 사용된 문장을 가리킨다. ㄴ은 주체인 '아버지'를 높이기 위해 '께서'와 '가셨다'를 사용했고 객체인 '할아버지'를 높이기 위해 특수 어휘 '뵙다'를 사용했다.

23 정답 ②

정답 해설
② 선생님께서 오늘 강의에 참석해 주셔서 매우 영광스럽고 감사드립니다(O): '께서'를 사용하여 선생님에 대한 주체 높임을 정확히 실현하였고 '감사드립니다'에서 '하십시오체'를 통해 청자인 선생님을 향한 상대 높임을 정확히 실현하였다. 따라서 ㉠의 예에 해당하지 않는다.

오답분석
① 주문하신 음식 나오셨습니다(x) → 주문하신 음식 나왔습니다(O): 서술어 '나오셨습니다'의 주어인 '음식'은 청자의 소유물이거나 청자와 밀접한 관계를 맺고 있는 대상이 아니므로 간접 높임의 대상이 아니다. 따라서 주체 높임 선어말 어미 '-시-'를 사용하지 않은 '나왔습니다'와 같이 고쳐 써야 하므로 ㉠의 예에 해당한다.
③ 어머니에게 가족 여행에 대한 의견을 물어봤다(x) → 어머니에게 가족 여행에 대한 의견을 여쭤봤다(O): 서술어의 객체인 '어머니'를 높이기 위해서는 '에게'가 아닌 높임의 부사격 조사 '-께'를 사용해야 하며, '물어보다'의 높임말인 '여쭈어보다'를 사용해야 한다. 따라서 '여쭈어봤다'와 같이 고쳐 써야 하므로 ㉠의 예에 해당한다.
④ 오늘이 납부 마감일이세요(x) → 오늘이 납부 마감일입니다(O): 서술어 '마감일이세요'의 주어인 '오늘'은 청자의 소유물이거나 청자와 밀접한 관계를 맺고 있는 대상이 아니므로 간접 높임의 대상이 아니다. 따라서 주체 높임 선어말 어미 '-시-'를 사용하지 않은 '마감일입니다'와 같이 고쳐 써야 하므로 ㉠의 예에 해당한다.

24 정답 ④

정답 해설
④ '형님의 말씀을 따르겠습니다.'는 '말씀을'이 아닌 관형어 '형님의'를 높인 경우이다.

오답분석
① '선생님은 눈치가 빠르시다.'는 서술절 '눈치가 빠르시다'의 주어(선생님은)를 높인 경우이다.
② '어머니는 잠이 없으시다.'는 서술절 '잠이 없으시다'의 주어(어머니는)를 높인 경우이다.
③ '아버지는 귀가 밝으십니다.'는 서술절 '귀가 밝으시다'의 주어(아버지는)를 높인 경우이다.

25 정답 ③

정답 해설
③ 문장의 주어인 '어머니'를 높이기 위해 조사 '께서'와 선어말 어미 '-시-'를 사용하였다. 또한 문장의 객체, 즉 목적어가 지시하는 대상인 '할아버지'를 높이기 위해 특수 어휘 '모시다'를 사용하였다.

06 한글 맞춤법

실전 학습 문제 p. 112

01	02	03	04	05
④	③	③	②	①
06	07	08	09	10
②	③	②	④	②
11	12	13	14	15
③	②	③	④	③
16	17	18	19	20
①	④	③	④	④
21	22	23	24	25
②	①	①	④	①

01 정답 ④

정답 해설
④ '반드시'는 '반듯하다'의 '반듯'과는 의미가 다른 말로 '반듯하다'의 어근 '반듯'과의 관련이 없기 때문에 '반드시'와 같이 소리 나는 대로 적는다. 그러므로 '틀림없이 꼭'을 뜻하는 '반드시'는 어근의 본뜻이 파악되도록 어법에 맞게 적은 것이 아니다.

오답분석
① '두 물건의 끝이 닿은 데'를 나타내는 말인 '어름'은 '얼다'의 어간의 뜻과 멀어졌으므로 소리 나는 대로 표기한 것이다.
② '얼음'은 '얼다'의 어간에 '-음'이 붙은 형태로 어간의 뜻을 유지하고 있으므로 의미 파악이 쉽도록 어법에 맞게 적은 것이다.
③ '비뚤어지거나 기울거나 굽지 않고 바르게'를 뜻하는 '반듯이'는 '반듯하다'의 원래 의미가 살아 있으므로 원래 형태를 살려 적은 것이다.

02 정답 ③

정답 해설
③ 만약 '표준어를 소리대로 적는다.'라는 원칙만 적용한다면, '꽃이'의 발음 [꼬치]는 '꼬치'로, '꽃만'의 발음 [꼰만]은 '꼰만'으로 적히게 되어 '꽃'이라는 하나의 단어가 여러 형태로 적히게 된다. 따라서 표음주의뿐만 아니라 표의주의도 반영해야 한다.

오답분석
① 제시문의 내용에 따르면 표음주의만을 취할 때 발생하는 문제를 해결하기 위해 표의주의도 함께 취함을 알 수 있다.
② '밥솥이'는 [밥소치]로 발음되지만 이 경우에는 무슨 말인지 알아보기 어려우므로 본 모양을 밝혀 '밥솥이'로 적는다.
④ '암퇘지'는 '암'과 '돼지'가 결합한 말이지만 '암돼지'로 적지 않고 '암퇘지'로 적는다. 참고로, 이는 두 말이 어울릴 적에 'ㅂ' 소리나 'ㅎ' 소리가 덧나는 것은 소리대로 적는다는 〈한글 맞춤법〉제31항에 따른 것이다.

03 정답 ③

정답 해설

③ '노름'은 어간 '놀-'에 '-음'이 붙어서 만들어진 단어로 어간의 뜻과 멀어졌기 때문에 원형을 밝히어 적지 않은 것이다. 따라서 '노름'은 ⓒ에 따른 것이다.

오답분석

① '마중'은 어간 '맞-'에 '-웅'이 붙어서 만들어진 단어이다. '-이'나 '-음/-ㅁ' 이외의 모음으로 시작된 접미사가 붙어서 다른 품사로 바뀐 것이므로 어간의 원형을 밝히어 적지 않은 것이다. 따라서 '마중'은 ⓒ에 따른 것이다.

② '마개'는 어간 '막-'에 '-애'가 붙어서 만들어진 단어이다. '-이'나 '-음/-ㅁ' 이외의 모음으로 시작된 접미사가 붙어서 다른 품사로 바뀐 것이므로 어간의 원형을 밝히어 적지 않은 것이다. 따라서 '마개'는 ⓒ에 따른 것이다.

④ '걸음'은 어간 '걷-'에 '-음'이 붙어서 만들어진 단어로 어간의 뜻을 유지하기 때문에 원형을 밝히어 적은 것이다. 따라서 '걸음'은 ㉠에 따른 것이다. 참고로, '걷다'의 '걷-'은 'ㄷ' 불규칙 활용 용언이기 때문에 모음 앞에서 '걸-'로 변한 것이다.

04 정답 ②

정답 해설

② 제27항 붙임 2에 따르면 어원이 분명하지 않은 단어는 원형을 밝혀 적지 않고 소리 나는 대로 적는다. 따라서 '몇일'은 '며칠'로 고쳐 써야 한다.

오답분석

① 제27항에 따라 파생어인 '풋사랑'은 각 구성 요소의 본래 형태를 드러내어 써야 한다.

③ 제28항에 따라 끝소리가 'ㄹ'인 말과 딴말이 어울릴 적에 'ㄹ' 소리가 나지 않는 것은 원형을 밝히어 적지 않고 소리 나는 대로 적는다. '밀다'와 '닫다'가 합쳐질 때 [미닫-]으로 발음되므로 '미닫-'으로 쓰는 것은 제28항이 적용된 결과이다.

④ '술'과 '가락'이 결합하면 [숟가락]으로 발음된다. 제29항에 따라 원형을 밝히지 않고 'ㄹ'을 'ㄷ'으로 적으므로 '숟가락'이라고 표기한다.

05 정답 ①

정답 해설

① '입을'의 실질 형태소는 '입다'의 어간 '입-'이고 형식 형태소는 '-을'이다.

오답분석

② 의존 명사 '수'는 실질 형태소, 보조사 '밖에'는 형식 형태소이다. '수밖에'는 실질 형태소 + 형식 형태소의 결합이므로 원래의 형태를 밝혀 적는다.

③ '걸어가다'는 '걷다'와 '가다'로 나누어도 그 본뜻이 유지되므로 '걸어가다' 그대로 적는다.

④ '뛰어가다'는 '뛰어서 가다'라는 뜻이므로 '뛰다'와 '가다'로 나누어도 그 뜻이 희석되지 않는다.

06 정답 ②

정답 해설

② '높이'는 용언의 어간 '높-'에 접미사 '-이'가 붙어서 부사로 된 경우이므로 ⓒ의 예에 해당한다.

오답분석

① '먹이'는 용언의 어간 '먹-'에 접미사 '-이'가 붙어서 명사가 된 경우이므로 ㉠에 해당한다.

③ '익히'는 용언의 어간 '익-'에 접미사 '-히'가 붙어서 부사가 된 경우이므로 ⓒ의 예에 해당한다.

④ '너비'는 용언의 어간 '넓-'에 접미사 '이'가 붙어서 명사가 된 경우로 용언 '넓다'의 의미와 그 뜻이 멀어진 경우로 원형을 밝혀 적지 않는 ⓒ의 예에 해당한다.

07 정답 ③

정답 해설

③ '높이'는 어간 '높-'에 '-이'가 결합해 만들어진 명사이므로, 제19항을 적용하여 '노피'를 '높이'로 정정해야 한다. 따라서 제23항을 적용하는 것은 적절하지 않다.

오답분석

① '드러나다'는 두 개의 용언이 어울려 한 개의 용언이 될 적에 그 본뜻에서 멀어진 합성 동사이다. 따라서 한글 맞춤법 제15항 [붙임 1]을 적용해 '드러났다'로 표기한 것은 적절하다.

② '얼음'은 어간 '얼-'에 '-음'이 결합해 만들어진 명사이다. 따라서 한글 맞춤법 제19항을 적용해 '얼음'으로 표기한 것은 적절하다.

④ '홀쭉이'는 어근 '홀쭉-'에 '-이'가 결합해 만들어진 명사이고, 어근 '홀쭉-'에 '-하다'가 결합할 수 있다. 따라서 한글 맞춤법 제23항을 적용해 '홀쭈기'를 '홀쭉이'로 정정해야겠다고 판단한 것은 적절하다.

08 정답 ②

정답 해설

② '꽃잎'은 둘 이상의 단어가 어울리는 경우, '헛웃음'은 접두사가 붙어서 이루어진 말로 모두 그 원형을 밝히어 적은 것이다.

오답분석

① '하늬바람'이 [하니바람]으로 소리 나지만 '하늬바람'으로 적는 것은 ⓒ의 원칙이 적용되었기 때문이다.

③ '알아가다', '붙잡다'는 모두 제27항에 따라 어원이 분명하고 앞 단어의 본뜻이 유지되는 단어로 원형을 밝히어 적는다.

④ 제27항 [붙임 3]은 소리가 나는 대로 '니'로 적는다는 것이므로 ㉠의 원칙이 적용된 것이다. [붙임 3 해설]을 통해 [붙임 3]과 같이 적음으로써 의미 혼동을 줄일 수 있음을 알 수 있으나, ㉠의 원칙은 단어는 그 말이 놓이는 환경에 따라 소리가 달라지는데 이를 그대로 적기 때문에 의사소통의 효율성이 떨어진다는 한계가 있다.

09 정답 ④

정답 해설

④ '누- + -이- + -어'는 ⓐ에 따라 '뉘어'로 적을 수도 있고, ⓒ에 따라 '누여'로 적을 수도 있다. ⓐ이 적용된 '뉘어'에 대해 다시 ⓒ을 적용하여 '뉘여'로 적을 수 있다는 설명은 타당하지 않다. ⓒ이 적용되는 예로는 '가지- + -어'처럼 'ㅣ' 뒤에 '-어'가 와서 'ㅕ'로 주는 경우를 들 수 있다.

오답분석

① ㉠에 따라 '갰다'는 'ㅐ' 뒤에 '-었-'이 어울려 준 경우이고, '베'는 'ㅔ' 뒤에 '-어'가 어울려 준 경우이다.

② ㉡에 따라 '꽈'는 'ㅗ' 뒤에 '-아'가 어울려 'ㅘ'가 된 경우이고, '줬다'는 'ㅜ' 뒤에 '-었-'이 어울려 '눴'이 된 경우이다.

③ 제36항에 의하면 'ㅣ' 뒤에 '-어'가 와서 각 'ㅕ'로 줄 적에는 준 대로 적을 수 있기 때문에 '주시었다'의 '-시-'와 '-었-'은 '-셨-'으로 줄여 쓸 수 있다.

10 정답 ②

정답 해설

② • 출생률(O): 2문단에서 모음이나 'ㄴ' 받침 뒤에 올 때, 두음법칙에 따라 '열, 율'로 표기하고, 그 외의 경우에는 '렬, 률'로 표기한다고 하였으므로, 모음이나 'ㄴ' 받침이 아닌 '출생' 뒤에서는 '률'을 그대로 쓴다.
• 비율(O): '률'이 모음 뒤에 이어지므로 '률'이 아니라 '율'로 쓴다.

오답분석

① • 성공률(O): '률' 앞의 받침이 'ㄴ'이 아니므로 '률'을 그대로 쓴다.
• 강수양(x) → 강수량(O): 3문단에서 순수 한자어 어근끼리 결합한 경우 '란, 량'을 그대로 표기한다고 하였으므로, 순수 한자어 어근인 '강수' 뒤의 '량'은 그대로 '량'으로 쓴다.

③ • 생산량(O): 순수 한자어 어근인 '생산' 뒤의 '량'은 그대로 '량'으로 쓴다.
• 합격율(x) → 합격률(O): '률' 앞의 받침이 'ㄴ'이 아니므로 '률'을 그대로 쓴다.

④ • 명중률(O): '률' 앞의 받침이 'ㄴ'이 아니므로 '률'을 그대로 쓴다.
• 백분률(x) → 백분율(O): '률' 앞의 받침이 'ㄴ'이므로 '률'을 '율'로 고쳐 쓴다.

11 정답 ③

정답 해설

③ '신년도'는 '신년(新年) + 도(度)'의 결합으로 '년(年)'이 단어의 첫머리가 아니므로 [붙임 1]에 따라 본음대로 '신년도(新年度)'로 적어야 한다.

오답분석

① '락원(樂園)'의 '락(樂)'은 단어의 첫머리에 오므로 제12항에 따라 '낙원(樂園)'으로 적어야 한다.

② '경로(敬老)'의 '로(老)'는 단어의 첫머리가 아니므로 [붙임 1]에 따라 본음대로 '경로'로 적어야 한다.

④ '공념불(公念佛)'은 접두사처럼 쓰이는 '공(公)'과 '염불(念佛)'의 결합이므로 [붙임 2]에 따라 '공염불'로 적어야 한다.

12 정답 ②

정답 해설

② 제시문의 내용에 따르면 단위는 띄어 쓰는 것이 원칙이지만 순서를 나타내는 단위어는 예외적으로 붙여 씀도 허용한다. 따라서 '붙여 쓰는 것이 원칙'이라는 진술은 적절하지 않다.

오답분석

① 조사는 항상 체언에 붙여 쓴다. '버스에서는' 체언 '버스'에 조사 '에서가' 붙어 있고 '축구를'에는 체언 '축구'에 조사 '는'이 붙어 있다.

③ 두 말을 이어 주거나 열거할 때 쓰이는 말은 띄어 쓰는 것이 원칙이다. '학생증 및 수험표'와 '한국 대 일본'에서 '및'과 '대'는 모두 띄어 썼다.

④ '먹을 만큼 사라'에서 '만큼'은 의존명사이므로 앞말과 띄어 썼고 '철수만큼 크다'에서 '만큼'은 조사이므로 앞말에 붙여 썼다. 따라서 '만큼'은 품사가 무엇인지에 따라 띄어쓰기 유무가 다르다.

13 정답 ③

정답 해설

③ 제시문의 내용에 따르면 '수'를 적을 때에는 '만' 단위로 띄어 쓴다. 따라서 '이억∨천오십만∨삼천∨원'으로 써야 한다.

오답분석

① 제시문의 내용에 따르면 성, 이름, 호를 함께 쓸 때는 성과 이름은 붙여 쓰고 호는 띄어 쓴다. 또, 호칭어는 띄어 쓴다. 따라서 '다산∨정약용∨선생'으로 써야 한다.

② 제시문의 내용에 따르면 의존명사는 앞말과 띄어 쓰고 조사는 앞말에 붙여 쓴다. '법대로'와 같이 '대로'를 '법'에 붙여 썼으므로 '대로'는 조사로 쓰였다.

④ 제시문의 내용에 따르면 띄어쓰기 본래의 취지에 맞게 단음절 어휘가 연속될 때는 붙여 써도 무방하다. 따라서 '한 명 두 명'은 '한명 두명'으로 쓸 수 있다.

14 정답 ④

정답 해설

④ ㉡에 사용된 '이다'는 서술격 조사이므로 제41항에 따라 '뿐이다'와 같이 앞말에 붙여 써야 한다.

오답분석

① ㉠의 단위성 의존명사 '대'는 제43항에 따라 '한'과 띄어 써야 한다.

② ㉡의 '뿐'은 대명사 뒤에 있는 조사로 붙여 써야 한다.

③ ㉢의 '이해해'와 '줄'은 본용언 보조용언의 형태로 띄어 쓰는 것이 원칙이지만 제47항에 따라 붙여 쓰는 것도 허용된다.

15 정답 ③

정답 해설

③ '깍뚜기'는 제5항-3의 규정에 따라 'ㄱ' 받침 뒤에서 나는 된소리는 된소리로 표기하지 않아야하므로 '깍두기'로 표기해야 한다.

16   정답 ①

정답 해설

① 제시문의 내용에 따르면 받침 'ㄴ, ㄹ, ㅁ, ㅇ' 뒤에 오는 된소리는 소리 나는 대로 표기해야 한다. 따라서 [살짝]은 '살짝'으로 표기해야 한다.

오답 분석

② '손수건[손쑤건]'은 복합어이므로 해당 규정의 적용을 받지 않는다. 따라서 '손쑤건'으로 적지 않고 '손수건'으로 적는다.

③ 제시문의 끝에서 '똑딱똑딱[똑딱똑딱]'은 같거나 비슷한 음절이 거듭되는 경우에 예외적으로 된소리를 표기에 반영하여 같은 글자로 적은 것이므로 '똑닥똑닥'은 잘못된 표기이다.

④ 제시문의 내용에 따르면 받침 'ㄱ' 뒤에 연결되는 'ㅂ'은 언제나 된소리로 소리 나므로 된소리로 표기하지 않는다. 따라서 '국밥'이 맞는 표기이다.

17   정답 ④

정답 해설

④ '낙지'는 제5항 - 붙임에 따라 'ㄱ, ㅂ' 받침 뒤에서 같은 음절이나 비슷한 음절이 겹쳐 나지 않기 때문에 [낙찌]로 소리나더라도 된소리로 적지 않는다.

오답 분석

① 씩씩[씩씩](O): '제5항 - 붙임'의 내용에 따라 'ㄱ, ㅂ' 받침 뒤에서 같은 음절이나 비슷한 음절이 겹쳐 나기 때문에 된소리로 적는다.

② 으뜸[으뜸](O): 제5항 - 1'의 내용에 따라 두 모음 사이에서 나는 된소리에 해당하므로 된소리로 적는다.

③ 살짝[살짝](O): '제5항 - 2'의 내용에 따라 'ㄴ, ㄹ, ㅁ, ㅇ' 받침 뒤에서 나는 된소리에 해당하므로 된소리로 적는다.

18   정답 ③

정답 해설

③ 제53항에 의하면 '갈게'는 예사소리로 적는 '-(으)ㄹ게'라는 어미가 사용되었으므로 소리 나는 대로가 아닌 어법에 맞게 '갈게'로 적어야 한다. 한편 '갈까'는 의문을 나타내는 것으로 된소리로 표기한다.

오답 분석

① '싹둑'과 '몹시'는 각각 [싹뚝], [몹씨]로 소리 나지만, 'ㄱ, ㅂ' 받침 뒤에서 나는 된소리는 같은 음절이나 비슷한 음절이 겹쳐 나는 경우가 아니면 된소리로 적지 아니한다는 '제5항 다만'에 의해 소리 나는 대로가 아닌 어법에 맞게 '싹둑', '몹시'로 표기한다.

② '똑딱똑딱'과 '짭짤하다'는 'ㄱ, ㅂ' 받침 뒤에서 나는 된소리로, 같은 음절이나 비슷한 음절이 겹쳐 나는 경우이므로 소리 나는 대로 된소리로 표기한다.

④ 제54항에 의하면 '-쩍다'는 접미사로 앞말과 결합할 때 된소리로 표기해야 하므로 '멋쩍다'로 쓰는 것이 올바르다.

19   정답 ④

정답 해설

④ '덥고, 덥지'는 글자 그대로 읽지 않고 각각 [덥꼬], [덥찌]로 읽는다.

20   정답 ④

정답 해설

④ '생각하건대'는 앞말의 받침이 유성음이 아닌 다른 자음이 왔을 경우에는 '하'가 통째로 사라지는 경우에 속하기 때문에 '생각건대'로 표기하는 것이 적절하다.

오답 분석

① '조용하지 않다'는 '-하지' 뒤에 '않-'이 어울려 '-찮-'이 되는 경우에 해당하기 때문에 '조용찮다'로 줄여 사용할 수 있다.

② '다정하다'는 '하' 앞말의 받침이 유성음인 'ㄴ, ㄹ, ㅁ, ㅇ'으로 끝나거나, 받침이 없이 모음으로 끝날 경우에는 '하'의 'ㅏ'가 떨어져 나가고 'ㅎ'이 뒷말과 결합해 거센소리가 되는 경우에 해당하기 때문에 '다정타'로 만들 수 있다.

③ '많지 않다'는 어미 '-지' 뒤에 '않-'이 어울려 '-잖-'이 되는 경우에 해당하기 때문에 '많잖다'로 표기할 수 있다.

21   정답 ②

정답 해설

② '하'가 줄어드는 기준은 '하' 앞에 오는 받침의 소리이다. '하' 앞의 받침의 소리가 'ㄱ, ㄷ, ㅂ'이면 '하'가 통째로 줄고 그 외의 경우에는 'ㅎ'이 남는다. '기억하지'의 경우 '하' 앞의 받침 소리가 'ㄱ'이므로 [붙임 2]의 적용을 받는 예시이다. 따라서 '기억지'로 줄여 써야 한다.

오답 분석

① '사랑하다'는 어간의 끝음절 '하'의 'ㅏ'가 줄고 다음 음절의 첫소리와 어울려 거센소리가 되므로 '사랑타'로 줄여 쓸 수 있다.

③ '단정하고'는 어간의 끝음절 '하'의 'ㅏ'가 줄고 다음 음절의 첫소리와 어울려 거센소리가 되므로 '단정코'로 줄여 쓸 수 있다.

④ '편안하게'는 어간의 끝음절 '하'의 'ㅏ'가 줄고 'ㅎ'이 다음 음절의 첫소리와 어울려 거센소리로 되므로 '편안케'로 줄여 쓸 수 있다.

22 정답 ①

정답 해설

① 아랫층(×) → 아래층(○): 아래층은 순우리말과 한자어로 된 합성어이지만 제30항-2의 조건에 해당하지 않으므로 사이시옷을 표기하지 않는다. 참고로, 뒤의 어근이 거센소리나 된소리로 시작하는 경우 사이소리 현상은 일어나지 않는다.

오답 분석

② 예삿일(○): 한자어 '예사(例事)'와 우리말 '일'의 합성어로 30항 2-(3)에 속하는 올바른 표기이다.
③ '자릿세(○): 우리말 '자리'와 한자어 '세(貰)'의 합성어로 30항 2-(1)에 속하는 올바른 표기이다.
④ 혓바늘(○): 우리말 '혀'와 우리말 '바늘'의 합성어로 30항 1-(1)에 속하는 올바른 표기이다.

23 정답 ①

정답 해설

① ㉠의 예로 '빗물'은 옳으나 '뒷일'과 '툇마루'는 옳지 않으므로 답은 ①이다.

- 뒷일[뒨:닐]: 순우리말로 된 합성어로서 앞말이 모음으로 끝나는 경우 중 뒷말의 첫소리 모음 앞에서 'ㄴㄴ' 소리가 덧나는 ㉡의 예에 해당한다.
- 툇마루(退-)[퇸:마루/퉨:마루]: 순우리말과 한자어로 된 합성어로서 앞말이 모음으로 끝나는 경우 중 뒷말의 첫소리 'ㄴ, ㅁ' 앞에서 'ㄴ' 소리가 덧나는 2-(2)의 예이다.

오답 분석

② 댓잎[댄닙], 베갯잇[베갠닏], 허드렛일[허드렌닐]: 순우리말로 된 합성어로서 앞말이 모음으로 끝나는 경우 중 뒷말의 첫소리 모음 앞에서 'ㄴㄴ' 소리가 덧나는 ㉡의 예이다.
③ 샛강(-江)[새:깡/샏:깡], 탯줄(胎-)[태쭐/탣쭐], 홧김(火-)[화:낌/홛:낌]: 순우리말과 한자어로 된 합성어로서 앞말이 모음으로 끝나는 경우 중 뒷말의 첫소리가 된소리로 나는 ㉢의 예이다.
④ 셋방(貰房)[세:빵/섿:빵], 찻간(車間)[차깐/찯깐], 횟수(回數)[회쑤/휃쑤]: 두 음절로 된 한자어 중 사이시옷을 적는 ㉣의 예이다. 참고로 사이시옷을 적는 두 음절 한자어는 '곳간, 셋방, 숫자, 찻간, 툇간, 횟수'로 총 6개이다.

24 정답 ④

정답 해설

④ 어법의 유사성을 파악할 수 있는가를 묻고 있는 유형으로, '이튿날'은 '이틀 + 날'로 분석되며 'ㄹ' 소리가 'ㄷ' 소리로 나기 때문에 ⓐ처럼 'ㄷ'으로 표기하는 경우에 해당한다.

오답 분석

① 낟가리: '낟알이 붙은 곡식을 그대로 쌓은 더미'로 'ㄷ' 받침을 가지고 있는 것으로 분석되므로 'ㄷ'으로 적는다.
② 맏아들: '맏이'의 의미인 접사 '맏-'과 '아들'이 결합한 단어이다.
③ 미닫이: '밀- + 닫-'에서 온 어근 '미닫-' 뒤에 접사 '-이'가 결합하며 'ㄹ'이 탈락한 단어이다.

25 정답 ①

정답 해설

① 제시문의 내용에 따르면 어간의 끝음절 '하' 앞 받침의 소리가 [ㄱ, ㄷ, ㅂ]인 경우에는 '하'가 통째로 준다고 하였다. '어색하지만'은 어간의 끝음절인 '하' 앞 받침의 소리가 [ㄱ]이므로 '하'가 통째로 줄어야 한다. 따라서 '어색하지만'의 올바른 준말 표기는 '어색지만'이므로 적절하지 않다.

오답 분석

② 제시문의 내용에 따르면 어간의 끝음절 '하' 앞 받침의 소리가 [ㄱ, ㄷ, ㅂ]인 경우에는 '하'가 통째로 준다고 하였다. '생각하지 않다'는 어간의 끝음절 '하' 앞 받침의 소리가 [ㄱ]이므로 '하'가 통째로 줄어 '생각지 않다'로 적어야 한다.
③ ④ 제시문의 내용에 따르면 어간의 끝음절 '하' 앞 받침의 소리가 [ㄱ, ㄷ, ㅂ]가 아닌 경우 'ㅏ'만 사라지고 'ㅎ'이 남는다. 따라서 각각 '간단케', '사랑타'로 적어야 한다.

07 음운 변동

실전 학습 문제
p. 132

01	02	03	04	05
①	④	④	①	①
06	07	08	09	10
②	④	④	②	③
11	12	13	14	15
②	①	②	②	④
16	17	18	19	20
④	③	③	③	②
21	22	23	24	25
②	②	③	②	⑤

01   정답 ①

정답 해설

① 제13항 규정에 의하면 '부엌에서는'는 [부어케서]로 발음해야 한다. '부엌'의 'ㅋ'은 홑받침이고, '에서'는 모음으로 시작하는 조사이므로 제 음가대로 뒤 음절 첫소리로 옮겨 발음한다.

오답 분석

② 제15항 규정에 의하면 '닭 아래'는 'ㄹㄱ'을 대표음 [ㄱ]으로 바꾸어서 뒤 음절의 첫소리로 옮겨 발음해야 하기 때문에 [다가래]로 발음된다.
③ 제11항 '다만'에 의하면 '맑은' 'ㄱ' 앞에서 [ㄹ]로 발음되기 때문에 [말께]로 발음하는 것이 올바르다.
④ 제10항 '다만'에 의하면 '밟-'은 자음 앞에서 [밥]으로 발음되기 때문에 '밟고'는 [밥꼬]로 발음된다.

02   정답 ④

정답 해설

④ ⓒ는 자음을 첫소리로 가진 음절이므로 [ㅣ]로 발음한다(㉠). 또 ⓑ는 단어의 첫음절 이외의 'ㅢ'이므로 [ㅣ]로 발음함도 허용한다(ⓒ). 마지막으로 ⓓ는 조사이므로 [ㅔ]로 발음함도 허용한다(ⓒ).

03   정답 ④

정답 해설

④ <보기>에서 설명하는 음운 현상은 음운의 축약이다. 그러나 '맡은[마튼]'은 연음 현상만 일어나므로 축약의 예로 적절하지 않다.

오답 분석

①②③ '입학[이팍]'은 'ㅂ'과 'ㅎ'이 만나 [ㅍ]이 되고, '놓고[노코]'는 'ㅎ'과 'ㄱ'이 만나 'ㅋ'이 되고, '주었다[줬따]'는 'ㅜ'와 'ㅓ'가 만나 'ㅝ'가 된다.

04   정답 ①

정답 해설

① '지웠다'는 '지우- + -었- + -다'의 구성으로 모음 'ㅜ'와 모음 'ㅓ'가 결합하여 하나의 모음 'ㅝ'로 줄어든 현상이므로 축약 현상에 해당한다.

오답 분석

② 어간이 'ㄹ'로 끝나고 뒤에 어미 'ㄴ'이 오는 경우 'ㄹ'이 탈락한다고 하였으므로, '우는'은 어간 '울-'의 'ㄹ'이 'ㄴ' 앞에서 탈락한 'ㄹ' 탈락 현상이 나타난다.
③ 어간 말음의 'ㅡ'는 모음 어미 '-어' 앞에서 탈락한다고 하였으므로 '컸다'는 어간 '크-'의 'ㅡ'가 모음 어미 앞에서 탈락한 'ㅡ' 탈락 현상이 나타난다.
④ 동일한 모음이 연속될 때 그중 하나가 탈락한다고 하였으므로 '갔다'는 '가-'와 '-았-'이 만날 때 같은 음 'ㅏ'가 이어져서 그중 하나가 탈락한 '동음 탈락' 현상이 나타난다.

05   정답 ①

정답 해설

① 모음 탈락은 두 모음이 연속될 경우 하나의 모음이 탈락하는 음운 현상이다. 그러나 '왔다'의 경우 '오- + -았- + -다 → 왔다'이므로 두 개의 음운이 합쳐져 제3의 음운으로 줄어드는 음운 현상인 음운 축약의 예시이다.

오답 분석

② '컸다'는 '크- + -었- + -다 → 컸다'이므로 어간 말의 'ㅡ'가 '아'로 시작하는 어미 앞에서 탈락하는 'ㅡ' 탈락이 일어난 예시이다.
③ '건넜다'는 '건너- + -었- + -다 → 건넜다'이므로 어간 말 모음과 어미 초 모음이 'ㅓ'로 동일하여 동일 모음 탈락이 일어난 예시이다.
④ '고파서'는 '고프- + -아서 → 고파서'이므로 어간 말의 'ㅡ'가 '아'로 시작하는 어미 앞에서 탈락하는 'ㅡ' 탈락이 일어난 예시이다.

06   정답 ②

정답 해설

② '낫 같이'는 '낫(명사) + 같이(실질 형태소)'의 구성이다. 받침 'ㅅ'을 대표음인 'ㄷ'으로 바꾸어 [낟까리]로 발음하므로 ⓒ에 해당한다. 반면 '낫이'의 경우는 '낫(명사) + 이(형식형태소)'의 구성이다. '낫' 뒤에 모음으로 시작하는 실질 형태소가 오므로 '낫'의 받침 'ㅅ'을 그대로 다음 음절의 첫소리로 옮겨 [나시]로 발음하므로 ㉠에 해당한다.

오답 분석

① '꽃도'는 '꽃(명사) + 도(조사)'의 구성이다. 받침 'ㅊ'이 'ㄷ'으로 바뀌어 [꼳도]로 발음되므로 ⓒ에 해당한다. '꽃이'는 '꽃(명사) + 이(조사)'의 구성이다. 받침 'ㅊ'이 바뀌지 않고 연음되어 [꼬치]로 발음되므로 ㉠에 해당한다.
③ '겉과'는 '겉(명사) + 과(형식 형태소)'의 구성이다. 받침 'ㅌ'이 'ㄷ'으로 바뀌어 [걷꽈]로 발음되므로 ⓒ에 해당한다. '겉은'의 경우에는 '겉(명사) + 은(형식 형태소)'의 구조이므로, 받침 'ㅌ'이 바뀌지 않고 다음 음절 첫소리로 옮겨진다. 따라서 [거튼]과 같이 발음하며 ㉠에 해당한다.

④ '낮에'는 '낮(명사) + 에(형식 형태소)'의 구성으로 받침 'ㅈ'이 바뀌지 않고 연음되어 [나제]로 발음되므로 ⓒ에 해당한다. '낮 온도'는 '낮(명사) + 온도(실질 형태소)'의 구성으로 받침 'ㅈ' 이 대표음인 'ㄷ'으로 바뀌어 뒤 음절 첫소리로 옮겨가 [나돈도]로 발음되므로 ⓒ, ⓒ에 해당하지 않는다.

07 정답 ④

정답 해설

④ '앓'의 끝소리는 대표음인 'ㄹ'로 발음되고 (라)의 [붙임]에 따라 '앓는'의 '는'은 '른'으로 발음되기 때문에 [알는]이 아닌 [알른]으로 발음해야 한다.

오답분석

① 받침 'ㄱ, ㄷ, ㅂ'은 'ㄴ, ㅁ' 앞에서 [ㅇ, ㄴ, ㅁ]으로 발음한다는 (가)에 따라 '잡는'은 [잠는]으로 읽는 것이 올바르다.
② 'ㅇ'은 'ㄹ'의 앞이나 뒤에서 [ㄴ]로 발음한다는 (나)에 따라 '종로'를 [종노]로 발음하는 것이 올바르다.
③ 받침 'ㄱ, ㄷ, ㅂ'은 'ㄹ'과 결합할 때 [ㅇ, ㄴ, ㅁ] + [ㄴ]으로 발음한다는 (다)에 따라 '국력'은 [궁녁]으로 발음하는 것이 올바르다.

08 정답 ④

정답 해설

④ '법리'는 'ㅂ'이 'ㄹ'에 선행할 때, 상호비음화가 나타난다는 제19항 [붙임] 규정에 따라 'ㅂ'은 [ㅁ], 'ㄹ'은 [ㄴ]으로 발음된다고 하였으므로 '법리'는 [범니]로 발음된다.

오답분석

① 비음화 조건에 따르면 '닫는'에서는 첫음절의 끝소리 'ㄷ'이 뒤 음절의 비음 'ㄴ'의 영향을 받아 비음 [ㄴ]으로 발음되는 비음화 현상이 일어난다. 따라서 [단는]으로 발음되므로 적절하다.
② 제19항에 따르면 'ㅁ, ㅇ' 뒤에 오는 'ㄹ'은 'ㄴ'으로 발음한다. 따라서 '대통령'은 [대통녕]으로 발음한다.
③ 제19항의 붙임 규정에 따르면 'ㄱ, ㅂ'이 'ㄹ'에 선행할 때, 'ㄱ'은 [ㅇ], 'ㄹ'은 [ㄴ]로 발음된다고 하였으므로 '석류'는 [성뉴]로 발음된다.

09 정답 ②

정답 해설

② 'ㄺ, ㄻ, ㄿ'의 경우 [ㄱ, ㅁ, ㅂ]으로 발음한다는 조항에 의해 'ㄻ'은 [ㅁ]으로 발음하므로 '젊고'는 [점:꼬]로 발음해야 한다.

오답분석

① 'ㄳ, ㅄ, ㄼ, ㄽ, ㄾ, ㅄ'의 경우 [ㄱ, ㄴ, ㄹ, ㅂ]으로 발음하기 때문에 '짧고'는 [짤꼬]로 발음한다.
③ '늙고'는 용언의 어간 말음 'ㄺ'은 'ㄱ' 앞에서 [ㄹ]로 발음한다는 조항에 의해 [늘꼬]로 발음한다.
④ '읊고'는 'ㄺ, ㄻ, ㄿ'의 경우 [ㄱ, ㅁ, ㅂ]으로 발음한다는 조항에 의해 [읖꼬]로 발음해야 한다.

10 정답 ③

정답 해설

③ '연료'는 유음화 현상이 나타나는 단어로 받침 'ㄴ'이 'ㄹ'의 앞에서 'ㄹ'로 변한다. 그러므로 [열료]가 적절한 발음이다.

오답분석

① "밟다'의 '밟'은 [밥]으로 발음하고 받침 'ㅂ'이 '는다'의 'ㄴ'의 영향을 받아 'ㅁ'으로 교체된다. 그러므로 발음은 [밤는다]가 올바르다.
② '꽃'은 음절의 끝소리에 의해서 [꼳]으로 발음하고 '밭'의 끝소리 'ㅌ'이 모음 'ㅣ'와 만나서 'ㅊ'으로 변하는 구개음화가 일어나 [꼳바치]로 발음된다.
④ '끝이'는 끝소리 'ㅌ'이 모음 'ㅣ'와 만나서 'ㅊ'으로 변하는 구개음화가 일어나 [끄치]로 발음된다.

11 정답 ②

정답 해설

② 구개음화는 끝소리 'ㄷ'이 형식 형태소인 모음 'ㅣ'와 결합할 때 일어난다. 따라서 '굳이'의 'ㄷ'은 'ㅣ'와 만나 'ㅈ'으로 전환되어 발음한다.

오답분석

① 구개음화는 끝소리 'ㄷ, ㅌ'이 형식 형태소인 모음 'ㅣ'와 결합할 때 일어난다. 따라서 '같이'의 'ㄷ'과 '히'의 'ㅎ'이 축약되어 [가티다]가 되고, 'ㅌ'이 'ㅣ'와 만나 'ㅊ'으로 전환되어 구개음화가 일어난다.
③ 구개음화는 끝소리 'ㅌ'이 형식 형태소인 모음 'ㅣ'와 결합할 때 일어난다. 따라서 조사 '은'은 형식 형태소이지만 모음 'ㅣ'가 아니므로 구개음화가 일어나지 않는다.
④ 명사 '밭이랑'은 명사 '밭'과 명사 '이랑'이 결합한 형태로 이때 모음 'ㅣ'는 형식 형태소가 아니라, 실질 형태소의 일부이기 때문에 구개음화가 일어나지 않는다.

12 정답 ①

정답 해설

① 하얗소[하얃쏘(X)→ 하야쏘(O)]: 'ㅎ(ㄶ, ㄹㅎ)' 뒤에 'ㅅ'이 결합되는 경우에는, 'ㅅ'을 [ㅆ]으로 발음한다'는 12항-2에 따라 ㅎ은 사라지고 'ㅅ'은 [ㅆ]으로 발음한다.

오답분석

② 닿는[단는](O): 'ㅎ' 뒤에 'ㄴ'이 결합되는 경우에는 [ㄴ]으로 발음한다는 12항-3에 따라 [단는]으로 발음한다.
③ 싫어도[시러도](O): 'ㄹㅎ' 뒤에 모음으로 시작된 어미나 접미사가 결합되는 경우에는, 'ㅎ'을 발음하지 않는다는 12항-4에 따라 [실어도]가 되고, 'ㄹ'이 뒤의 첫소리로 연음하여 발음한다.
④ 옳네[올레](O): 'ㄶ, ㄹㅎ' 뒤에 'ㄴ'이 결합되는 경우에는, 'ㅎ'을 발음하지 않는다는 12항-3의 붙임에 의해 [올네]로 발음되고, 이후 유음화에 의해 [올레]로 발음한다.

13 정답 ②

정답 해설
② '눈짓'은 어간 받침 'ㄴ, ㅁ' 뒤의 어미의 첫소리 'ㄱ, ㄷ, ㅅ, ㅈ'가 결합된 형태가 아니기 때문에 ⓒ의 사례에 해당하지 않는다.

오답분석
① '옷고름'이 [옫꼬름]으로 발음되는 것은 ㉠에 해당한다.
③ '얹다'는 어간 '얹-' 뒤에 어미 '-다'가 결합한 형태로 ⓒ에 해당하기 때문에 [언따]로 발음한다.
④ '슬픈 소식[슬픈소식]'으로 보아 ⓒ과 달리 관형사형 '-ㄴ' 뒤에서는 된소리되기가 일어나지 않는 것을 확인할 수 있다.

14 정답 ②

정답 해설
② '물질'은 <보기>에 해당되지 않으며, 제26항 '한자어에서 'ㄹ' 받침 뒤에 연결되는 'ㄷ, ㅅ, ㅈ'은 된소리로 발음한다.'는 조항에 따라 [물찔]로 발음한다.

오답분석
① '옆집'은 제23항에 따라 [엽찝]으로 발음 하고,
③ '더듬지'는 제24항에 따라 [더듬찌]로 발음한다.
④ '감기다'는 제24항 '다만, 피동, 사동의 접미사 '-기-'는 된소리로 발음하지 않는다.'는 조항에 따라 [감기다]로 발음한다.

15 정답 ④

정답 해설
④ 제25항은 용언 어간 뒤에 결합되는 어미의 첫소리 'ㄱ, ㄷ, ㅅ, ㅈ'에 관한 것으로 '여덟과'와는 관계가 없다. '여덟과'는 명사가 조사와 결합한 경우로 [여덜과]로 발음해야 한다.

오답분석
① '국수'는 제23항을 적용하여 [국쑤]로 발음한다.
② '자리에 앉도록'에서 '앉도록'은 제24항을 적용하여 [안또록]으로 발음한다.
③ '안기다'는 '안다'에 사동 접미사 '기'가 붙은 것으로 표준어 규정 제24항의 '다만' 조항에 해당하므로 [안기다]로 발음한다.

16 정답 ④

정답 해설
④ ㉠과 같이 'ㄴ' 첨가와 비음화가 일어난 것은 '농업용'이다. '농업용'은 '농업 + 용'으로 두 단어가 결합할 때, 뒤 단어의 첫소리가 '용'이므로 'ㄴ'이 첨가된다. 그리고 첨가된 'ㄴ'의 영향으로 비음화 현상이 일어나 앞 단어의 받침소리 'ㅂ'이 'ㅁ'으로 발음된다.

오답분석
① 눈요기: 뒤 단어가 결합할 때, 뒤 단어의 첫소리가 '요'이므로 'ㄴ'이 첨가되어 [눈뇨기]로 발음된다. 비음화 현상은 나타나지 않는다.
② 식용유: 뒤 단어가 결합할 때, 뒤 단어의 첫소리가 '유'이므로 'ㄴ'이 첨가되어 [시굥뉴]로 발음된다. 비음화 현상은 나타나지 않는다.
③ 의견란: 뒤 단어가 결합할 때, 'ㄹ'이 'ㄴ'의 영향을 받아 'ㄴ'으로 교체되는 비음화가 일어나 [의견난]으로 발음된다. ㄴ 첨가 현상은 나타나지 않는다.

17 정답 ③

정답 해설
• 놓으니[노으니]: '놓으니'는 어간 '놓-'와 모음으로 시작하는 형식 형태소인 어미 '-으니'가 결합한 것이다. 이때 'ㅎ' 뒤에 모음으로 시작하는 형식 형태소가 결합하는 경우 'ㅎ'이 탈락해 연음이 일어나지 않는다. 따라서 '놓으니'는 ㉠의 예외에 해당한다.
• 낳았다[나앋따]: '낳았다'는 어간 '낳-'과 모음으로 시작하는 형식 형태소인 선어미 '-았-'이 결합한 것이다. 이때 'ㅎ' 뒤에 모음으로 시작하는 형식 형태소가 결합하는 경우 'ㅎ'이 탈락해 연음이 일어나지 않는다. 따라서 '낳았다'는 ⓒ이 아닌 ㉠의 예외에 해당한다.

오답분석
① • 덫이다[더치다]: '덫이다'는 명사 '덫'과 모음으로 시작하는 형식 형태소인 서술격 조사 '이다'가 결합한 것이다. 이 경우 연음 원칙에 따라 'ㅊ'을 제 음가대로 옮겨 뒤 음절의 초성으로 발음해야 하므로, '덫이다'는 ㉠에 해당한다.
• 덫 위[더뒤]: '덫 위'는 명사 '덫'과 모음 'ㅟ'로 시작하는 실질 형태소인 명사 '위'가 결합한 것이다. 이 경우 'ㅊ'을 뒤 음절의 초성에서 제 음가대로 발음하는 것이 아니라 먼저 대표음 [ㄷ]으로 바꾼 뒤, 뒤 음절의 초성으로 옮겨 발음해야 하므로, '덫 위'는 ⓒ에 해당한다.
② • 앞에[아페]: '앞에'는 명사 '앞'과 모음으로 시작하는 형식 형태소인 부사격 조사 '에'가 결합한 것이다. 이 경우 연음 원칙에 따라 'ㅍ'을 제 음가대로 옮겨 뒤 음절의 초성으로 발음해야 하므로, '앞에'는 ㉠에 해당한다.
• 앞 아이[아바이]: '앞 아이'는 명사 '앞'과 모음 'ㅏ'로 시작하는 실질 형태소인 명사 '아이'가 결합한 것이다. 이 경우 'ㅍ'을 뒤 음절의 초성에서 제 음가대로 발음하는 것이 아니라 먼저 대표음 [ㅂ]으로 바꾼 뒤, 뒤 음절의 초성으로 옮겨 발음해야 하므로, '앞 아이'는 ⓒ에 해당한다.
④ • 상황에[상황에]: '상황에'는 명사 '상황'과 모음으로 시작하는 형식 형태소인 조사 '에'가 결합한 것이다. 이때 'ㅇ'은 초성에서 발음할 수 없다는 국어의 발음상 제약으로 인해 연음이 일어나지 않는다. 따라서 '상황에'는 ㉠의 예외에 해당한다.
• 헛웃음[허두슴]: '헛웃음'은 접사 '헛-'과 명사 '웃음'이 결합한 것이다. 이 경우 'ㅅ'을 뒤 음절의 초성에서 제 음가대로 발음하는 것이 아니라 먼저 대표음 [ㄷ]으로 바꾼 뒤, 뒤 음절의 초성으로 옮겨 발음해야 하므로 ⓒ에 해당한다. 또한 이때 '웃음'은 동사 '웃다'의 어근 '웃-'에 모음으로 시작하는 형식 형태소인 접미사 '-음'이 결합한 것이다. 이 경우 연음 원칙에 따라 'ㅅ'을 제 음가대로 옮겨 뒤 음절의 초성으로 발음해야 하므로 ㉠ 또한 일어난다. 따라서 '헛웃음'은 ㉠, ⓒ에 모두 해당한다.

18 정답 ③

정답 해설
③ '싫어'가 [시러]로 발음될 때는 받침 'ㄹㅎ'의 'ㄹ'이 탈락한다. 제시문의 내용에 따르면 '탈락'이 일어날 때는 음운의 개수가 줄어든다.

오답 분석
① '신라'가 [실라]로 발음될 때는 'ㄴ'이 'ㄹ'로 교체된다. 제시문의 내용에 따르면 '교체'가 일어날 때는 음운의 개수는 변화가 없다.
② '급행열차'가 [그팽녈차]로 발음될 때는 'ㅕ'에 ㄴ이 첨가되고, 'ㅂ + ㅎ'이 만나서 [ㅍ]으로 축약되었다. 그러므로 첨가와 축약이 각각 1번씩 일어나서 음운 개수는 같아진다.
④ '밭이랑'이 [반니랑]으로 발음될 때는 '밭이랑 → 받이랑'에서 'ㅌ'이 'ㄷ'으로 교체되고, '받이랑 → 받니랑'에서 'ㄴ'이 첨가되고, '받니랑 → 반니랑'에서 'ㄷ'이 'ㄴ'으로 교체된다. 따라서 교체가 두 번, 첨가가 한 번 일어난다.

19 정답 ③

정답 해설
③ 제시문의 내용에 따르면 'ㄹ'로 시작하는 한자어 '란, 량, 력, 론, 료, 례, 령' 등이 접사처럼 붙은 말들은 유음화 규칙이 적용되지 않는다. '송전량'은 명사 '송전'에 'ㄹ'로 시작하는 한자어 '량'이 접사처럼 붙은 말로, 유음화가 적용되지 않는 경우이므로 [송절량]이 아닌 [송전냥]으로 발음해야 한다.

오답 분석
① 제시문의 내용을 통해 비음화는 비음이 아닌 자음 'ㄱ, ㄷ, ㅂ' 등이 비음 'ㄴ, ㅁ'을 만나 각각 ㅇ, ㄴ, ㅁ으로 발음되는 현상임을 알 수 있다. 이때 '밥물'은 'ㅂ'이 'ㅁ'을 만나 [ㅁ]으로 발음되는 경우이므로, [밤물]로 발음하는 것이 적절하다.
② 제시문의 내용을 통해 유음화는 'ㄴ'이 'ㄹ'과 만날 때 [ㄹ]로 발음되는 현상임을 알 수 있다. 이때 '물난리'는 두 번째 음절의 초성 'ㄴ'이 앞 음절의 종성 'ㄹ'과 만나 [ㄹ]로 발음되고, 두 번째 음절의 종성 'ㄴ'이 뒤 음절의 초성 'ㄹ'과 만나 [ㄹ]로 발음되므로 [물랄리]로 발음하는 것이 적절하다.
④ 제시문의 내용에 따르면 'ㄹ'로 시작하는 한자어 '란, 량, 력, 론, 료, 례, 령' 등이 접사처럼 붙은 말들은 유음화 규칙이 적용되지 않는다. '생산량'은 유음화가 적용되지 않는 경우이므로 [생산냥]으로 발음하는 것이 적절하다.

20 정답 ②

정답 해설
② 후음 탈락은 'ㅎ'으로 끝나는 용언의 어간 뒤에 모음으로 시작하는 문법 형태소가 올 때 'ㅎ'이 탈락하는 음운 현상이다. 이에 비추어 볼 때 '않은'이 [아는]으로 발음되는 것은 자음군 단순화의 결과가 아니라 후음 탈락의 결과이다.

오답 분석
① '삶아'는 용언의 어간 '삶-'에 모음으로 시작하는 어미 '-아'가 결합한 것으로 연음으로 인해 겹받침 'ㄼ'에서 뒤에 있는 자음 'ㅁ'이 뒤에 위치하는 음절의 초성으로 이동하므로 [살마]로 발음해야 한다. 따라서 '삶아'가 [살마]로 발음되는 과정에 자음군 단순화가 발생하지 않는다.

③ 후음 탈락은 'ㅎ'으로 끝나는 용언의 어간 뒤에 모음으로 시작하는 문법 형태소가 올 때 'ㅎ'이 탈락하는 음운 현상이다. 따라서 '끊었다'가 [끄넌따]로 발음되는 것은 어간 '끊-'이 형식 형태소 '-었-'과 만나 종성의 'ㅎ'이 탈락된 결과이므로 이는 후음 탈락이 발생한 것이다.
④ '앉으니'는 용언의 어간 '앉-'에 모음으로 시작하는 어미 '-으니'가 결합한 것으로 연음으로 인해 겹받침 'ㄵ'에서 뒤에 있는 자음 'ㅈ'이 뒤에 위치하는 음절의 초성으로 이동하므로 [안즈니]로 발음해야 한다. 따라서 '앉으니'가 [안즈니]로 발음되는 과정에 자음군 단순화가 발생하지 않는다.

21 정답 ②

정답 해설
② ㉠ '밭이랑'의 '이랑'은 형식 형태소이다. 따라서 구개음화가 일어나 [바치랑]으로 발음한다.
㉡ '밭이랑'의 '이랑'은 논이나 밭을 갈아 골을 타서 두두룩하게 흙을 쌓아 만든 곳을 의미하는 실질 형태소이다. 따라서 'ㄴ' 첨가 후 비음화가 일어나 [반니랑]으로 발음한다.
㉢ '곧이어'의 '-이어'는 실질 형태소이므로 구개음화 현상이 일어나지 않아 [고디어]로 발음한다.

22 정답 ②

정답 해설
② '홑이불'은 [혿이불 - 혿니불 - 혼니불]의 과정에 따라 발음되며 '홑'의 'ㅌ'이 음절의 끝소리 규칙(교체)에 따라 'ㄷ'으로 바뀌어 [혿이불]이 되고, 뒷말의 첫소리(이불)에 'ㄴ' 첨가가 일어나 [혿니불]로 발음된다. 그 후 'ㄴ'으로 인해 '혿'의 종성 'ㄷ'이 비음화(교체)되어 [혼니불]로 발음된다. 따라서 '홑이불'이 [혼니불]로 발음되는 과정에는 교체와 첨가가 일어난다는 설명은 적절하다.

오답 분석
① '국화꽃[구콰꼳]'의 발음에는 'ㄱ'이 '화'의 'ㅎ'과 합쳐져 'ㅋ'이 되는 축약이 일어난다. 또, '꽃'의 받침 'ㅊ'이 'ㄷ'으로 교체되는 음절의 끝소리 규칙도 일어난다. 따라서 첨가와 교체가 함께 일어난다.
③ '꽃말[꼰말]'은 [꼳말 - 꼰말]의 과정에 따라 발음되며 '꽃'은 음절의 끝소리 규칙이 일어나 'ㅊ'이 'ㄷ'으로 교체되고 뒤의 'ㅁ'의 영향을 받아 'ㄷ'이 'ㄴ'으로 교체된다. 따라서 교체가 두 번 일어난다.
④ '숲길[숩낄]'은 [숩길 - 숩낄]의 과정에 따라 발음되며 '숲'은 음절의 끝소리 규칙이 일어나 'ㅍ'이 'ㅂ'으로 교체되고 이에 영향을 받아 'ㄱ'이 'ㄲ'으로 교체된다. 따라서 교체만 두 번 일어난다.

23 정답 ③

정답 해설
③ '색연필'은 '색연필 → 색년필 → [생년필]'의 음운 변동이 일어나는데, 첨가 및 교체(비음화)를 통해 결과적으로 음운의 개수가 한 개 늘었다.

오답 분석
① '삯일'은 [상닐]로 발음되는 과정에서 'ㅅ' 탈락하고, 'ㄴ'이 첨가되어 [삭닐]이 되고, 'ㄱ'이 'ㄴ'의 영향을 받아 'ㅇ'으로 교체된다. 탈락과 첨가 교체가 각각 한 번씩 일어나므로 음운의 개수가 변하지 않는다.

② '닭하고'는 '닭하고 → 닥하고 → [다카고]'의 음운 변동이 일어나는데, 탈락(자음군 단순화) 및 축약(거센소리되기)을 통해 결과적으로 음운의 개수가 두 개 줄어든다.
④ '얹었다'는 '얹었다 → 언젇다 → [언젇따]'의 음운 변동이 일어나는데, 연음 및 교체 두 번이 일어나 결과적으로 음운의 개수가 변하지 않는다.

24 정답 ②

정답해설
② '넣는다'에서 'ㅎ'은 음절의 끝소리 규칙에 의해 'ㄷ'으로 교체되고 이 'ㄷ'은 뒤에 있는 'ㄴ'의 영향을 받아 'ㄴ'으로 교체된다. 따라서 'ㅎ'이 탈락하는 것이 아니라 교체되는 것이다.

오답분석
① '닿다'는 어간 말 'ㅎ'과 어미의 첫소리 'ㄷ'이 결합하여 'ㅌ'으로 바뀌는 거센소리되기가 일어나 [다타]로 발음된다.
③ '많고'는 어간 말 'ㅎ'과 어미의 첫소리 'ㄱ'이 결합하여 'ㅋ'으로 바뀌는 거센소리되기가 일어나 [만코]로 발음되고, '많아'는 어근 '많-' 뒤에 어미 '-아'가 결합한 경우이므로, 'ㅎ'이 탈락하고 'ㄴ'이 뒤 음절의 첫소리로 연음되어 [마나]로 발음된다.
④ '귀찮아[귀차나]'는 'ㅎ' 탈락이 일어난다.

25 정답 ③

정답해설
③ [흙하고 - 흑하고 - 흐카고]의 음운 변동이 일어날 때, 탈락(자음군 단순화)과 'ㄱ'과 'ㅎ'이 만나 'ㅋ'이 되는 축약이 일어난다.

오답분석
① 국물: 'ㄱ'이 'ㅁ' 앞에서 'ㅇ'으로 교체되는 비음화 현상이 일어나 [궁물]로 발음한다.
② 낮일: [낮일 - 낟일 - 낟닐 - 난닐]에서 'ㄷ'은 첨가된 'ㄴ'의 영향을 받아 'ㄴ'으로 교체된다.
④ '물난리'가 [물랄리]로 발음될 때에는 'ㄴ'이 'ㄹ'로 교체되는 유음화 현상이 두 번 일어난다.

08 형태소와 그 외

실전 학습 문제 p. 156

01	02	03	04	05
④	②	①	①	④
06	07	08	09	10
②	③	②	②	④
11	12	13	14	15
②	①	①	③	③
16	17	18	19	20
④	②	③	③	①
21	22	23	24	25
③	②	①	④	②
26				
④				

01 정답 ④

정답해설
④ '했다'는 '하- + -였- + -다'로 총 세 개의 형태소로 이루어져 있다.

오답분석
① '나는'의 '나'는 자립하여 쓰일 수 있는 자립 형태소이고, '는'은 자립하지 못하며 체언에 붙어 쓰이는 의존 형태소이다.
② 접두사나 접미사는 홀로 사용할 수 없는 의존 형태소로, '한여름'의 '한-'은 의존 형태소에 해당한다.
③ '수영을'의 '을'은 목적격 조사로 의존 형태소이자 형식 형태소이다.

02 정답 ②

정답해설
② '주셨다'의 '셨'은 '-시- + -었-'으로 나뉘기 때문에 하나의 형태소가 아니다.

오답분석
① '아버지께서'의 '아버지', '나에게'의 '나'는 모두 자립하여 쓸 수 있으므로 자립 형태소이다.
③ '아버지께서'의 '께서', '나에게'의 '에게'는 조사이고, '주셨다'의 '주-'는 어간으로 모두 의존 형태소에 해당한다.
④ '아버지께서'의 '아버지', '나에게'의 '나', '주셨다'의 '주-'는 모두 실질적인 의미를 가지므로 실질 형태소에 해당한다.

03 정답 ①

정답 해설
① 형식 형태소는 '는', '에', '도', '-았-', '-다'로 총 5개이다.

오답 분석
② 형식 형태소는 '은', '-었-', '-다'로 총 3개이다.
③ 형식 형태소는 '와', '-ㄹ', '-이다'로 총 3개이다.
④ 형식 형태소는 '는', '을', '-었-', '-다' 총 4개이다.

04 정답 ①

정답 해설
① '그가 돌아왔음을 알게 되었다.'라는 문장은 '그 / 가 / 돌- / -아 / 오- / -았- / -음 / 을 / 알- / -게 / 되- / -었- /-다'로 나눌 수 있다. 그중 '그'는 자립 형태소에 해당하지만 '왔음'은 '오- + -았- + -음'으로 다시 나눌 수 있으므로 자립 형태소에 해당하지 않는다.

오답 분석
② '돌-', '알-', '되-'는 모두 어간으로 홀로 자립하여 쓰이지 못하지만 실질적인 의미를 지니고 있다. 따라서 의존 형태소이자 실질 형태소에 해당한다.
③ '가', '을', '-게', '-었-', '-다'는 모두 문법적인 의미만을 지니고 있으므로 형식 형태소에 해당한다.
④ 제시문의 내용에 따르면 조사는 자립하여 쓰일 수 없는 의존 형태소이지만 단어의 자격을 갖는다.

05 정답 ④

정답 해설
④ ㉠~㉢에 들어갈 말은 '아니요, 아니요, 예'이다.
- ㉠ '먹-'은 어간이므로 어미와 결합하여야만 쓸 수 있는 의존 형태소이다.
- ㉡ '을'은 조사이므로 실질적인 의미가 없는 형식 형태소이다.
- ㉢ '먹-'은 어간이므로 실질적인 의미를 갖는 실질 형태소이다.

06 정답 ②

정답 해설
② 제시문의 내용에 따르면 구개음화는 끝소리 'ㄷ, ㅌ'이 모음 'ㅣ'로 시작되는 조사나 접미사 앞에서 구개음 'ㅈ, ㅊ'으로 발음되는 현상이다. 따라서 자음 'ㄷ, ㅌ'만 'ㅈ, ㅊ'으로 바뀌고 모음의 소리는 그대로임을 알 수 있다.

오답 분석
① 제시문의 표를 보면 'ㄷ, ㅌ'이 'ㅈ, ㅊ'이 될 때 조음 위치와 조음 방식이 모두 변한다.
③ '생산량'이 [생산냥]으로 발음되는 것은 'ㄹ'이 'ㄴ'의 영향을 받아 'ㄴ'으로 발음되는 비음화의 결과이다.
④ '군락'이 [굴락]으로 발음되는 것은 'ㄴ'이 'ㄹ'의 영향을 받아 'ㄹ'로 발음되는 유음화의 결과이다.

07 정답 ③

정답 해설
③ '맏이'가 [마지]로 소리 날 때, 'ㄷ'이 'ㅈ'으로 바뀌는 음운 변동이 일어난다. 따라서 조음 위치에 따라 자음을 분류하면 잇몸소리에서 센입천장소리로 바뀌게 되며, 이때 조음 방법에 따라 자음을 분류하면 파열음에서 파찰음으로 바뀌게 된다.

오답 분석
① '밥물'이 [밤물]로 소리 날 때, 'ㅂ'이 'ㅁ'으로 바뀌는 음운 변동이 일어난다. 즉, 조음 위치에 따라 자음의 종류는 입술소리로 변화가 없으며, 조음 방법에 따른 분류에서 자음을 분류하면 파열음에서 비음으로 바뀌게 된다.
② '삼륜차'가 [삼뉸차]로 소리 날 때, 'ㄹ'이 'ㄴ'으로 바뀌는 음운 변동이 일어난다. 즉, 조음 위치에 따라 자음의 종류는 잇몸소리로 변화가 없으며, 조음 방법에 따른 분류는 유음에서 비음으로 바뀌게 된다.
④ '월남'이 [월람]로 소리 날 때, 'ㄴ'이 'ㄹ'로 바뀌는 음운 변동이 일어난다. 'ㄴ'이 'ㄹ'로 바뀔 때 조음 위치에 따라 자음의 종류는 잇몸소리로 변화가 없으며, 조음 방법에 따른 분류에서는 비음에서 유음으로 바뀌게 된다.

08 정답 ②

정답 해설
② 1문단에 따르면, 음절을 파악할 때는 표기가 아니라 소리를 기준으로 하므로 음운 변동이나 연음을 고려해야 한다. '국악'의 발음은 연음이 일어나기 때문에 '[구각]'이 되고, 이를 기준으로 음절의 유형을 분석해야 한다. '구'는 '자음과 모음'으로 이루어진 음절이고, '각'은 '자음과 모음과 자음'으로 이루어진 음절이므로 답은 ②이다.

09 정답 ②

정답 해설
② '나는 학원에 안 갔다.'에서 부정은 '안'을 통해 실현되고 있다. 제시문의 내용에 따르면 '안'은 자신의 의지에 의한 부정임을 나타내고 '안'을 사용하는 부정문은 짧은 부정문이므로 적절하다.

오답 분석
① 제시문의 내용에 따르면 '못'은 능력 부족에 의한 부정을 나타낸다. 따라서 '그는 합격하지 못했다'의 '못'은 부정이 의지에 의한 것이 아니라 능력 부족에 의한 것임을 나타낸다.
③ 제시문의 내용에 따르면 긴 부정문을 만드는 '-지 않다'는 구어체보다 문어체에 더 자주 쓰임을 알 수 있다.
④ 제시문의 내용에 따르면 청자에게 기대감을 줄 수 있는 부정 표현은 '못'이다.

10 정답 ④

정답 해설
④ 주어인 '그'가 보여짐을 당하는 의미이므로 피동문이다.

오답 분석
① 제시문의 내용에 따르면 피동사와 사동사는 동일 접미사인 '-이-, -히-, -리-, -기-'를 공유한다.
② 주어인 '나무'가 잘림을 당하는 것이므로 피동문이다.
③ 주어인 '엄마'가 나에게 밥을 먹도록 시키는 것이므로 사동문이다.

11 정답 ②

정답 해설
② ⓒ에서 '못' 부정문은 '-지 못하다'로 실현된다. 따라서 '짧은 부정문'이 아니라 '긴 부정문'이다.

오답 분석
① '마음에 들지 않아'에서 부정은 '-지 않다'가 사용되어 '긴 부정문' 형태로 실현되었다. 이를 통해 '마음에 든다'라는 서술을 단순히 부정하고 있다.
③ '말도 못 걸겠어'에서 부정은 '못'이 사용되어 '짧은 부정문' 형태로 실현되었다. 이를 통해 부정이 능력 부족에 의한 것임을 나타내고 있다.
④ '선입견 가지지 말고'는 '가지다'에 명령문을 부정할 때 쓰이는 '-지 말다'가 쓰였다.

12 정답 ①

정답 해설
① '(속도가) 빨라지다'는 형용사 '빠르다'의 어간 '빠르'에 '-아/어지다'가 결합하여 동사화된 것으로 상태의 변화를 나타낸 것일 뿐 피동의 의미를 나타내지 않는다.

오답 분석
② '(꼬리가) 잡히다'는 동사 어간 '잡'에 피동 접미사 '히'가 결합하여 피동사가 되었다.
③ '바람이 창문을 열었다.'는 피동문으로 바꾸면 '창문이 바람에 열렸다'가 된다. 이때 '바람'은 문장에서 부사어로 기능한다.
④ '그가 배를 밀었다.'는 피동문으로 바꾸면 '배가 그에게 밀렸다'가 된다. 이때 '배'는 문장에서 주어로 기능한다.

13 정답 ①

정답 해설
① 우리가 보고 느끼는 외부 세계는 연속적으로 이루어져 있는 실체로서 존재한다. 그런데 언어는 분절적(불연속적)이므로, 우리가 언어를 통하여 외부 세계를 인식할 때에는 불연속적인 모습으로 받아들이게 된다. ①의 경우 얼굴을 가리킬 때 우리는 실제로 뚜렷한 구획이 없는 피부 위에 '이마, 뺨, 턱'이라는 이름을 붙여 각각 다른 부분인 듯 구분해 말하므로 분절성의 예가 된다.

오답 분석
② 동일한 대상을 한국과 북한에서 서로 다른 명칭으로 부른다는 점에서 '언어의 자의성'이라고 볼 수 있으며, 또 그렇게 말하자는 사회적 약속이 있기 때문에 '언어의 사회성'이라고도 볼 수 있다.
③ 언어의 역사성의 예이다.
④ 언어의 추상성의 예이다.

14 정답 ③

정답 해설
③ 제시문의 내용에 따르면 언어의 발음은 공동체의 합의가 있어야 하며 개인이 독자적으로 바꾸면 소통이 무너진다. 따라서 '꽃이 피다'는 공동체가 합의하여 정한 [꼬치피다]로만 발음해야 한다.

오답 분석
① 제시문의 내용에 따르면 언어는 시간에 따라 끊임없이 모습을 바꾸고 이를 언어의 역사성이라 한다. 따라서 '꽃'의 의미가 달라졌다면 이는 언어의 역사성과 관련된 것이다.
② 제시문의 내용에 따르면 언어의 자의성에 의해 하나의 의미가 여러 음성 형식과 연결될 수 있다. '꽃'이 'flower'가 연결되는 것이 그 예에 해당한다.
④ 한국어의 '꽃'이 영어의 'flower'와 연결되는 것을 통해 언어의 자의성을 찾을 수 있다.

15 정답 ③

정답 해설
③ '물'을 영어로 'water'라고 말하는 것은 의미와 말소리의 관계가 필연적이지 않고 같은 대상을 언어마다 다른 소리로 부를 수 있다는 언어의 자의성 때문이다.

오답 분석
① 강을 '상류, 중류, 하류'로 구분하는 것은 언어를 통해 연속적인 대상이나 개념을 분절적으로 인식하는 언어의 분절성에 대한 사례이므로 적절하다.
② '크다'라는 하나의 말소리가 '(몸이) 크다', '(새싹이 점점) 크다' 등의 다양한 의미에 대응하는 것은 말소리와 의미의 관계가 필연적이지 않고 자의적임을 보여 주는 언어의 자의성에 해당하는 사례이다.
④ 발음을 자기 마음대로 하면 의사소통이 안 되는 것은 말소리와 의미가 관습적으로 결합되어 있어 그 결합은 개인이 함부로 바꿀 수 없는 약속임을 보여 주는 언어의 사회성에 대한 사례이다.

16
정답 ④

정답 해설
④ '먹였다'는 '먹- + -이- + -었- + -다'로 분석된다. 주어인 '엄마'가 '나'에게 감기약을 먹게 했다는 내용이므로 이때 '먹이다'는 사동의 뜻을 가지며, '-이-'는 사동사이다.

오답 분석
① '열렸다'는 '열- + -리- + -었- + -다'로 분석된다. 이때 '열리다'는 '열림을 당하다'의 의미이므로 피동의 뜻을 가지며 '-리-'는 피동 접미사이다.
② '보였다'는 '보- + -이- + -었- + -다'로 분석된다. 이때 '보이다'는 '보임을 당하다'의 의미이므로 피동의 뜻을 가지며 '-이-'는 피동 접미사이다.
③ '물렸다'는 '물- + -리- + -었- + -다'로 분석된다. 이때 '물리다'는 '물림을 당하다'의 의미이므로 피동의 뜻을 가지며 '-리-'는 피동 접미사이다.

17
정답 ②

정답 해설
② '닫혔다'는 피동사 '-히-'가 붙어 '당함'의 의미를 지닌다. 따라서 '남에게 어떤 일을 시킨다'는 뜻을 지니지 않으므로 ⓒ에 해당하지 않는다.

오답 분석
① '버리다'에 '-게 하다'를 붙여 엄마가 나로 하여금 쓰레기를 버리도록 한다는 사동의 의미를 지닌다.
③ '자다'에 사동 접미사 '-이-'와 '-우-' 두 개를 붙여 내가 동생으로 하여금 잠을 자도록 한다는 사동의 의미를 지닌다.
④ '농부들은 우리에서 가축들을 먹인다'의 '먹이다'는 '먹게 하다'의 의미가 아니라, '가축 따위를 기르다, 사육하다'의 의미로 쓰인 것이므로 사동의 의미에서 멀어진 예에 해당한다.

18
정답 ③

정답 해설
③ ⓒ에서의 '-았-'은 미래에 어떤 일이 일어날 것임을 나타내고 있다. 따라서 과거의 상황을 나타낸다는 추론은 적절하지 않다.

오답 분석
① ㉠에서 관형사형 어미 '-(으)ㄴ'은 동사와 결합하면 사건이나 행위가 과거에 일어남을 나타낸다. ㄱ에서는 동사 어간 '읽-'에 결합하여 책을 읽은 행위가 과거에 일어났음을 나타내고 있다.
② 부사 '내일'은 '오늘의 바로 다음 날에'의 의미이며, ⓒ에서 미래를 나타내는 시간 부사어로 쓰이고 있다.
④ 선어말 어미 '-었었-'은 현재와 비교하여 다르거나 단절되어 있는 과거의 사건을 나타내는 어미이다. ⓔ에서는 그녀의 외모가 옛날과 달라졌음을 나타내고 있다.

19
정답 ③

정답 해설
③ '아버지께서'와 '어머니께'의 '께서'와 '께'는 상보적 분포를 이루지 않고, 의미적으로 동일하지도 않으므로 이형태 관계에 있지 않다.
- 조건 1(상보적 분포): 조사 '께서'와 '께'는 앞에 자음이나, 모음이 오는 것과 관계없이 모두 동일한 환경에서 나타날 수 있으므로 조건 1을 충족하지 않는다.
- 조건 2(의미적 동일성): '께서'는 주격 조사이고 '께'는 부사격 조사이므로 의미적으로 동일하지 않다. 따라서 조건 2를 충족하지 않는다.

오답 분석
① '함께 걷다'와 '함께 걸었다'의 '걷-'과 '걸-'은 움직이는 것을 의미한다는 점에서 의미적으로 동일하다. 또한 '걷-'은 자음 어미 앞에, '걸-'은 모음 어미 앞에 나타나므로 상보적 분포를 이룬다. 따라서 '걷-'과 '걸-'은 이형태 관계에 있음을 추론할 수 있다.
② '쏘았다'와 '쑤었다'의 '-았-'과 '-었-'은 모두 과거 시제를 나타내는 선어말 어미라는 점에서 의미적으로 동일하다. 또한 '-았-'은 ㅗ와 같은 양성 모음 뒤에, '-었-'은 ㅜ와 같은 음성 모음 뒤에 나타나므로 상보적 분포를 이룬다. 따라서 '-았-'과 '-었-'은 이형태 관계에 있음을 추론할 수 있다.
④ '학교를'과 '학원을'의 '를'과 '을'은 모두 목적격 조사라는 점에서 의미적으로 동일하다. 또한 '를'은 모음 뒤, '을'은 자음 뒤에 나타나므로 상보적 분포를 이룬다. 따라서 '를'과 '을'은 이형태 관계에 있음을 추론할 수 있다.

20
정답 ①

정답 해설
① 제시문의 내용에 따르면 주시경과 최현배의 차이는 '-었-'과 같은 글자를 독립 단위로 보느냐 안 보느냐에 있다. 따라서 '철수가 집을 가다'와 같이 '-었-'이 없는 문장은 주시경과 최현배 모두 다섯 덩어리로 나눌 것이다.

오답 분석
② 제시문의 내용에 따르면 단어는 그 내부에 다른 단어가 들어갈 수 있는 분리성을 갖지 않음을 알 수 있다. '김밥'과 같은 경우에는 '김'과 '밥' 사이에 다른 단어가 들어갈 수 없으므로 단어로 보는 것이 적절하다.
③ 제시문의 내용에 따르면 역사 문법가들은 '내가, 밥을, 먹었다'의 셋으로 나누었으며, 의존 형태소인 '가, 을'을 단어로 인정하지 않았음을 알 수 있다. 따라서 '그와 함께 집으로 갔다'에서 단어는 네 개라고 여겼을 것임을 알 수 있다.
④ 제시문의 내용에 따르면 한글 맞춤법 제정에 참여했던 학자들은 조사의 독립성을 인정하였던 것과 달리 역사 문법가들은 조사의 독립성을 인정하지 않았음을 알 수 있다.

21
정답 ③

정답 해설
③ "어쩌다 이렇게 된 거니?"는 청자에게 구체적인 답을 요구하는 설명 의문문이다.

오답분석

① "내가 이 정도로 흔들릴 줄 알아?"는 대답을 요구하는 것은 아니면서 서술이나 명령의 효과를 나타내는 수사 의문문이다.
② "너 어제 학교에 왔었어?"는 '예' 또는 '아니오'와 같은 긍정과 부정의 대답을 요구하는 판정 의문문이다.
④ "너도 내가 잘못한 거라고 생각해?"는 '예' 또는 '아니오' 같은 긍정과 부정의 대답을 요구하는 판정 의문문이다.

22 정답 ②

정답해설
② '곤히'는 부사이다. 1문단 3~5번째 줄에서 부사는 자립적으로 쓰이고, 2문단 1~2번째 줄에서 자립 형태소는 모두 실질 형태소에 속한다고 하였기 때문에 '곤히'는 자립 형태소이자, 실질 형태소이다.

오답분석
① '침대'는 명사로 자립하여 사용할 수 있기 때문에, 자립 형태소에 속하고 2문단 1~2번째 줄에서 자립 형태소는 모두 실질 형태소에 속한다고 하였기 때문에 자립 형태소이자 실질 형태소에 속함을 알 수 있다.
③ 예문에서 '먹었다'를 보면, '-었-'은 어미로서 의존 형태소이자 문법 형태소임을 확인할 수 있다. 따라서 '누웠다'의 '-었-'도 문법 형태소이자 의존 형태소로 제시해야 한다는 것을 알 수 있다.
④ 예문의 '먹었다'에서 '먹-'은 활용어인 동사 '먹다'가 활용할 때 변하지 않는 부분인 어간으로서 의존 형태소이자 실질 형태소임을 확인할 수 있다. 따라서 '누웠다'의 '눕-'도 어간이므로 의존 형태소이자 실질 형태소로 제시해야 한다는 것을 알 수 있다.

23 정답 ①

정답해설
① 제시문의 내용에 따르면 절대 시제는 발화시와 사건시의 선후 관계를 통해 시제를 판단함을 알 수 있다.

오답분석
② 제시문의 내용에 따르면 상대 시제는 관형사절이 아닌 주절의 사건시를 기준으로 시제를 판단함을 알 수 있다.
③ 제시문의 내용에 따르면 절대 시제를 판단할 때는 선어말 어미나 시간 부사, 관형사형 어미를 이용함을 알 수 있다.
④ 제시문의 내용에 따르면 주절과 관형사절의 시제가 다를 때 주절의 사건시를 기준으로 한 상대 시제를 적용해야 함을 알 수 있다.

24 정답 ④

정답해설
④ '우리는 힘들어하시는 선생님을 위로한다.'에서 밑줄 친 부분의 절대 시제는 현재이다. 말을 하는 발화시와 사건(선생님이 힘들어하시는 것)이 일어나는 사건시가 일치하기 때문이다. 그리고 주절의 사건시인 현재를 기준으로 하면 선생님은 힘들어하시는 중이기 때문에 상대 시제도 현재이다.

25 정답 ②

정답해설
② '그녀는 이미 도착했겠다'의 '-겠-'은 단순한 미래를 나타내는 것이 아니라 화자의 추측을 나타낸다.

오답분석
① 제시문의 내용에 따르면 동사는 '-ㄴ다'를 사용하여 현재 시제를 나타낼 수 있다고 설명하고 있다. 따라서 '뛰어다닌다'는 어간 '뛰어다니-'에 현재 시제 선어말 어미 '-ㄴ다'를 사용한 현재 시제이다.
③ 제시문에서 '-았-/-었-/-였-'은 과거 시제를 나타낼 수 있다고 설명하고 있으므로 올바른 설명이다.
④ 제시문의 내용에 따르면 형용사는 기본형이 현재 시제의 형태로도 사용된다고 하였으므로 '예쁘다'는 현재 시제를 나타낸다.

26 정답 ④

정답해설
④ 주동문 ⓒ의 주어인 '얼음이'는 사동문 ⓒ에서의 주어가 아니다. 사동문 ⓒ의 주어는 '아이들이'이다.

오답분석
① 주동문 ⓒ의 서술어 '먹었다'는 주어와 목적어를 필수적으로 한다. 반면에 사동문 ⓒ의 서술어 '먹이셨다'는 주어와 목적어, 부사어를 필수적으로 로 한다. 따라서 서술어가 필요로 하는 문장 성분의 개수가 늘어난다.
② 주동문인 ⓒ의 목적어 '밥을'은 사동문 ⓒ에서도 목적어로 그대로 나타난다.
③ 제시문의 내용에 따르면 서술어가 자동사, 타동사, 형용사인 것과 상관없이 주동문을 사동문으로 바꿀 때는 항상 새로운 주어가 등장한다.

Memo

해커스공무원 gosi.Hackers.com

공무원 학원 · 공무원 인강 · 공무원 국어 무료 특강 · 합격예측 온라인 모의고사 · 해커스 매일국어 어플

해커스공무원 단기 합격생이 말하는
공무원 합격의 비밀!

해커스공무원과 함께라면
다음 합격의 주인공은 바로 여러분입니다.

대학교 재학 중,
7개월 만에 국가직 합격!
김*석 합격생

영어 단어 암기를 하프모의고사로!

하프모의고사의 도움을 많이 얻었습니다. 모의고사의 **5일 치 단어를 일주일에 한 번씩 외웠고**, 영어 단어 **100개씩은 하루에** 외우려고 노력했습니다.

가산점 없이
6개월 만에 지방직 합격!
김*영 합격생

국어 고득점 비법은 기출과 오답노트!

이론 강의를 두 달간 들으면서 **이론을 제대로 잡고 바로 기출문제로** 들어갔습니다. 문제를 풀어보고 기출강의를 들으며 **틀렸던 부분을 필기하며 머리에 새겼습니다.**

직렬 관련학과 전공,
6개월 만에 서울시 합격!
최*숙 합격생

한국사 공부법은 기출문제 통한 복습!

한국사는 휘발성이 큰 과목이기 때문에 **반복 복습이 중요하다고 생각**했습니다. 선생님의 강의를 듣고 나서 바로 **내용에 해당되는 기출문제를 풀면서 복습** 했습니다.

해커스공무원 gosi.Hackers.com

더 많은 합격수기가 궁금하다면? ▶